典藏诵读版

中庸

〔战国〕子思 ◎ 著
余长保 ◎ 解译

全鉴

扫一扫
免费赠送3种国学音频！

国家一级出版社　中国纺织出版社　全国百佳图书出版单位

内 容 提 要

《中庸》是儒家乃至整个中国传统文化的思想核心，是传统文化之"经学"中"立天下之大本"的学问，对中华文明的形成有着深远的影响。它虽然是《四书》中篇幅较小的一部，但却是其中最富意蕴、最具理论和最见气象的著作，最能淋漓尽致地展现中国人的智慧和哲学洞见。

本书以《中庸》中的至理名言作导言，从处世和人生经验的角度出发，阐发了蕴藏其中的智慧，并以人生处世中的经典案例加以印证，帮助读者深入理解《中庸》这一传世经典所包含的智慧。

图书在版编目（CIP）数据

中庸全鉴：典藏诵读版 /（战国）子思著；余长保解译. —北京：中国纺织出版社，2018.10

ISBN 978－7－5180－5361－2

Ⅰ.①中… Ⅱ.①子… ②余… Ⅲ.①儒家②《中庸》—注释③《中庸》—译文 Ⅳ.①B222.1

中国版本图书馆 CIP 数据核字（2018）第 208979 号

策划编辑：于磊岚　　特约编辑：周馨蕾　　责任印制：储志伟

中国纺织出版社出版发行
地址：北京市朝阳区百子湾东里 A407 号楼　邮政编码：100124
销售电话：010—67004422　传真：010—87155801
http：//www.c-textilep.com
E-mail：faxing@c-textilep.com
中国纺织出版社天猫旗舰店
官方微博 http：//weibo.com/2119887771
北京佳诚信缘彩印有限公司印刷　　各地新华书店经销
2018 年 10 月第 1 版第 1 次印刷
开本：710×1000　1/16　印张：20
字数：248 千字　定价：49.80 元

凡购本书，如有缺页、倒页、脱页，由本社图书营销中心调换

前言

《中庸》是我国古代儒家经典著作,被朱熹列为"四书"之一,集中体现了儒家学派的政治主张、伦理思想、道德观念和教育原则等,是我国传统文化思想的源头,也是中国人的智慧宝库。

孔子认为:"中庸之为德至矣乎!"意思是说:"中庸是最高的德行!"究竟是什么原因,使得这位万世师表、儒家的宗师孔夫子对中庸之道有如此之高、独一无二的评价呢?

说中庸之道至高无上,至少有这样四种原因:其一,中庸之道是儒学中最高的理论渊源,儒学实际上即为中庸之学;其二,中庸之道是世界所有哲学共同认可的理论,是人类智慧折射出的一致见解;其三,中庸之道是古代各种哲学中,对现代人而言最有意义的理论;其四,中庸之道是各种理论中最适合用于指导实践的一种理论,把它当做生活准则可以无往而不利。

然而,有不少现代人把"中庸"理解为中立、平庸,认为讲中庸就是搞折中、放弃原则。这是对中庸哲学思想核心的极大误解。实际上,中庸既不是简单的折中,也不是庸俗的中间路线。中庸追求的目标是在不同时空环境中,尽善尽美的最佳方案。它既是世界观,又是方法论。

朱熹曾这样高度赞誉《中庸》:"致中和,天地位焉,万物育焉。"意思是说,只要按照《中庸》的精义修身立业、为人处世、齐家治国,一定能达到天地万物各得其所的太平和合境界。可见,在古人的社会和政治生活中,《中庸》

的作用非常巨大。

不过，现代人一谈起《中庸》，总觉得它要么高深莫测，要么不合时宜。其实，《中庸》所谈的道理是朴素的，也是永恒的。"中庸"之"中"的含义是不偏不倚，是适度、适中、正确，无过无不及而恰到好处；是合宜、合理，无所偏倚而恰如其分；是中正、公正而合乎天理人情的正道。"中庸"之"庸"的含义是平凡、平常、平易可行，而又无可改易的一定之理，与怪异、险僻、神秘相对而言，含有"普遍适用"之意。"中"是道之体，"庸"是道之用，也就是理论上的基本原则与实践中的具体运用有机地联系起来。"中"与"庸"的结合，旨在阐明"中"这一基本原则是人人不可缺少，人人必须遵守，人人可以做到，适用于一切事物而适得事理之宜的普遍真理。从这个意义上讲，"中庸"乃是实行道的方法论，也就是对于"中"这一普遍真理具体运用的方法。

许多理学大家持守《中庸》的信条，许多儒者用《中庸》的方法论思考，即使到了现代社会，它仍然历久弥新。这正是经典与众不同、永不过时的魅力所在。

本书对《中庸》的原文加以详细注释和解读，同时配以相关的历史人物故事来阐述蕴藏其中的真理。希望读者能够通过阅读本书对儒家的中庸思想有正确的认识和了解，并能够在修身养性、为人处世时有所践行。

同时，本书将纸质图书和配乐诵读音频完美结合，以二维码的方式在内文和封面等相应位置呈现，读者扫一扫即可欣赏、诵读经典片段。诵读音频由中国国际广播电台、中央人民广播电台专业播音员，以及中国传媒大学等知名高校播音系教师构成的实力精英团队录制完成，朗读中融进了对传统文化的理解，声音感染力极强。

衷心希望本书能成为您全方位感受和理解《中庸》这部传世佳作的良师益友。

解译者
2018 年 5 月

目录

第一章 天命：天地之化本于中和 / 1

- 1. 秉承天命，天人合一 / 2
- 2. 道不可离，君子慎独 / 4
- 3. 要有"三省吾身"的态度 / 7
- 4. 中、和是一切的根本 / 12

第二章 时中：君子中庸，小人反中庸 / 15

- 1. 做个坚守道德的君子 / 15
- 2. 反中庸者是可怕的 / 17
- 3. 去除内心的肆无忌惮 / 20

第三章 鲜能：人生在世，都是有欲望的 / 25

- 1. 中庸是最高的道德标准 / 25
- 2. 孔子的中庸思想 / 27
- 3. 人的欲望永远都不能满足 / 29
- 4. 必须克服褊狭的劣根性 / 30

第四章　行明：既无过之，亦无不及 / 33

- 1. 万事都要讲究一个"度" / 33
- 2. 物壮则老，过犹不及 / 38
- 3. 适度才是正确的选择 / 39
- 4. 骄矜者无知，自知者智慧 / 41

第五章　践行：积极实践 / 45

- 1. 中庸不是用来研究的 / 45
- 2. 只有实践才能出真知 / 46
- 3. 学以致用方显真智慧 / 48

第六章　大知：大智慧者执两用中 / 51

- 1. 执两用中是杰出的领导艺术 / 51
- 2. 隐恶扬善，律人安人 / 53
- 3. 扬长避短，以扬为主 / 55
- 4. 多征询下属的意见 / 57

第七章　予知：聪明反被聪明误 / 63

- 1. 聪明并不等于高明 / 63
- 2. 不要显得比别人聪明 / 66
- 3. 鸡蛋不必硬碰石头 / 69

第八章　服膺：中庸之道，服膺弗失 / 72

- 1. 践行中庸需要内在的自觉性 / 72
- 2. 时刻不放弃追求的目标 / 73
- 3. 认识到错误就立即改正 / 76

第九章　可均：白刃可蹈，中庸难得 / 82

- 1. 中庸是极致性的标准 / 82
- 2. 中庸之道与对症下药 / 83

第十章　问强：精神力量的强最重要 / 85

- 1. 宽柔以教，不报无道 / 85
- 2. 暴力不是明智的选择 / 89
- 3. 与人为善，和而不流 / 91
- 4. 坚持原则，保持气节 / 94

第十一章　素隐：遵道而行，依乎中庸 / 98

- 1. 欺世盗名者不得善终 / 98
- 2. 半途而废者难以成功 / 103
- 3. 不争不斗，不喜不厌 / 108

第十二章　费隐：君子之道费而隐 / 110

- 1. 中庸之道既易又难 / 111
- 2. 努力摆脱一知半解 / 112

第十三章　不远：君子之行，安然守正 / 115

- 1. 道不远人，远人非道 / 116
- 2. 以尊重人的原则去治理人 / 117
- 3. 忠恕之道与中庸之道 / 120
- 4. 庸德之行，庸言之谨 / 123
- 5. 做人做事要收敛一些 / 124

第十四章　素位：素位而行，反求其身 / 129

- 1. 是什么角色就做好什么事 / 130

- 2. 安守本分方得安享终生 / 132
- 3. 上不陵下，下不援上 / 135
- 4. 上不怨天，下不尤人 / 136
- 5. 君子求诸己，小人求诸人 / 138

第十五章　行远：行远自迩，登高自卑 / 141
- 1. 有谦乃有容，有容方成广 / 141
- 2. 认识自我，切忌虚夸 / 145

第十六章　鬼神：道体物不可遗 / 148
- 1. 道是无所不在的 / 148
- 2. 内心的"诚"是关键 / 149

第十七章　大德：大德者必受命 / 151
- 1. 德行是一切伦理的基础 / 152
- 2. 高贵的品德是一种财富 / 153
- 3. 修德可以养生增寿 / 155

第十八章　无忧：中庸而行，可以无忧 / 157
- 1. 中庸道德价值的评判 / 158
- 2. 对自己的修养和作为要谨慎 / 160
- 3. 按礼制服丧也是孝道的体现 / 161

第十九章　达孝：礼法制度是治国之本 / 163
- 1. 用"孝"字影响别人 / 164
- 2. 善于继承前人的志向 / 169
- 3. "礼"是不能错乱的 / 171
- 4. 把"礼"上升为政治的合法性 / 174

第二十章　问政：治国理政的方法和原则 / 177

- 1. 为政之要，在于得人 / 181
- 2. 以自身的德行感召人才 / 184
- 3. 治国之道，以仁为本 / 186
- 4. 凡事预则立，不预则废 / 189
- 5. 勤奋必能通向成功 / 193

第二十一章　诚明：自诚明，自明诚 / 196

- 1. 诚是儒学的奠基性观念 / 196
- 2. 诚和明是互相联系的 / 198
- 3. "自诚明"与"自明诚" / 199

第二十二章　至诚：用至诚之心赢得至忠 / 202

- 1. 君使臣以诚，臣事君以忠 / 202
- 2. 用自己的真诚打动对方 / 206

第二十三章　致曲：真诚之人能化育万物 / 209

- 1. 致曲的修养之道 / 209
- 2. 由局部达到整体的诚 / 211

第二十四章　前知：至诚者可预知未来 / 213

- 1. 诚的最高境界有如神灵 / 213
- 2. 先知来自于自身的修炼 / 215

第二十五章　自成：诚者自成，合内外之道 / 217

- 1. 诚是事物的发端和归宿 / 217
- 2. 至诚必然是仁德 / 219

- 3. 诚者能够成就自己 / 220
- 4. 从独善其身到兼济天下 / 224

第二十六章　无息：至诚是没有止息的 / 226

- 1. 追求至诚永远不停止 / 227
- 2. 博大高明，悠远长久 / 230
- 3. 至诚的三种情形 / 231

第二十七章　明哲：明达智慧，进退自如 / 233

- 1. 修养德行，适应圣人之道 / 234
- 2. 达到圣人之道的具体途径 / 236
- 3. 明哲保身，方能进退自如 / 238
- 4. 等待适当的时机再行动 / 242

第二十八章　自用：愚贱不可自以为是 / 245

- 1. 自以为是者总与失败同行 / 246
- 2. 刚愎自用会导致悲惨的结局 / 248
- 3. 独断专行，必铸苦果 / 251
- 4. 孔子为何要遵从周礼 / 254

第二十九章　取信：无征不信，不信民弗从 / 257

- 1. 把王道推行到天下 / 258
- 2. 民信是最强的凝聚力 / 260
- 3. 要成为良好的榜样 / 262
- 4. 身体力行，为不言之教 / 265
- 5. 以品格魅力感召天下 / 268

第三十章　敦化：至圣之德广大如天 / 272

- 1. 孔子祖述尧舜的脉络 / 272

- 2. 孔子祖述尧舜的内容 / 276
- 3. 小德川流，大德敦化 / 278

第三十一章　至圣：能"配天"的领导艺术 / 280

- 1. 居上者要"临之以庄" / 281
- 2. 宽裕温柔，容纳万物 / 283
- 3. 培养宽宏大量的胸怀 / 286
- 4. 仪表言行要显得精明强干 / 288

第三十二章　天德：天下唯有德者居之 / 292

- 1. 至诚之道的功用 / 292
- 2. "诚"是天人合一的联结点 / 295

第三十三章　德化：弘扬德行的最高境界 / 299

- 1. 君子之道不可急功近利 / 300
- 2. 把民众培养成有德的君子 / 303
- 3. 含而不露比暴跳如雷更有效 / 304

参考文献 / 307

第一章　天命：天地之化本于中和

【原典】

天命之谓性，率性之谓道，修道之谓教。道也者，不可须臾离也，可离非道也。是故君子戒慎乎其所不睹，恐惧乎其所不闻。莫见乎隐，莫显乎微。故君子慎其独也。

喜怒哀乐之未发，谓之中。发而皆中节，谓之和。中也者，天下之大本也。和也者，天下之达道也。致中和，天地位焉，万物育焉。

【译释】

人的自然禀赋叫做"性"，循着内在的诚性行事叫做"道"，按照"道"的原则修养叫做"教"。驾驭本性的道，是时刻不能离开的；那些可以离开的束缚，都不能称之为道。所以，君子在没有人看见的地方也是谨慎的，在没有人听见的地方也是有所戒惧的。越是隐蔽的地方越是明显，越是细微的地方越是显著。所以，君子在一人独处的时候也是谨慎的。

对喜怒哀乐能按应有状态掌握，无所偏倚，这就叫"中"。平时能持中，一旦表现出来，就能有所节制，这就叫"和"。中，是稳定天下之本；和，是天下共行的大道。如果能够把中和的道理推而及之，达到圆满的境界，那么天地万物都能各安其所、各遂其生了。

解 读

1. 秉承天命，天人合一

　　《中庸》开宗明义，肯定："天命之谓性，率性之谓道，修道之谓教。"提出"性"、"道"、"教"三项，用以解释"道"的渊源。作者认为：上天以阴阳五行的道理来交付给人，人类运用这些道理来修成诚的美德，这就叫做"性"，人有了性之后，做事遵循它，这就叫做"道"。圣人应当运用"道"去约束民众，对他们的行为加以限制，使做事过分的人回撤，使做事不及的人前进，这就叫做"教"。在作者看来，先有"性"，后有"道"，再有"教"，"性"、"道"、"教"三者是相承的，在逻辑上有着前因后果的联系。

　　"天命之谓性，率性之谓道，修道之谓教"可以说是"天人合一"理论产生的一个源头。这三句话是《中庸》的开端。理解这个开端是我们进入《中庸》的关键。

　　在这里，"天命之谓性"就是说，人类起源是天之所造，是天的一部分，他所含有的特殊性即人性，是与他的知识（生来就有，区别于动物的天性）联系在一起的。人本身就是一个"仁"。这个"仁"，以他的知识为特征，善与恶、真与假、美与丑萌发的种子，就是"天人合一"的理念。

　　这里"天命"中所谓的"天"并不是现代人自然意义的"天"。这个"天"，是具有人格意义的至上神。在儒家看来，人自降生之日起，就必须听从"天命"，在"天命"中完成自己，成就每个人异于禽兽的本性，完成"天命"的赋予。

　　在《中庸》里，"天命"是内在于人的，它不是以外在于人的姿态为人立则，向人提供某种规范，而是直接进入人心形成人性，给人以命令。在这一传输过程中，给令者是"天"，而受令者则是人，人性直接秉承"天命"而来，而"天命"是每个人得以成就人性的直接原因。在这一思想中，人必须完成"天"所赋予之"命",因为这正是人异于禽兽能成为人之处,亦即人性的成就之基。《中庸》这一思想后来为孟子及宋明儒陆王学派所继承。孟子道性善,曰求放心,陆王曰心即理,便是这一思想的延续与发展。

钱穆先生在一次名为《中国人的思想总纲》的学术文化讲座中,曾这样解释《中庸》开卷的三句话:

"四书里《中庸》的第一句,就说'天命之谓性'。天命赋予你的,就是人之禀赋,这就叫做'性'。人受了此'性',就在人之内有了一份天,即是说人生之内就见有天命,这不就是通天人了吗?所以中国人特别看重'性'字。我此次来讲中国的国民性,就是这意思。为什么你的'性'这样,他的'性'那样;中国人的国民'性'这样,西洋人又不这样。这需要拿天时气候、山川地理、历史传习等种种,会合起来讲。简单说来,这即是所谓'天命'。天在哪里?就在我本身,就在我的'性'。我的性格,就是天的一部分,我们人就代表着天了。可是一个人只能代表天的小小一部分。你是一女子,便是天性之阴;你是一男子,便是天性之阳。人分阴阳,天亦分阴阳,如昼夜寒暑等。中国的阴阳家便喜欢从这里讲。此处不详说。"

"现在讲到《中庸》第二句:'率性之谓道。''性'可以讲是天性、人性,'道'亦可讲是天道、人道。率,遵循义。遵循你的天性而发出的,便是人生大道,亦可说是自然大道。饥思食,渴思饮,寒思衣,倦思睡,都是率性,即都是道。违背人性,就非道。魏晋清谈讲坦白,讲直率,把你的内心坦白直率地表现出来，这就偏于道家义。儒家言遵循，工夫便要细密些。但儒道两家还是一义，都是通天人。或许一个种田人比一个读书人更能近于道家言的率性，而一个读书人则需要懂得儒家言的率性。所以儒家要讲修身，而道家在此则不多讲。换言之，道家重在讲自然，儒家则更注重讲人文。率性之谓道，亦即天人合一。"

"现在再讲第三句，'修道之谓教'。人道需包括天地及社会人群，故需随时随群而修。周公所讲的道，孔子出来修，以下仍需不断有人起来修，此便是'修道之谓教'。亦即是司马迁所谓通古今之变。有变便需有修。但尽有修，还是这一道……修道之'修'，有修明义，有修正义。周公讲的道，孔子起来修正，又继续有孟子、董仲舒起来把孔子之道修明修正。另一面说，庄子、老子亦来修正孔子之教。所以《中庸》开始的三句话，实是含义无穷。"

的确如此。这三句话听起来简单，但是它的含义却极为深奥。它不是针对现象界所作的描述，而是基于长远的传统与独到的见识，对于人性的本质所作的论断。这是一种信念，但它不是没有根据的信念，这种信念不是由经验归纳而得，但却可以用来说明人的主要经验。换言之，人之所以构成如此的人类世界，既要求分辨善恶，又要求行善避恶，好像真有一种命令在其中主导，其原因正是《中庸》所要说明的。

2. 道不可离，君子慎独

慎独是儒学的一个重要概念，是我国古代儒家创造出来的具有我国民族特色的自我修身方法。

作者强调，对于这伟大的天道，君子即使在众人眼睛看不到的地方，也要谨慎儆戒，不可以有一时的疏忽大意；即便在众人听不见的地方，也是一样。这样，无论是在人前，还是在人后，存向善之心而努力自修的君子必须时时刻刻注意自己德行的修养，而不可以人前一套，人后一套。否则，是不会在德行的修养上有真正的进步的。

这个世界由道、理、义在规范制约着，要想人不知，除非己莫为。归根结底，"莫见乎隐，莫显乎微"。没有什么东西比隐讳的东西更容易被呈现出来被人看见，有些人将自己的凶悍愚蠢藏起来，以为别人看不见，其实是藏不住的，反而因为隐藏而更加凸显出来。"莫见乎隐"，没有什么比所隐藏起来的那些东西更能够显现出来，有人认为很多事情很小，见小利去拿小利，那你今后可能见大利去拿大利，最后可能窃国。"莫显乎微"的意思就是说，极其细微的东西，都会呈现出来，逃不过众人的眼睛。

所以君子一定要谨慎，自己独处的时刻不做坏事，能严于律己，防止有违道德的欲念和行为发生，从而使道义时时刻刻伴随主体之身。从这个意义上来说，《中庸》讲的一个关键词就是心灵之"诚"。"诚"的对立面就是本能之"欲"。一个人的私心太多私欲太大，就会处处为了自己去贪婪争斗，就会为达到目的而不择手段。《中庸》告诫人们，要放弃一些东西，不要做加法，而要做减法。减法就是把自己心中想得到的一切物质的、欲望的、权力名誉的东西放弃丢掉，这样才会成为一个诚实规矩、内心坦荡的人。

儒家的这种自我道德修养，一直是两千多年来历朝历代知识分子奉行的道德法典，说之者极多，真正能践之者甚少。其中有三个人的事迹比较突出：

其一，东汉时被誉为"关西夫子"的清官杨震。他任荆州刺史时，发现一个叫王密的人才华出众，便向朝廷举荐。朝廷接受了杨震的举荐，委任王密为昌邑（今山东金乡县）令。王密对杨震十分感激，他私下拜会杨震，执意送上10两黄金以表谢意，并低声说："黑夜里，无人知道，您就放心地收下吧！"杨震脸色阴沉，斥责道："你送黄金给我，有天知、地知、你知、我

知，怎么能说无人知道呢？自古以来，君子慎独，哪能以为无人知道，就做出违背道德的事情呢？"一席话，说得王密羞愧难当，他急忙起身谢罪，收起金子走了。

其二，元初的许衡。据明宋濂等撰《元史·许衡传》记载：许衡字仲平，河南泌阳县人，任过集贤大学士兼国子监祭酒，领太史院事，为中央最高级的学官。他是元代三大理学家之一。他早年"家贫躬耕，粟熟则食，粟不熟则食糠菜茹，处之泰然"。他"尝暑中过河阳，道有梨，众争取啖之，衡独危坐树下自若。或问之，曰：'非其有而取之，不可也。'人曰：'世乱，此无主。'曰：'梨无主，吾心独无主乎？'"仍坚决不吃无主之梨。后来，他"财有余，即以分诸族人及诸生之贫者。人有所遗，一毫弗义弗受也"。他一生清廉自守，堪为楷模。

其三，清朝雍正年间的叶存仁。他先后在很多地方做官，历时三十余载。一次，在他离任时，僚属们派船送行，然而船只迟迟不启程，直到明月高挂才见划来一叶小舟。原来是僚属为他送来临别馈赠，为避人耳目，特地深夜送来。他们以为叶存仁平时不收受礼物，是怕别人知晓惹出麻烦，而此刻夜深人静，四周无人，肯定会收下。叶存仁看到此番情景，即兴写诗一首："月白风清夜半时，扁舟相送故迟迟。感君情重还君赠，不畏人知畏己知。"随后将礼物"完璧归赵"了。

能否做到"慎独"，以及坚持"慎独"所能达到的程度，是衡量人们是否坚持自我修身以及在修身中取得成绩大小的重要标尺。杨震、许衡和叶存

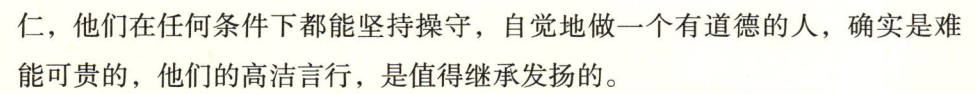

仁，他们在任何条件下都能坚持操守，自觉地做一个有道德的人，确实是难能可贵的，他们的高洁言行，是值得继承发扬的。

现代社会也一样，我们一定不要以为"不睹"、"不闻"而放纵自己。一般来讲，在公开场合，一些人能够约束自己的言行，不会做出有违法律、有悖道德规范的事。但是，在非公众场合，特别是面对金钱、美色等各种诱惑，有些意志薄弱者可能会不善"慎独"，做出违法乱纪的事，并自认为"没有人知道"，"不要紧的"。分析现在查处的一些腐败分子的蜕变过程，可以说，他们中的大多数人都是从不"慎独"开始的。

一个人做坏事甚至走上犯罪的道路，不外乎内因和外因两个因素所致，就像人生病一样，是人本身的抵抗力、免疫力下降和遭到外界风寒雨湿的侵蚀所致。生活在同样的环境下，有的人患病，有的人则不患病，那是因为人的抵抗力、免疫力不相同。因而现在人们都十分注意自己的身体锻炼，为的就是增强抵抗力和免疫力。我们加强"慎独"修养，就如同加强身体锻炼，增强身体的抵抗力、免疫力，以抗拒疾病的侵扰一样。"兰生幽谷，不为莫服而不芳；舟行江海，不为莫乘而不浮；君子行义，不为莫知而止休。"加强"慎独"修养，谨慎个人行为，就要时时刻刻严格要求自己，在独处时也要做到表里如一。

3. 要有"三省吾身"的态度

"莫见乎隐，莫显乎微"的慎独境界，不是那么容易做到的，这需要"三省吾身"的态度。

内省是做人的职责，人只有通过内省才能提升自己。其实，平心静气地正视自己，客观地反省自己，既是一个人修性养德必备的基本功之一，又是增强人之生存实力的一条重要途径。

孔子说："见贤思齐焉，见不贤而内自省也。"荀子说："君子博学而日参

省乎己,则知明而行无过矣。"曾子说:"吾日三省吾身:为人谋而不忠乎?与朋友交而不信乎?传不习乎?"宋代大理学家朱熹于《白鹿洞书院榜示》中郑重写下"行有不得,反求诸己"八个大字,而唐代大文豪韩愈会谆谆告诫其弟子云:"诸生业患不能精,无患有司之不明。行患不能成,无患有司之不公。"他们在为人处世和道德学问修养时始终贯穿着"自我反省"的态度,不仅立了功,也立了德,而且立了言,所以被尊崇为圣人,成为后人学习的楷模。

自省是一种自我改进和自我激励的手段,只有坚持每日自省才能发现自己的不足,才能及时改正,才能时时勉励自己,鞭策自己,每天进步,永远向前,自强不息。

很少有人能够在屡建新功的情况下仍三省吾身,谦虚谨慎,注重心性修养,因此,最后招致杀身之祸的往往就是由于他们居功自傲、不善自省的性情。

三国时期,邓艾以奇兵灭西蜀后,不觉有些自傲起来。司马昭对邓艾本来就有了防范之心,看他逐渐目空一切,怕久而久之事有所变,就发诏书调他回京当太尉,明升暗降,削夺了他的兵权。邓艾虽有杀伐征战的谋略,却少一点知人、自知的智力,既弄不清楚自己的处境危险,也不明白自己为什么惹出了麻烦。他只想到自己在魏国的使命尚未完成,东吴还有待他前去剿灭,因而上书司马昭说:"我军新灭西蜀,以此胜势进攻东吴,东吴人人震恐,所到之处必如秋风扫落叶。为了将养兵力,一举灭吴,我想领几万兵马做好准备。"而且,他还喋喋不休地说明自己灭吴的计划,全不知这将会引来什么后果。司马昭看书后内心更疑，他命令临军卫瓘前去晓谕邓艾说："临事应该上报，不该独断专行，封赐蜀主刘禅。"邓艾争辩说："我奉命出征，一切都听从朝廷指挥。我封赐刘禅，是因此举可以感化东吴，为灭吴做准备。如果等朝廷命来，往返路远，迁延日月，于国家的安定不利。《春秋》中说，士大夫出使边地，只要可以安社稷、利国家，凡事皆可自己做主。邓艾虽说不上比古人更具节义，却还不至于干出有损国家的事。"

邓艾强硬不驯的言辞更加使司马昭疑惧之心大增，而那些嫉妒邓艾之功的人纷纷上书诬蔑邓艾心存叛逆之意。司马昭最后决定除掉邓艾。他派遣人马监禁邓艾前往京师，在路途中将他杀害。

一世聪明的邓艾由于一时虑事不明，招人疑惧而被杀身亡，他一片苦心，却由于自己不善内省，不明真相，糊里糊涂地被杀死，真是一件令人痛惜的事情。

文治武功的汉武帝却居功不忘自省。汉王朝自高祖刘邦公元前206年创建，到文帝刘恒、景帝刘启，前后七十余年的勤政治国，出现了史称"文景之治"的太平盛世。那时候，牛羊遍野，仓库皆满，太仓之粟"充溢露积于外，至腐败不可食"；府库余钱百万，"贯朽而不可校"。汉武帝刘彻就是在这种国富民丰的形势下继位的。

汉武帝在位五十四年，在统治期间接受董仲舒建议，"废黜百家，独尊儒术"，设立太学，网罗人才；颁行"推恩令"，使诸侯王多分封子弟为侯，以

削弱割据势力；澄清吏治，设置十三郡刺史，以加强对地方的控制；发布"告缗令"，征收商人资产税，打击不法的富商大贾；采纳桑弘羊建议，把冶铁、制盐、铸钱收归官营；设置平准官、均输官，由官府经营运输和贸易；移民西北屯田；实行"代田法"，推进农业生产的发展；曾派张骞两次出使西域，打通了横贯中西的"丝绸之路"，发展了与西域各国的文化经济交流；派唐蒙至夜郎，在西南先后建立了七个郡；用卫青、霍去病为将，进击匈奴，解除了匈奴对西北边境的威胁；又南征百越、东进朝鲜，在那里建立州郡……汉武帝时疆域东、南至海，西到巴尔喀什湖、费尔干那盆地、葱岭，西南到云南、广西以及越南北、中部，北到大漠，东北迤至朝鲜半岛北部，成为亚洲最富强繁荣的国家，真可谓是文治武功，业绩显赫，出现了西汉王朝的鼎盛之世。

然而正是这位在中国历史上立下丰功伟绩的帝王，却在晚年时下了一道反躬自省的《轮台罪己诏》。原来，汉武帝由于连年用兵，以及泰山封禅、挥霍无度等，也带来了国库空虚、徭役繁重，以及农民大量破产流亡的问题。汉武帝对此还是有比较清醒的认识的，据《资治通鉴》卷二十二载，他曾对卫青说："汉家庶事草创，加四夷侵略中国，朕不变更制度，后世无法；不出师征伐，天下不安；为此者不得不劳民。若后世又如朕所为，是袭亡秦之迹也。"一方面强调连年用兵劳民的客观原因，一方面告诫后世若长此以往，是要步秦朝灭亡的后尘的。在他执政的晚年，更进一步认识到多年用兵所带来的严重政治危机，所以当都尉桑弘羊建议，要在西域轮台（今新疆轮台东南）一带屯田准备军需时，他觉得再也不能穷兵黩武扰害百姓了，而应发展生产安定人民生活，于是，在深切反思之后，毅然写下了《轮台罪己诏》。他在反省由于长年用兵耗费了国家大量资财后说："军士死略离散、悲痛常在朕心"，如今又要"远田轮台，欲起亭燧，是扰劳天下，非所以优民也"，最后明令"当今务在禁苛暴，止擅赋，力本农，修马宴令，以补阙，毋乏武备而已"。明确表示，要停止战争，轻徭薄敛，实行"与民休息"的富国政策。《轮台罪己诏》文字虽不多，却显示出一个英明统治者对自己功过得失的清醒认识，他不愧是我国古代最杰出的帝王之一。汉武帝以一国之主至高无上的身份，敢于公开承认治国过失，躬身自省的精神，在我国历史上可谓前无古人。《轮台罪己诏》发人深省，令人赞叹。

　　自己时刻自我反省，犹如面前摆放着镜子，可以使自己保持清醒的头脑。唐太宗李世民说："以铜为镜可以正衣冠，以古为镜可以知兴替，以人为镜可以见得失。"有一次，唐太宗对大臣们说："人要看到自己的形象得照镜子，皇帝要想知道自己的过失得靠忠臣。如果皇帝拒绝群臣进谏而且自以为是，群臣用阿谀奉承的办法顺着皇帝的心意，皇帝就会失去国家，群臣也不能自保。像虞世基等为了保住自己的富贵用谄媚的办法侍奉隋炀帝，隋炀帝被杀，虞世基等也被杀了。你们应该记住这个教训，我做的事情当与不当，你们一定要说出来。"如果光靠读读圣贤们的话就能改过向善，诚然善莫大焉，而实际上那不过是一种理想。一个人若不能躬身自省，是听不进别人的话的。正是唐太宗常反省自己，乐于纳谏，才出现了历史上"贞观之治"的盛世景象。

4. 中、和是一切的根本

《中庸》的第一章讲到一个重要的问题：人的喜怒哀乐之情与中、和的关系。

所谓中，就是适度，无过无不及。只有适度，才能和谐；中是和的前提和条件。所以和又称中和；和为贵也可说是中和为贵。而中和的达到，与喜怒哀乐之情的恰当表达又有着密切的关系。

喜怒哀乐是人之常情，人的一切行为，都出于情，而情是性的表现。《郭店楚简·性自命出》说："喜怒哀悲之气，性也，及其见于外，则物取之也。"人都有喜怒哀悲之气，这是人性；人与外界相接触，性即表现为喜怒哀乐之情。喜怒哀乐之未发，指天赋之性未与外界接触之时；此时属自然之性。自然状态也就是本然状态，在自然状态下，不存在过与不及，所以是"中"。自然之性与事相接而表现为喜怒哀乐之情，由于人生活在群体中，情的表达也就受到种种人际关系的节制，需要有度；而人们环境、地位、利益以及学识修养等的不同，又会使情的表达有过或不及。过与不及，都会影响社会的和谐。刻薄寡情，冷漠无情，固然会危害社会和谐；喜怒哀乐之无节制地过度宣泄，也会伤及身体；尤其在复杂的环境之中，小不忍则乱大谋，无节制地任情而为，更会危及全局。因用情不当而带来的教训，史不绝书。因此，喜怒哀乐之情需要有种种人文的规范，就是传统所说的道。人情之发只有符合道的节制，无过无不及，才能保证社会的"和"。所以说"发而皆中节，谓之和"。

在传统文化中对此有许多阐述。《小戴礼记·坊记》说："礼者，因人之情而为之节文。"礼以情为基础，依据情而加以调节，以达到社会的和谐。《郭店楚简·性自命出》说："道始于情，情生于性，始者近情，终者近义。"人的一切行为，都出于情；所以人道"始于情"，情是人道的基础。但情要合于道义才能有益于社会和谐，人道教化就是引导人们恰当地表达喜怒哀乐之情。所以说"始者近情，终者近义"，人道是始于情而终于义，始于自然而归于人文。戴震在《孟子字义疏证》中说："无过情无不及情之谓理。"又说："理也者，情之不爽失也，未有情不得而理得者也。"理使情无过无不及，它以情为基础，既是对情的节制，又使情不致"爽失"，能够得到恰当的发挥和表达。

可见，情是人的一切活动的自然基础，但人不能任情而行，情的表达要受人文的节制。"发而皆中节，谓之和。"既顺应人情，又对人情有必要的节制，使人情得到恰当的表达，达到自然与人文的统一，才能产生社会的和谐。如果一个人脾气太大、贪心太重，心中经常生无明之火、起烦恼，就会有灾。所以，明白这个道理，更要时时刻刻保持定慧、安详、自在。

观察时下的人们，有的人不了解人生真正的道理，如果要他没有喜怒哀乐，他可能就无法安定下来。我们要了解，中、和是一切的根本，只有致乎中和，有定、有慧，做事情才能够恰到好处，如此天地安于本位，就不会有灾祸了。

这里，作者不仅提出人与人、人与社会要和谐，而且主张人与自然的和谐。春夏秋冬四时，风调雨顺，什么时候该刮风、该下雨、该出太阳、该打雷，当天地安于本位时，时节才不会混乱，才能恰到好处。春天里，草木就会长得很茂盛，秋天就能收成，到了冬天就会很寒冷，四时节气的运转都会恰到好处。如果人心变异，天地变位了，即使六月天也会下起雪来，或是不到冬天就会很冷；因为，一切的天灾人祸，都是由于人心没有达到中、和，假若每个人都可以做到中和的境界，那么这个社会，乃至整个世界就会成为人间净土。

中与和揭示了自我教育、自我约束、自我监督的目标，指出了此目标的重大意义，是具备至仁、至善、至诚、至道、至德、至圣的品德后的效应。中和是自我价值的实现，致中和是社会价值的体现。致中和，即通过不偏不倚的方法处理万事万物，使人们达到和谐相处的理想境界，可以说是《中庸》全书的主旨。

第二章 时中：君子中庸，小人反中庸

【原典】

仲尼曰："君子，中庸；小人，反中庸。君子之中庸也，君子而时中；小人之反中庸也，小人而无忌惮也。"

【译释】

仲尼说："君子中庸，小人违背中庸。君子之所以中庸，是因为君子随时做到适中，无过无不及；小人之所以违背中庸，是因为小人肆无忌惮，专走极端。"

解读

1. 做个坚守道德的君子

孔子在许多言论中都用君子和小人作为一种例证。做小人易，做君子难，而做比君子更高的圣人，则是难上加难。

所谓君子中庸就是君子行事符合中庸之道。不偏叫"中"，不变叫"庸"。也即是不要偏离自己的原则，不改变自己的原则。与此相反，小人是反对中庸的，他们见风使舵，毫无原则可讲。

人生的道路有多条，人们最喜欢走的是捷径，但是走捷径可能面临很多歧途，可能是断路、绝路、死路、末路。断路没有希望，绝路铤而走险，死路执迷不悟，末路无可挽回，所有捷径的投机取巧，都是不归路！还有一条路，尽管艰难，但对人生来说非常关键，就是正路。正路不仅仅是一条路，更是对待道路的人生态度。正路就是不偏不倚之路——中庸之路——一条非常难但是唯一能成功的路。"君子中庸"，意味着君子要遵循中庸之道。反过来说，正因为遵循了中庸之道，君子才成为君子。

"小人反中庸"，点明小人专门走侧峰，走"捷径"，违反了不偏不倚的中庸之道。一意孤行地去剑走偏锋，太倚而"过"，当然会因为反中庸而受到事物发展规律的惩罚。

扬雄（公元前53年—公元18年），字子云，蜀郡成都（今属四川）人，西汉著名文学家、哲学家。

扬雄世代以农桑为业。家产不过十金，"乏无儋石之储"，却能淡然处之。他口吃不能疾言，却好学深思，"博览无所不见"，尤好圣哲之书。扬雄不汲汲于富贵，不戚戚于贫贱，"不修廉隅以徼名当世"。

四十多岁时，扬雄游学京师。大司马车骑将军王音"奇其文雅"，召为门下史。后来，扬雄被荐为待诏，以奏《羽猎赋》合成帝旨意，除为郎，给事黄门，与王莽、刘歆并立。哀帝时，董贤受宠，攀附他的人有的做了两千石的大官。扬雄当时正在草拟《太玄》，泊如自守，不趋炎附势。有人嘲笑他，"得遭明盛之世，处不讳之朝"，竟然不能"画一奇，出一策"，以取悦于人主，反而著《太玄》，使自己位不过侍郎，"擢才给事黄门"，何必这样呢？扬雄闻言，著《解嘲》一文，认为"位极者宗危，自守者身全"。表明自己甘心"知玄知默，守道之极；爱清爱静，游神之廷；惟寂惟寞，守德之宅"，绝不追逐势利。

王莽代汉后，刘歆为上公，不少谈说之士用符命来称颂王莽的功德，也因此受官封爵，扬雄不为禄位所动，依旧校书于天禄阁。王莽本以符命自立，即位后，他则要"绝其原以神前事"。可是甄丰的儿子甄寻、刘歆的儿子刘棻却不明就里，继续作符命以献。王莽大怒，诛杀了甄丰父子，将刘棻发配到边远地方，受牵连的人，一律收捕，无须奏请。刘棻曾向扬雄学作奇字，扬雄不知道他献符命之事。案发后，他担心不能幸免而身受凌辱，就从天禄阁上跳下，幸好未摔死。后被召为大夫，以71岁高龄病逝。在今郫县友爱乡子云村有扬雄墓遗迹，供后人凭吊。扬雄墓又称"子云坟"，在扬雄墓附近，有唐代文学家刘禹锡《陋室铭》中盛赞的"西蜀子云亭"遗迹。

做个中庸的君子看起来不是一件容易的事，似乎有点高不可攀，但仔细回味，却如吃饭穿衣，真切自然，它是人人所恪守的行为准则。在中国历史的发展过程中，人才辈出，却大浪淘沙，说到底，归于文格和人格的高贵。真正中庸的君子恪守道德，甘于清贫，尽管贫穷潦倒，寂寞一时，终将受人赞颂。

2. 反中庸者是可怕的

"反中庸"者做人做事常常以自我为中心，与人争夺利益，甚至巧取豪夺无所不用其极，以损人利己为快乐，他们当然不会中庸，为达目的，他们会不择手段。这就是君子与小人之差别，这也是中庸与反中庸的不同。

每一个人，在不同阶段会遇到不同的人帮助自己。有了这些贵人的帮助，成功的脚步自比平时快了不少。对此，中庸者一定知恩图报；但反中庸者，却不这样，他在每一个阶段，都跨过压在他头顶上的靠山并更上一层楼，一个一个的靠山倒下，一个一个更大的靠山树起来，至于对倒下之人的感恩、

同情什么的，也许他酒足饭饱之后剔牙缝时能隐隐想到一点，这对他来说已经是殊为不易了。

魏忠贤年轻时，曾因还不起赌债，被一群恶少打得遍体鳞伤。伤好之后，他将复仇计划付诸实施，成了阉人，嫁妻寄女，从河间肃宁奔往北京。多亏好骑术、射术和诚实的外表，加上一副好酒量，不久博得东厂太监孙通的赏识，收在名下，带进皇宫。

后来，魏结识了大太监马谦，马谦把他调往甲字库管理化妆品。

神宗皇帝的长孙朱由校出生，为他选的奶妈是京郊农民侯二的妻子客氏。而客氏与东宫大太监魏朝结下"食伴"。魏忠贤常给魏朝一些化妆品向客氏进贡，魏朝很蒙情，便介绍他进东宫，负责皇长孙和母亲王才人的膳食，从此，魏忠贤可以出入皇储的东宫。不久，王才人允许他携带皇长孙玩耍。他一方面尽力弄珍玩、教骑射讨好皇长孙；同时与魏朝结为"兄弟"，进而巴结王安，王才人死后，他注意到皇长孙对客氏的依赖，便动用"秘密武器"结交了客氏。此时，客氏已寡，她脚踩两只船，一是有权的魏朝，一是得用的魏忠贤。许久，魏朝发现了魏忠贤与客氏的关系，便把他调去管理煤炭供热，疏隔了客、魏的空间关系，其间约三年。

这两三年间，魏忠贤深自反省，恨自己色迷、急进，担心可能切断自己借助皇太孙上进的通路，又夹起尾巴来，垂眉折腰，修好于魏朝。好在魏朝好糊弄，又得日夜殷勤地代替多病的王安做事，也就渐忘前嫌，反倒自觉对不起"弟弟"，于是处处向王安说魏忠贤的好话。1620年，光宗即位，朱由校独居东宫，客氏便向皇长子提起魏忠贤，皇长子很喜欢曾给他留下美好记忆的魏忠贤，便说："让他过来吧。"王安、魏朝也无异议。于是魏忠贤便重返储宫。不到一个月，光宗突然去世，皇长子被拥立为皇帝，年号改为天启，就是熹宗。

熹宗即位，按惯例，要把侍候自己的旧宦官安置在重要岗位上。客氏也反复地劝说，熹宗便任命魏忠贤为司礼秉笔太监。司礼秉笔太监的工作是按皇帝授意在奏章上加批示报批人，可以说是皇帝的秘书长。魏忠贤从此开始了乱政混世的7年。

1620年的明王朝，国家多事，一个月间，神光二帝相继去世，"红丸"、"移宫"两案争吵不休，内阁首辅方从哲被东林党攻击下台，内廷司礼监更替频繁，光宗的人马尚未接完班，熹宗的一群人已虎视眈眈地来了。这是一个机会，人人都为权力再分配而勾结、排斥、倾轧。魏忠贤要扫除前进中的障碍了。

一天深夜，16岁的熹宗被吵骂声惊醒。司礼大太监卢受、王安等也闻声赶到了。原来，魏忠贤和魏朝夜深饮酒东暖阁，争相要与客氏亲近，吵起来。二人跪在御床下，客氏站在床边一个劲地啼哭。熹宗早已"知事"，便问："客奶，你别哭，只说要谁给你办事得了。"客氏自然心向得用的魏忠贤，厌恶魏朝的淡薄。王安看了皇帝眼色，便打了魏朝一个嘴巴，撵他出宫回家。魏忠贤事后假传圣旨，把魏朝发往凤阳，又派人截在河北献县勒死了他。魏朝就这样白白地死在他曾大力举荐过的魏忠贤手下。从此，魏忠贤独占客氏，客氏左右熹宗，形成掣肘之势。

关键时刻，王安犯了一个不可弥补的错误，为朝廷也为自己种下了祸根。魏朝死后不久，皇帝命王安掌司礼监印，依惯例王安先推辞，退居宫外，待再下诏催促时便上任。魏忠贤为独揽内廷大权，在客氏的怂恿下，决心消灭王安。他唆使御史霍维华参奏王安，结果把王安关在空院子里，不许进饮食，王安夜间偷摘葫芦叶青萝卜度日，竟没饿死。魏忠贤又派人把他砸死。至死王安也不明白，自己保护过而且栽培起来的魏忠贤为什么要害自己呢？事后，参与整个阴谋活动的王体乾出任司礼监，事事听魏忠贤摆布。从此，魏忠贤控制了司礼监——与内阁并列的宫廷中枢机构。

最终的结局，大家都已知晓。反中庸的小人祸国殃民，我们不得不加以防备呀。

3. 去除内心的肆无忌惮

中庸的本质是一种世界观、人生观和大局观。君子以仁为本、以和为贵、以公为心，知道遵循人伦道德和自然之法则。而小人不同，他们以私欲为中心，以利益为上，以占有为快乐，肆无忌惮。他们没有责任心和社会公德，更不懂得人伦道德和自然法则。

武则天原是唐太宗李世民的才人，因美貌可人深得太子李治的欢心。但在唐太宗临死之际，为避免殉葬，不得不到感业寺做了尼姑。唐太宗死后3年，唐高宗李治把武则天再度接回到宫里。

武则天聪明伶俐，对王皇后谦卑有礼，对唐高宗百般奉迎，不久被封为昭仪。这时的武则天，又有了新的奋斗目标，那就是晋身皇后。

王皇后生性骄傲，对左右宫人态度严厉，其母亲柳氏更是因贵为皇后之母，出入后宫毫不顾忌礼节，因此宫女们多有怨言。机敏的武则天明白，对于懦弱寡断又宽厚仁慈的唐高宗，靠外力去劝说他废后是万难成功的，唯一的办法是要让唐高宗自己通过某事来做出推理决断。

公元654年，武昭仪怀胎十月，满望生个儿子好继大统，不料生下的竟是个女儿。大失所望之余，忽然想出了一个废掉王皇后的计策来。

一日，武昭仪在宫中闲坐，忽报皇后驾到。武氏便叫过宫女密嘱数语，自己却闪入侧室躲了。王皇后见武氏不在，便就座等候，蓦听床上婴儿啼哭，就抱起来哄了一阵，待婴儿又睡着后才放回床上，离宫回到自己的住处。

武则天见皇后已回，就从侧室出来，悄悄走到床前，启开被子，狠了心肠，咬了咬牙，竟将亲生女儿扼死。然后仍用被子盖好，专等唐高宗驾到。

不一会儿，即有使者来报皇帝驾临。武氏与平日一样，笑脸恭迎，谈笑献媚。过了一会儿，唐高宗对着床问武氏："女儿还在熟睡？"武氏故意回答说："熟睡已多时，现该让她醒过来了。"便令侍女去抱起来。

那侍女掀开被子一瞧，吓得半晌说不出话来。武氏故意催促："莫非还是熟睡？赶快抱起便醒了！"那侍女才说了个"不"字。武氏故意装作不解，自己前去抱孩子，手还未碰及女婴，口中却已号哭起来。

唐高宗被弄得莫名其妙，走近床去仔细察看，才知道那活泼泼的宝贝女儿竟已变作一个死孩了，难过得泪流满面。

武氏故意哭着问侍女道："我往御花园采花，不过片刻工夫，好好的一个孩子，怎会被闷死？莫非你们与我有仇，谋死我女儿么？"

众侍女慌忙跪下，齐称不敢。武氏又道："你等若都是好人，难道有鬼来

谋命么？"

众侍女这才恍然大悟，一片齐声道："只有正宫娘娘到此来过，婴儿啼哭时她还抱起来哄逗了一会儿。小孩没声息时她才走。"

武氏一听，故意顿足大哭，带泣带诉，声声怨自己命苦无女。唐高宗却已坚信王皇后下毒手谋杀了自己的亲生女儿，断然决定要废去王皇后了。这时，武氏又故意说："废后是件大事，陛下不可随便决定，尚需由大臣们好好商议。王皇后只是对妾不满，宁可逐妾，也不能废后呀！"

然而，唐高宗自己推理决断了的事，哪是旁人言语可以轻易"劝"回头的？他对武氏道："朕意已决，卿勿再言！"武则天表面上一片茫然，内心里却通明透剔，高兴无比。

此时的武则天还只是一个昭仪，距离皇后的位置还差很多。为了能实现晋身皇后的目的，靠普通的手段是很难奏效的。她"无忌惮"，逆人伦的常规思维模式而动，杀死自己的亲骨肉，从而达到了自己的目的。

孔子强调，做君子不做小人。小人有两大缺点：第一，反中庸；第二，肆无忌惮，就是完全不按照规矩办事，为达目的不择手段。他们做事随心所欲，无规矩无责任心，以自我为中心，以一己私利为目的，根本不懂得什么是中庸，甚至嘲笑中庸！因为他们以欲利为目的，所以不会考虑尺度的问题。

齐桓公姜小白，春秋五霸之一，功成名就之后，淡了从前的雄心壮志，日渐昏庸起来。易牙就是在这时候，以一名厨师的身份来到他的身边。

易牙名巫，也称雍巫或狄牙，是宫廷的厨师，烧得一手好菜。齐桓公最宠爱的女人长卫姬，得了一种怪病，食欲不振，日益消瘦，全国的名医都请来看过了，也吃了很多药，病情长久不见好转。易牙就自告奋勇，为这妇人做了一次饭，长卫姬吃了几口之后，竟然胃口大开，风卷残云吃了个精光。连着吃了几天易牙所做的饭菜，身体就康复了。易牙征服了长卫姬的胃，再加上长卫姬的"枕边风"和当朝大臣竖刁的力荐，齐桓公对易牙另眼相看，到哪里玩都带着易牙。

有一天他对易牙谈及天下美味，齐桓公遗憾地说："我吃尽了天下的山珍海味，就是人肉没有吃过。听说人肉很好吃，不知是不是真的？"这本是一句玩笑话，说笑过后，齐桓公早就忘了，易牙却上了心。

他回到家中，看到三四岁的小儿子皮细肉嫩，就磨刀霍霍杀了儿子，做了一盘蒸肉，第二天一大早送给齐桓公品尝。端上桌来一看，那肉鲜嫩无比，酷似乳羊而胜过乳羊，不由得胃口大开。桓公狼吞虎咽，转眼间把那盘肉吃个精光。食罢赞不绝口，问易牙："这是什么肉，味道这么鲜美？"易牙不敢欺君，只得实话实说："这是贱臣小儿身上的肉。臣听说过，'忠君的人，不顾其家'。心想主公尚未尝过人肉的滋味，所以把儿子杀了，献给主公品尝。"桓公听罢，心里很不舒服，半天没言语，示意让易牙退下。桓公转念一想，易牙这么干，虽然太不近人情，但他为了自己肯杀死自己的亲骨肉，表明他爱自己胜过他的亲生儿子，这样的人绝对可靠！于是晋升易牙为国务大臣。从此，易牙就成了齐桓公心目中仅次于相国管仲的人物。

在反中庸者的心中是没有"忌惮"的，只要能够实现自己的目的，什么妻子、孩子都可以抛弃不顾。

管仲病重之后，齐桓公问他："你死后群臣之中谁可做相国？"管仲说："知臣莫如君。"桓公说："易牙这人怎么样？"管仲回答说："他杀死自己的儿子来迎合国君，不合人情，不能任用。"齐桓公听管仲说不能亲近易牙，很

奇怪，便问："易牙为了让我品尝人肉的滋味，杀了自己的儿子，这说明他爱我超过爱他的儿子。这样的人，还有什么可怀疑的？"管仲回答说："对于自己的儿女，人们没有不倍加爱护的。易牙能把自己最心爱的小儿子杀了，对您又会怎么样呢？"

管仲病逝后两年，齐桓公于公元前643年蹊跷地病重不起，易牙和另两位奸臣废太子另立，把齐桓公关入深宫，四周用高墙围住，不给他饭吃。饥肠辘辘的齐桓公饱尝了从天堂到地狱之间的痛苦落差。齐桓公作为春秋五霸之一的豪杰，却栽在易牙这样的反中庸的小人手里。齐桓公临饿死时，不知是否会想起相国管仲的话。

世界上最重要的不是规律或规则，也不是外部的形式、程序、等级，而是内心是否"中庸"。如果内心不正、自心不诚，那么在生活中对中庸的坚守也不可能做到。君子最大的敌人不是修身中所遇到的种种困难障碍，而在于去除内心的欲望恶念和肆无忌惮。我们应当"三省吾身"，防止贪、欲，戒除一味求大、损人利己的贪念，这才有可能使自己远离小人，逐渐修成君子。

第三章　鲜能：人生在世，都是有欲望的

【原典】

子曰："中庸其至矣乎！民鲜能久矣。"

【译释】

孔子说："中庸这种道德，该是最高的了，大家缺乏它已经很久了。"

解读

1. 中庸是最高的道德标准

中庸是最高的德行，正因为它是最高的道德标准，所以，很少有人能够真正实行它。为什么呢？

鲁迅说："然则圣人为什么大呼'中庸'呢？曰：这正因为大家并不中庸的缘故。人必有所缺，这才想起他所需。穷教员养不活老婆了，于是觉到女子自食其力说之合理，并且附带地向男女平权论点头；富翁胖到要发哮喘病时，才去打高尔夫球，从此主张运动的要紧。我们平时，是绝不记得自己有一个头，或一个肚子，应该加以优待的，然而一旦头痛肚泻，这才记起它们，并且大有休息要紧，饮食小心的议论。"（《由中国女人的脚，推定中国人之非

中庸，又由此推定孔夫子有胃病》）

从人类历史发展来看，到了孔子那个年代，实行中庸的人就越来越少了。私有制激发了人们的攀比心理，攀比心理又促使了私有制的发展，促进了社会的进步。然而私有制所带来的副作用却是人们远远没有想到的。

自夏启立国后，自孔甲始，君王们荒淫无度，至桀时更甚。到商纣王时更是"好酒淫乐，嬖于妇人。爱妲己，唯妲己之言是从。于是使师涓作新淫声，北里之舞，靡靡之乐。厚赋税以实鹿台之钱，而盈钜桥之粟。益收狗马奇物，充仞宫室。益广沙丘苑台，多取野兽蜚鸟置其中。慢于鬼神。大勘乐戏于沙丘，以酒为池，悬肉为林，使男女倮相逐其间，为长夜之饮。百姓怨望而诸侯有畔者，于是纣乃重刑辟，有炮烙之法"。既然地位与财富能带给人这么多身体感官的享受，有谁不愿意享受呢？有谁不盼望享受呢？

春秋时期是私有制发展的旺盛时期，财富的聚集，地位的提高，促使人们的需要、需求的野心更为膨胀，再多的财富、再高的地位也无法满足那些诸侯邦国的君王们。这个时期的你争我夺，就是人们对需要、需求的无止境的渴望，于是乎巧取豪夺而弄得你死我活，国家才由此而衰败，人民才由此而贫穷。

既然"民鲜能久矣"，那么孔子是否做到了中庸？

孔子三岁丧父，十七岁丧母，家境十分贫寒。在《论语》中记录了孔子这样一句话，"吾少且也贱，故多能鄙事"。据文献记载，他先在鲁国贵族家里做过管理仓库的人员，后来又做过管理牲口的小官。由于小时候给富人家放过羊，很了解牲畜的习性。上任之后，孔子制定了卓有成效的管理措施。不到一年，饲养场里便牛羊成群，于是，这年的祭祀都用了最上乘的牲畜，朝野上下无不赞誉孔子，鲁昭公对此也十分赞赏。

孔子从来不怕做低贱的事情，不怕人们说他平常。他总是去做一些低下平常之事。这个低不是一味求低，能把低的做好，才能做好高的；能把平常事情做好，才能做不平常的事情；能把自己的事情做好，才能把社会和国家的事情做好。

2. 孔子的中庸思想

"中庸"强调的是做事守其"中"，既不左冲右突，又戒参差不齐。作为一种道德观念，它是孔子尤为提倡的。虽然在《论语》中"中庸"一词仅出现过一次，但中庸的思想却时时闪现。

如在《论语》中，孔子评价他的弟子们时说："高柴愚直，曾参迟钝，颛孙师偏激，仲由鲁莽。"孔子认为，他的这些学生各有所偏，不合中行，对他们的品质和德行必须加以纠正。再如论语中记载，孔子对子张和子夏二人的评价是："过犹不及。""过犹不及"即中庸思想的具体说明。

孔子"中庸"思想的本意是："去其两端，取其中而用之。"也就是去除偏激，选择正确的道路。它体现的是端庄沉稳、守善持中的博大气魄、宽广胸襟和"一以贯之"的坚定信念。

商汤的开国大臣伊尹，原来不过是汤身边的厨师，他就是靠中庸之道，辅佐汤推翻了夏桀的残暴统治，建立了在我国历史上维系约600年之久的商朝。

他看到汤成天为与夏桀争夺天下而忙碌着，显得十分焦急，以致一日三餐都食不甘味，就想出一个办法来引起汤的注意。他把上一顿饭的菜做得特别咸，下一顿饭的菜又故意不放盐，让汤吃得不对味而来责备自己。接着，他又把每顿饭的菜做得咸淡适中，美味可口，让汤吃得十分满意。伊尹早已算计好了，汤准会表扬自己。果然，有一次饭后汤对伊尹说："看来你做菜的本事确实不凡。"伊尹说："大王，这并不值得夸奖，菜不宜太咸，也不能太

淡，只要把佐料调配得当，吃起来自然适口有味。这和治理国家是一个道理，既不能无所作为，也不能急于求成，只有掌握好分寸关节，才能把事情办好。"孟子后来对伊尹的评价是："治亦进，乱亦进，伊尹也。"意思是说伊尹在天下太平时入仕做官，在天下动乱时也入仕做官。伊尹之所以能够做到这点，关键是善于把握好分寸，有所为有所不为，深悟中庸的为人处世哲理。

《易经》说，天下的事物，天下的人物，随时随地在变，每秒钟都在变，没有不变的事。一切都是相对的，在这个相对的中间，有一个中和的道理。孔子针对人类社会中的偏锋主张，将两方面中和，各保留其对的一面，各舍弃其不对的一面，也就恰当了。在谈及"中庸其至矣乎"的同时，孔子也感叹说："民鲜能久矣。"这是因为，一般的人，很少能够善于运用中和之道，大家走的多半都是偏锋。

孔子一生践行中庸之道。如何行中庸呢？他说："庸德之行，庸言之谨，有的不足，不敢不勉，言顾行，行顾言。"孔夫子一生都在这样做，"非礼不动，去谗远色，贱货而贵德，好学近乎知，力行近乎仁，知耻近乎勇"。他一直认为，勤苦好学就接近了"智"；学以致用，努力行善，就接近了"仁"；知道什么是羞耻，不做不道德的事，就接近了"勇"。智仁勇是修身养性的基础，也是行中庸之道的要旨。

孔子在个人修养方面也特别注重行中庸之道。他认为，人与人相处，行中庸，遇事心平气和，包容共济，相互谦让，文明处世，礼貌待人，人们就会减少摩擦与争斗，化解社会矛盾，实现和谐相处。人们都行中庸，不但可以和谐相处，而且中庸之道还能使天与地处于融洽的位置，阴阳能平衡，天下万物才能生长发育。进而言之，中庸之道更可以使人与自然和谐相处，整个社会就会协调和可持续发展。

3. 人的欲望永远都不能满足

凡事不走偏锋，不走极端，这是"中庸"的原则。中庸说来简单，实际上很难做到，我们的言行举止往往失之偏颇，过于追求物质就是其中之一。

得到舒适而且悠闲的享受，是人类孜孜以求的目标，是人类本性的追求，因为人生在世，都是有欲望的，这些欲望换句话说就是需要：需要吃、需要穿、需要爱、需要名利地位等。而人的这些需要一般来说是没有止境的，是无法完全得到满足的。

有一位禁欲苦行的修道者，准备离开他所住的村庄，到无人居住的山中去隐居修行，他只带了一块布当做衣服，就一个人到山中居住了。

后来，当他要洗衣服的时候，需要另外一块布来替换，于是他就下山到村庄中，向村民们乞讨一块布当做衣服，村民们都知道他是虔诚的修道者，于是毫不吝惜地给了他一块布，当做换洗用的衣服。

当这位修道者回到山中之后，他发觉在自己居住的茅屋里面有一只老鼠，常常会在他专心打坐的时候来咬他那件准备换洗的衣服，他早就发誓一生遵守不杀生的戒律，因此不愿意去伤害那只老鼠，但是他又没有办法赶走那只老鼠，所以他回到村庄中，向村民要一只猫来饲养。

得到了一只猫之后，他又想到："猫要吃什么呢？我并不想让猫去吃老鼠，但总不能跟我一样只吃一些水果与野菜吧！"于是他又向村民要了一只乳牛，这样子那只猫就可以靠牛奶维生。

但是，在山中居住了一段时间以后，他发觉每天都要花很多的时间来照顾那只母牛，于是他又回到村庄中，找到了一个可怜的流浪汉，然后带着这个无家可归的流浪汉到山中居住，帮他照顾乳牛。

那个流浪汉在山中居住了一段时间之后，跟修道者抱怨说："我跟你不一样，我需要一个太太，我要正常的家庭生活。"

修道者想一想也有道理，他不能强迫别人一定要跟他一样，过着禁欲苦行的生活……

这个故事就这样继续演变下去，你可能也猜到了，到了后来，也许是半年以后，整个村庄都搬到山上去了。

欲望就像是一条锁链，一环扣着一环，永远都不能满足。

在印度的热带丛林里，人们用一种奇特的狩猎方法捕捉猴子：在一个固定的小木盒里面，装上猴子爱吃的坚果，盒子上开一个小口，刚好够猴子的前爪伸进去，猴子一旦抓住坚果，爪子就抽不出来了。人们常常用这种方法捉到猴子，因为猴子有一种习性，不肯放下已经到手的东西，人们总会嘲笑猴子的愚蠢：为什么不松开爪子放下坚果逃命？但审视一下我们自己，也许就会发现，并不是只有猴子才会犯这样的错误。

"得寸进尺，得陇望蜀"，是对贪得无厌之辈的形象比喻，只有少数超凡绝俗的豁达之士才能领悟知足常乐之理。适度的物质财富是必需的，追求功名以求实现抱负也是对的，关键看出发点何在。有一定社会地位是现实生活迫使个人接受的一种要求；追求物质丰富是刺激市场繁荣的动力，对个人而言，绝非因为安贫乐道就可以否定对物质欲望的追求。但是一个人为铜臭气包围，把自己变成积累财富的奴隶，或为财富不择手段，为权势投机钻营，把权势当成满足私欲的工具，那么，这种人就会永远贪得无厌，为正人君子所不齿。

4. 必须克服褊狭的劣根性

孔子之所以感叹中庸之道"民鲜能久矣"，是因为他深刻地发现人类的一个劣根性，这个劣根性就是违反平淡恒常。在孔子看来，具有平常心是对人最高的评价。但是，人总是想要超越自我和别人，总是不愿意成为真正的自己，带有狭隘目的去做事就缺乏平常之心。

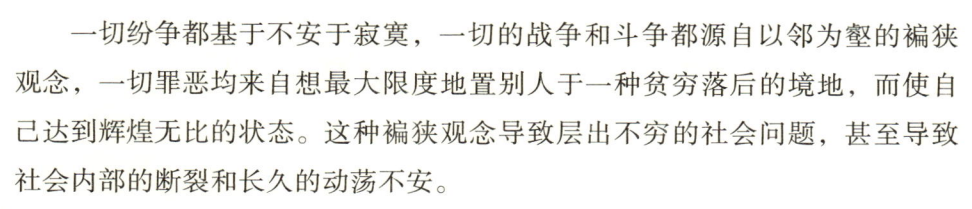

一切纷争都基于不安于寂寞，一切的战争和斗争都源自以邻为壑的褊狭观念，一切罪恶均来自想最大限度地置别人于一种贫穷落后的境地，而使自己达到辉煌无比的状态。这种褊狭观念导致层出不穷的社会问题，甚至导致社会内部的断裂和长久的动荡不安。

一个农夫请无相禅师为他的亡妻诵经超度，佛事完毕之后，农夫问道："禅师！你认为我的亡妻能从这次佛事中得到多少利益呢？"

禅师照实说道："当然！佛法如慈航普度，如日光遍照，不只是你的亡妻可以得到利益，一切有情众生无不得益呀。"

农夫不满意地说："可是我的亡妻是非常娇弱的，其他众生也许会占她便宜，把她的功德夺去。能否请您只单单为她诵经超度，不要给其他的众生。"

禅师慨叹农夫的自私，但仍慈悲地开导他说："回转自己的功德以趋向他人，使每一众生均沾法益，是个很讨巧的修持法门。'回向'有回事向理、回因向果、回小向大的内容，就如一光不是照耀一人，一光可以照耀大众，就如天上太阳一个，万物皆蒙照耀；一粒种子可以生长万千果实，你应该用你发善心点燃的这一根蜡烛，去引燃千千万万支蜡烛，不仅光亮增加百千万倍，本身的这支蜡烛，并不因而减少亮光。如果人人都能抱有如此观念，则我们微小的自身，常会因千千万万人的回向，而得到很多的功德，何乐而不为呢？故我们佛教徒应该平等看待一切众生！"

农夫仍然顽固地说："这个教义虽然很好，但还是要请禅师为我破个例吧。我有一位邻居张小眼，他经常欺负我、害我，我恨死他了。所以，如果禅师能把他从一切有情众生中除去，那该有多好呀！"

禅师以严厉的口吻说道："既曰一切，何有除外？"

听了禅师的话，农夫更觉茫然，若有所失。

褊狭的劣根性，在这个农夫身上表露无遗。这种劣根性会扭曲人的心灵，造成心理贫穷，并最终使人毁灭自己。

村里有两个要好的朋友，都是非常虔诚的教徒。有一年，他们决定一起到遥远的圣山朝圣，两人背上行囊，风尘仆仆地上路，誓言不达圣山朝拜，绝不返家。

两位教徒走啊走，走了两个多星期之后，遇见一位年长的圣者。圣者看到这两位如此虔诚的教徒千里迢迢要前往圣山朝圣，就十分感动地告诉他们："从这里距离圣山还有7天的路程，但是很遗憾，我在这十字路口就要和你们分手了，而在分手前，我要送给你们一个礼物。就是你们当中一个人先许愿，他的愿望一定会马上实现；而第二个人，就可以得到那愿望的两倍！"

听完了圣者的话，其中一个教徒心里想："这太棒了，我已经知道我想要许什么愿，但我绝不能先讲，因为如果我先许愿，我就吃亏了，我的同伴就可以有双倍的礼物。不行！"而另外一个教徒也自忖："我怎么可以先讲，让我的朋友获得加倍的礼物呢？"于是，两位教徒就开始客气起来："你先讲吧！""你比较年长，你先许愿吧！""不，应该你先许愿！"两位教徒彼此推来推去，"客气地"推辞一番后，两人就开始不耐烦起来，气氛也变了："烦不烦啊？你先讲啊！""为什么我先讲？我才不要呢！"

两人推到最后，其中一人生气了，大声说道："喂，你真是个不识相、不知好歹的家伙啊，你再不许愿的话，我就把你掐死！"

另外那个人一听，他的朋友居然变脸了，竟然来恐吓自己。于是想，你这么无情无义，我也不必对你太有情有义！我没办法得到的东西，你也休想得到！于是，这个教徒干脆把心一横，狠心地说道："好，我先许愿！我希望……我的一只眼睛……瞎掉！"

很快，这位教徒的一只眼睛瞎掉了，而与他同行的好朋友，两只眼睛也立刻都瞎掉了！

狭隘不但让两个好朋友闹翻脸，甚至还通过伤害自己的方式来毁灭他人。如果一个人任由狭隘在内心作怪，那么他会变得多可怕呀！

第四章 行明：既无过之，亦无不及

【原典】

子曰："道之不行也，我知之矣：知者过之；愚者不及也。道之不明也，我知之矣：贤者过之；不肖者不及也。人莫不饮食也，鲜能知味也。"

【译释】

孔子说："中庸之道不能实行的原因，我知道了：聪明的人自以为是，认识过了头；愚蠢的人智力不及，不能理解它。中庸之道不能弘扬的原因，我知道了：贤能的人做得太过分；不贤的人根本做不到。这正如人们每天都要吃喝，但却很少有人能够真正品尝滋味。"

解读

1. 万事都要讲究一个"度"

孔子在这里提出了"过"和"不及"两个概念，是后来成语"过犹不及"的最早来源。

孔子的学生子贡曾经问孔子："子张和子夏哪一个贤一些？"孔子回答说：

"子张过分，子夏不够。"子贡问："那么是子张贤一些吗？"孔子说："过分与不够是一样的。"

这一段话是对"过犹不及"的生动说明。也就是说，过分与不及貌似不同，其实质却是一样的，都不符合中庸的要求。中庸的要求是恰到好处，如宋玉笔下的大美人东家之子："增之一分则太长，减之一分则太短；著粉则太白，施朱则太赤。"（《登徒子好色赋》）

为什么一般人修道而不能成道、得道呢？孔子说，我现在懂了。聪明人太聪明了，超过头了。我们大家都有这个经验，有时手里拿着帽子找帽子，找了半天，哦！在这里！禅宗里头讲"骑牛觅牛"。骑在牛背上，说，"我的牛找不到了！""愚者不及"，笨的又太笨了，够不到。所以不能做到"中庸"，也就做不到恰到好处。

因此，学问太好的人不能成道，像佛家的"所知障"，学问越好、佛学越懂得高，越不会成功，只能讲讲经、讲讲佛学。那么，不念经，也不学佛，好不好呢？"愚者不及也"，也一样不会成功。

孔子又重复地赞叹：道——后世这个道为什么不明了呢？我知道了，"贤者过之，不肖者不及也"。"贤"与"不肖"，是古代两个代号。贤——有道德的人，有学问有道德谓之贤人。不肖——看不起学问，不守道德谓之不肖。这两者也都不能成功。

所以中庸之难，难在恰到好处！这个同做菜一样，不咸又不淡，那真不容易！

好多事情如果走向极端，把事情做过了头，会远离自己的目的。同样道理，如果做得不及，往往导致功亏一篑的惋惜，或者被人愚弄欺骗的无奈。所以万事都要讲究一个"度"字。

三国时期，杨修恃才傲物，熟知曹操心思，为曹所忌恨，终招杀身之祸。

曹操修一花园，在门口写一活字，众人不解其意，独杨修知其嫌门阔，于是将门改小。又一次，曹操在一酥盒饼上长长地写道"一合酥"，因古时写字是竖着写，别人又不知曹操何意，独杨修开盒拿起酥饼吃起来。杨修见别人不吃，就得意洋洋地对旁人讲："将这三字拆开，就是一人一口酥，大家吃吧！"曹操听说此事，深为不满。

又一日，行军途中，曹操发出军令"鸡肋"。杨修于是收拾行李，准备撤兵。当时曹操还没有令将士撤军，于是众将士问杨修为何要收兵。杨修说："鸡肋，食之无味，弃之可惜，所以要撤兵！"曹操听说后，以造谣惑众、扰乱军心罪处死了杨修。

杨修的才华，在中庸学看来，其实只是小聪明。行中庸之道者，虽心里明白而不随便表露出来，绝不表现比别人聪明。如果杨修知道他的聪明会给他带来灾祸，还会耍小聪明吗？所以他的愚蠢之处，就在于不知自己的聪明会招来杀身之祸。这样的人是聪明吗？多年中，他被提拔得很慢，肯定是曹操不喜欢他的缘故。对此他没有意识到曹操对他疑心越来越重。这就是说，该聪明的时候他反倒真糊涂起来了。如果他能迎合曹操，不表现他的聪明，或适时适地适量地表现才能，那么他很可能会成功的。人们也许会说，杨修之死，关键在于曹操也聪明并且多疑，但是换了谁，一个上级能愿意让部下全部知道他的心思、他的用意吗？显然杨修最终非失败不可。这可算是"聪明反被聪明误"的典型。他的才华太外露了，从谋略来看，尚不是真才，不是大才，那么除了灾祸降临，他还会有什么结果？曹操何等聪明之人，在他跟前，笨蛋当然不会受重用，才能太露又有"才高盖主"之嫌，所以真正聪明的人会掌握"度"。

相反，朱元璋成功的原因之一就得益于他早期的"藏锋守拙"。

明朝开国皇帝朱元璋打天下的前期，攻克徽州后，在各支争雄队伍中，实力可说是很强大了。但是否应马上称王，引起天下的瞩目，还是继续增强内功，扩大根基则是摆在他面前的一个关键而急切的问题，这时他采取了由部下邓愈给他推荐的隐居谋士朱升的建议。针对朱元璋问朱升，"在当前形势下应该怎么办"的问题，朱升说："高筑墙，广积粮，缓称王。"意思是说，第一要巩固后方；第二要重视发展生产；第三要作长远打算，别忙于称王。朱元璋认为很好，就采纳了他的意见。可以说，朱元璋走向成功，与此大有关系。

如果说杨修之死是"过"的后果，那么"不及"同样也不会善终。

战国时期，秦、赵两国的大军相持在长平，一时难以决出胜负。后来，赵王误中了秦的反间计，使用赵奢的儿子，只会纸上谈兵而缺乏实战经验的赵括代替廉颇为将。赵括的母亲放心不下，面见赵王，说："了解自己儿子莫如他的母亲，我认为绝不可用赵括为将。"赵王不解，反问道："此话怎讲？"赵括的母亲回答说："我刚嫁给他父亲赵奢的时候，见赵奢为将，不把官俸据为己有，而是用来养士，仰仗他供给衣食的达数百人。大王赏赐给他的财物，全部分给下级军吏。自从他领受大王之命的那天起，便一心为公，不再过问家庭私事。今赵括一旦当了大将，便目中无人，趾高气扬起来，军吏没人敢抬头正视他的。大王之所赐，都归他个人私有，而且经常说：'看有价钱便宜的好田地、好住宅，能买就赶紧买下来。'父子虽都姓赵，但二人的志向却大异。因此，我建议大王不要重用他。"

赵王说："不要说三道四，我已经决定了。"赵括的母亲说："大王如果非用不可，出了问题，恳请不要株连赵家本族。"赵王连声答应说："好，好。"

赵括当上大将以后，完全改变了老将廉颇坚守不出的策略，大举出击，被秦将白起打败，四十余万降卒尽被坑杀，赵括也被乱箭射死。他母亲哀叹道："果然不出所料！我早把他看成死人了，像没有这个儿子一样。"赵王也因赵括的母亲有言在先，不再追究赵家之罪。但此役之后，赵国元气大伤，一蹶不振，终于为秦所灭。赵括只知纸上谈兵，在实战和凝聚人心方面，远不如其父赵奢和大将廉颇，最终招致全军覆没，实在可悲可叹！

如果说赵括是实践上的不及，那么有一位历史上赫赫有名的大人物，则是在认识上的不及。这位人物就是项羽。项羽是一个杰出的军事家，但不是战略家，一旦涉及战略问题，他就显得极其幼稚和目光短浅。

例如，在灭秦之后，他放弃关中四塞之地而东归彭城，这使他在军事上失去战略要地，在经济上也失去了大后方。如果他以关中为都城，那么刘邦就不会那样轻易地从汉中杀出，可以说是掐住了刘邦的咽喉。项羽懂得军事、深知关中战略地位的重要性，他不封刘邦为关中王，而封秦王朝三位降将，就说明了这一点。但他目光短浅，认识上存在不及，稍有成就便急于回家乡炫耀富贵，这不是战略家的风度。他过于迷信自己的力量，迷信到自我崇拜的程度，他一辈子都生活在这种自我迷信的氛围之中。这种过分的自我迷信使他看不清自己的政治对手。鸿门宴上他放走刘邦，有人说项羽沽名钓誉，有人说项羽性格宽厚憨直，这都没有说及要害。项羽之放走刘邦，是建立在他对自身充分自信的基础之上。他认为自己可以打败虎狼之秦，区区刘邦又何足挂齿！因此当刘邦前来谢罪表示不敢背德的时候，他的警戒线就全部撤除了。尽管有范增在身边一再暗示提醒，但他的自信心又促成了他的刚愎自用。他根本就没有想到，将来与自己争夺天下、要自己脑袋的人，正是眼前这个俯首帖耳的刘邦！在这一点上，范增比他高明得多。后来待到他看清自己的政治对手之时，已经为时太晚。

项羽在认识上的不及，导致了他的失败。在乌江边上，一老者欲渡其过河，以图东山再起。但他又存在认识上的不足，觉得无颜见江东父老，便自刎乌江，实在令人叹息不已！

2. 物壮则老，过犹不及

"酒饮微醉，花看半开"，凡事总要恰到好处。事物达到了强盛的极点，就会逐渐衰弱，这就违反了"中庸"的原理，会很快地灭亡。

月盈则亏，水盈则溢。水与月都是自然界最有道的两种事物，连它们都不能太满，何况人。

你喜欢眼光明亮，这样过了头，就会沉溺于色彩，追求华丽；你要求耳朵清楚，这样走过头，就会迷惑于音乐，追求空洞不实的东西。

你喜欢仁，过分苛求，就会与人们的日常习惯发生冲突。你喜欢义，不顾常情，就要违背事物的常理。你讲究礼节、仪式，就容易犯虚伪造作的毛病。

人欢喜过度了，便会阳气偏旺；愤怒过度了，便会阴气过盛。如果阴阳二气都涨起来了，人体必受伤害。这就是阴阳失调，人体平衡被打破，生物钟被打乱。

人们高兴或者发怒，一旦失去常态，生活也便失去常规，思考问题便会不得要领，办事也会一意孤行，不成体统……

凡事不可太过，应有度。

这个度不是外物加于我们的规定制度，而是每个人自知之明的极限与临界点。

人在各方面都是有限的，行动、认知，莫不如此。庄子也曾叹："吾生也有涯，而知也无涯。以有涯随无涯，殆矣！"

这就是说有限认知的人不可能获得无限的知识。如果硬要以有限追求无限，那么注定失败。

凡事不可太过。"人无千日好，花无百日红。"人的一生，不可能总是春风得意，人生最风光、最美妙的际遇总是最短暂的，要懂得见好就收，锦上添花固然精彩，适可而止却最明智。

对于钱财，也不要大肆积聚。要积聚钱财并不难，难的是如何将钱财运用得当。一个人只要肯努力，有好机会，多半能赚到某种程度的资产。

问题是，积聚了钱财后怎么办？

有的人投资事业，有的人买华屋、买名车，只要是不过分，都是无可厚非的。但是有的人专用一些旁门左道的伎俩，罔顾法纪，大赚不义之财，虽然他累积财产看起来易如反掌，可是法网恢恢，迟早必有牢狱之灾。又如一些爱名贪利的人，必定会拼命地追逐争取，甚至牺牲生命亦在所不惜，最后也都会自食恶果。

谁都乐于追求完美，让自己的欲望得到满足，但问题不在于完美能否实现，欲望是否得到满足，而在于能不能"止于至善"，不要画蛇添足，否则自己打破了完美，欲望也变得扭曲变形，人也就迷失了自己。

在有限的生命里，我们能做的便是一步一个脚印地追求，人生变故，犹如流水，事盛则衰，物极必反。过犹不及，恰到好处则是不偏不倚的中和。

3. 适度才是正确的选择

一饮一食皆有味，然而孔子却说饮食者"鲜能知味也"，为什么呢？因为饮食者大多"过"或"不及"。"过"者以超越的态度将味消解、转换为生命的材料、工具等，而"不及"者匆匆忙忙把饭吞进去，而不回味、不思想。"过"与"不及"尽管有差异，但都是食而不知其味。

《中庸》寻求的是饮食而知味。知味的办法就是消除对饮食的思想超越（"过"）以及食而不思想（"不及"），就是回到饮食本身，在饮食中让味到来（"回味"）。就对道的理解、把握（即知"道"）而言，则须消除以言、知"过"道，以及沉溺于"身"而"不及道"，从而如饮食知味般"身"入"道"、"道"入"身"，而得以知"道"之味。道入"身"才使道得以"行"，得以"明"，此即破除"过"与"不及"，适应中庸之法。此是"味"之方法论的秘密。

《百喻经》里讲了一个"愚人食盐"的故事，说的是一个愚人到别人家里做客，夹了一筷子菜，觉得味道淡了些，便告诉主人，主人往菜里加了半勺盐，愚人再尝，觉得非常好吃，味道鲜美无比！于是，愚人想，主人只是往菜里加了半勺盐，菜就如此鲜美，若是再加几勺，那肯定是天宫佳肴之味了！于是，愚人趁主人没留神，偷偷地又往菜里放了几勺盐，结果呢？咸得他苦不堪言。

这则故事同样告诉人们，适度才是正确的选择。无论是做学问还是为人处世，若是在纠正偏差时，分寸把握不当，力度不够或者过猛，都将会事与愿违，从而陷入新的失误与偏差之中。心正行则正，心偏行则偏！无论对谁，无论解决处理任何事，都要心正、心清、心公，否则，就不可能"执中"。

偏激要不得。无论碰到什么事、什么情况，要冷静，不能出现偏激的心理。如果出现偏激的心理，头脑就会发热；头脑一发热，什么过激的话都有可能说出来，什么过激的事都有可能做出来。

偏废同样要不得。面对事务，不能凭自己的好恶去处理，更不能依自己的恩怨情仇去解决。

任何能力的获得都需要训练学习，"知味"也是如此。从这个意义上讲，人应"志于学"，哪怕自己已经功成名就了，甚或年岁大，记忆力减退了，也应该不忘学习，持续悟"道"。只有不断地学习，才能不断提高"知味"的能力，才能让人生之灯永远明亮。

这就需要善动脑，能举一反三；善联想，能触类旁通；善推理，能以近制远。听于无声，见于无形；尝一滴之咸，而知沧海之性；窥寸隙之光，而见日轮之体。品味而不"回味"，很难真正地享受到味道之美、之鲜。人不应似蚂蚁，只会去收集；也不应似蜘蛛，只会从自己肚中抽丝；人应如辛勤劳作的蜜蜂，采集百花之蕊，酿造出人见人爱的香甜蜂蜜。在对比中品味而感恩，在实践中知味而奋进，在总结创新中体味而发展。只有抱着乐观向上的态度体味人生，才能真正地享受生活，享受成长、享受发展的快乐。

4. 骄矜者无知，自知者智慧

"中庸"不是平庸、碌碌无为，中庸追求的是不亏不盈，可进可退，不急不缓、不过不及、不骄不馁，得人生大智慧与为人处世中较为完美的平衡点。中庸要求我们做人处世追求适量、守度、得当，不偏不倚为宜，越位和缺位都不合适。

现实中，有许多人过于骄傲专横，傲慢无礼，妄自尊大，好自夸，自以为是。具有骄矜之气的人，大多自以为能力很强，做事比别人强，看不起他人。由于骄傲，往往听不进去别人的意见；由于自大，则做事专横，轻视有才能的人，看不到别人的长处。

《劝忍百箴》中对于骄矜这个问题这样说：金玉满堂，没有人能够把守

住。富贵而骄奢，便会自食其果。国君对人傲慢会失去政权，大夫对人傲慢会失去领地。骄傲自夸，是出现恶果的先兆；而过于骄奢注定要灭亡。人们如果不听先哲的话，后果将会怎样呢？贾思伯平易近人，礼贤下士，客人不理解其谦虚的原因。贾思伯回答了四个字：骄至便衰。这句话让人回味无穷。

现代人最大的问题，就是骄矜之气盛行。骄横自大的人，不肯屈就于人，不能忍让于人。做领导的过于骄横，就不可能很好地指挥下属；做下属的过于骄傲，则会不服从领导；做儿子的过于骄矜，眼里就没有父母，自然不会孝顺。

骄矜的对立面是谦恭、礼让。要忍耐骄矜之态，必须不居功自傲，自我约束。常常考虑到自己的问题和错误，虚心地向他人请教学习。

固执自己见解的人，会不明白事理；自以为是的人，不会通达情理；自傲者，不会获得成功；自夸的人，他所得到的一切都不会保持长久。

太平军攻破江南大营后，清将向荣战死，太平军举酒相庆，歌颂太平军东王杨秀清的功绩。天王洪秀全更是深居不出，军事指挥全权由杨秀清决断。告捷文报先到天王府，天王命令赏罚升降参战人员的事都由杨秀清做主，告谕太平军诸王。像韦昌辉、石达开等虽与杨秀清同时起事，但地位低下如同偏将。

清军大营既已被攻破，南京再没有清军包围。杨秀清自认为他的功勋无人可比，阴谋自立为王，胁迫洪秀全拜访他，并命令他在下面高呼万岁。洪秀全无法忍受，因此召见韦昌辉秘密商量对策。韦昌辉自从江西兵败回来，杨秀清责备他没有功劳，不许入城；韦昌辉第二次请命，才答应。韦昌辉先去见洪秀全，洪秀全假装责备他，让他赶紧到东王府听命，但暗地里告诉他如何应付，韦昌辉心怀戒备去见东王。韦昌辉谒见杨秀清时，杨秀清告诉他别人对他呼万岁的事，韦昌辉佯作高兴，恭贺他，留在杨秀清处宴饮。酒过半旬，韦昌辉出其不意，拔出佩刀刺中杨秀清，当场穿胸而死。韦昌辉向众人号令："东王谋反，我暗从天王那里领命诛杀他。"他出示诏书给众人看，又剁碎杨秀清尸身命令紧闭城门，搜索东王一派的人予以灭除。

东王一派的人十分恐慌，每天与北王一派的人斗杀，结果是东王一派的人多数死亡或逃匿。洪秀全的妻子赖氏说："祛除邪恶不彻底，必留祸。"因而劝说洪秀全以韦昌辉杀人太残酷为名，施以杖刑，并安慰东王派的人，召集他们来观看对韦昌辉用刑，可借机全歼他们。洪秀全采用了她的办法，而突然派武士围杀观众。经此一劫，东王派的人差不多全被除尽，前后被杀死的多达三万人。

《尚书》中有"满招损，谦受益"的句子，也是说不张狂、不自满，人

才能有所收益。一个谦虚的人必然能够博采众长，用以充实自己，还会自觉地改过从善，提高自己的修养，并能得到别人的尊重。《老子》中说："知不知，尚矣；不知知，病也。圣人不病，以其病病。夫唯病病，是以不病。"讲的是有的人知道自己有所不知，有不足之处，有欠缺的地方，这是明智的人。而有的人明明不知道却自以为知道，唯恐别人不知道自己知道，这才是真正的毛病之所在。圣人已经很完美了，没有缺陷了，却忧虑自己有过失，有毛病，谦虚自省，正是这样检查自身的过失、错误、毛病，才能真正地没有过失，所以虚其心，受天下之善。

世界上有些自以为是、沾沾自喜、自高自大的人，目光短浅，犹如井底之蛙。骄傲使人变得无知，让真正有识之士看了发笑。《王阳明全集》卷八中这样写道："今人病痛，大抵只是傲。千罪百恶，皆从傲上来。傲则自高自是，不肯屈下人。故为子而傲必不能孝，为弟而傲必不能悌；为臣而傲必不能忠。"因此猖狂必忍，否则害人害己。如何忍傲忍狂？王阳明认为：猖狂、傲慢的反面是谦虚，谦逊是对症之药。人真正的谦虚不是表面的恭敬，外貌的卑逊，而是发自内心地认识到猖狂之害，发自内心的谦和。自我克制，明进退，常常能发现自己不如别人的地方，虚心接受别人的批评指正，虚以处己，礼以待人，不自是，不屈功，择善而从，自反自省，忍狂制傲，方可成大事。

第五章　践行：积极实践

【原典】

子曰："道其不行矣夫。"

【译释】

孔子说："中庸之道大概不能实行了吧！"

解 读

1. 中庸不是用来研究的

中庸之道既是一种崇高的道德理想，又是一种现实的道德实践活动。中庸之道上达于天，下至于地。它发端于浅显的知识，推究到事物的深奥精妙之处，昭然于天地万物之间。

学《中庸》的人，常常会发生这样几种情况：第一，已认识中庸理论的精辟圆满，也常常赞叹随喜，但只当做学术来研究鉴赏，不肯毅然决然地用认真严肃的态度来躬行实践。第二，虽有所实践，却不明中庸的道理，在日常生活中，喜怒哀乐等习气发露的时候，却随它奔腾流浪，并不去回顾。第三，认真学中庸，知见很正，却又苦于摸不着一个下手处，虽能将《中庸》

倒背如流，但终觉得左不是右不是，找不到一条出路来。

我们根据上述几种情况，来做一下分析，第一种人是由于不知实践的重要，第二种人是由于不明实践的宗旨，第三种人是由于不详实践的方法。因此，学中庸的很多，而实践的较少，至于从实践而明悟心性的就更少了。

学习中庸，原有各种不同的方式和方法，有的诵读礼拜，有的广修供养，有的精守戒律，有的行脚参访。这样孜孜学习，究竟为了些什么？假使宗旨不明，必然会含糊笼统，劳而少益，日久或许自己也会不知其所以然了。这样，虽然在学《中庸》，却很难得到实益，如同在暗室之中，虽想打扫尘垢，清理积物，却苦于无从下手。

《中庸》三十三章，虽字数不多，却博大精深，是从实践中提炼出来而能指导实践的。没有实践就是空洞的理论，没有理论只能盲目地实践。学《中庸》的目的，并不是教人只做纯理论的探讨，其着重点在于由对理论的领悟而贯彻到躬行实践中去。学《中庸》得益的大小，完全要看实践程度的深浅。只有真实履践，才能亲自证实《中庸》理论的正确、科学和教益；也只有脚踏实地，依中庸之道不断熏陶学习，才能逐渐断除主观虚构的妄执，印证客观究竟的实性！因此，中庸实际上就是个实践问题。况且能行得一分，才真能解得一分，这样理论和实践互相资助，互相影响，便成为《中庸》行解相应、理事不二的统一观。

实践中庸，应该建立在自觉的基础上，由依道修习，要在时时、处处遵循中庸之道，行行重行行，深入又深入，不能时续时断，不能一曝十寒，也就是"道也者，不可须臾离也"，这样才能彻证真理。这是学中庸的具体内容，也是学中庸的根本宗旨！

2. 只有实践才能出真知

既然孔子提倡的是中庸之道，那么，孔子为什么说中庸之道大概不能实行了呢？

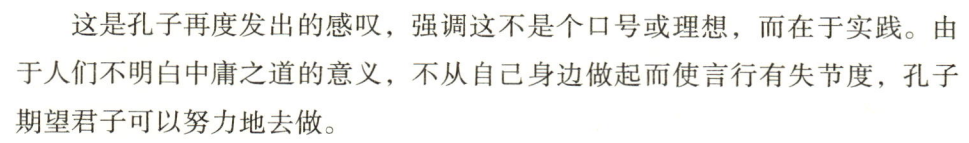

这是孔子再度发出的感叹，强调这不是个口号或理想，而在于实践。由于人们不明白中庸之道的意义，不从自己身边做起而使言行有失节度，孔子期望君子可以努力地去做。

圣人很明白地告诉我们，"中庸"这个道理是实用的，不是让你用来研究的。只有实践才能出真知。

实际上，学习任何一门学问都是为了使用，只有在实践中才能真正地领悟其中的道理。所以，我们在学习的过程中，必须尽快与实践结合起来，这样才能学到更多的知识，才能使学到的东西真正有用。

明代的大医学家、药物学家李时珍（公元1518年—公元1593年），很小就爱上了医学和药学。他读了《本草经》以及许多医药典籍。他总是那样刻苦认真，天刚蒙蒙亮就起床，夹着几本书，到房门外埋头苦读，白天帮着父亲给病人治病，晚上又苦读到深夜。

有一次，李时珍问他父亲：

"书上说，白花蛇肚皮下面有二十四块斜方形的花纹，是真的吗？"

他父亲回答道："我们蕲州有的是白花蛇。你到凤凰山抓一条看看，不就知道了吗？"

他父亲李月池是个具有丰富实践经验的医生。儿子的问话他本来张口就可以直接回答，但为了养成儿子躬身实践的习惯，并没有直接告诉他。

李时珍觉得父亲的话很有道理。于是就一个人爬到凤凰山上，捉到了一条白花蛇，翻过来一看，肚皮下面果然有二十四块斜方形花纹。从这件事上，李时珍受到很大启发。后来在编写《本草纲目》时，他一方面继续"博览群书"，一方面"拜访四方"，不仅民间医生、药农是他拜访的对象，就连老农、渔夫、樵夫、猎人，都成了他的好老师。凡能亲自验证的，他总是自己采标

本，反复研究，和书本上学到的知识一一验证，然后得出结论，写进他的书稿里。

为了获得真知，他踏遍了湖广一带的原野山谷，还到过江西的庐山和江苏的茅山、牛首山，以及安徽、河南、河北等许多盛产药材的地方。经过实地调查研究，从书本上看到的正确结论，他记得更加牢固了；书本上论述不完整的地方，在他的新著中论述得更加完整了；书本上错误的知识，在他的新著中都得到了纠正。例如在旧的医药典中，把葳蕤和女萎这两种不同的植物，当成了一个东西；而像南星草和虎掌，本来是一种植物，却又当成两种药物来介绍。诸如此类的错误，经过李时珍的实地考察，发现和纠正了不少。

李时珍的《本草纲目》，为什么至今被我们视为最珍贵的医学遗产，并被翻译成日文、英文、德文、法文、俄文等许多译本，受到世界医学界的重视？这是因为，李时珍不仅刻苦地阅读了八百多种医药书籍，有了极为渊博的药物知识基础；更可贵的是，在他的著述中，绝不人云亦云，而是努力深入实际，从而将获得的真知写了进去。

由此可见，一个人要想在事业上有非凡的成就，不在实践中学习，是不可能的。

3. 学以致用方显真智慧

孔子很重视学以致用，在《论语·子路第十三》中，他说："诵《诗》三百，授之以政，不达；使于四方，不能专对，虽多，亦奚以为？"意思是说，熟读《诗经》三百篇，交给他政务却办不了；派他出使外国，却不能独立地去谈判交涉，读得再多，又有什么用呢？

中庸之道也不是用来用来背诵的，如果读死书，盲目地把中庸的"仁"、"诚"在现实中生搬硬套，其结果就是成事不足，败事有余。

宋襄公本想当霸主，却没想到在诸侯大会上被楚国捉了去，亏得公子目

第五章 践行

夷设法营救，才把他迎回宋国重登君位。宋襄公回国后十分气愤，可又不敢去惹楚国，就想去攻打郑国，因为郑国在诸侯大会上曾首先倡议让楚国当盟主。虽然公子目夷以及一帮大臣不同意宋襄公攻打郑国，但他还是一意孤行，带兵出发了。

郑国立刻向楚国求救，楚王就取围魏救赵之法，派成得臣和门勃率兵直接攻打宋国，这样，宋襄公就不得不回师救宋。宋、楚两军在泓水相遇，隔河相望。公子目夷等人认为，楚军兵势强盛，宋军不必去硬碰，况且楚人无非是为了救郑，既然宋军已经撤回，这仗就更不必打了。宋襄公却认为楚人是蛮夷之族，兵力有余，仁义不足，蛮兵是敌不过仁义之师的。于是，他命人在大旗上绣出了"仁义"两个大字，妄图以"仁义"打倒武力。宋襄公生搬硬套，心里似乎有了降魔的法宝，但蛮夷之人不懂中原的文明，居然没被吓倒，反在大白天大摇大摆地渡过河来。

公子目夷对宋襄公说："楚人白日渡河，是没把我们放在眼里，我们正好趁他们既骄傲又未渡完河的时候出击，一定能获得胜利。"宋襄公已迂腐到了家，他认为既是"仁义"之师，就不该投机取巧，击半渡之师，那会给"仁义"之师丢面子的。就这样，宋军失去了进击的绝佳机会。

等楚军渡完河，尚未完全列好队的时候，公子目夷又及时向宋襄公提出建议，要求趁楚军列队未完出击，亦可获胜。宋襄公却认为考验他的时候到了，如能坚持到底，就是真正的"仁义"之师。宋襄公骂公子目夷道："你真是个不懂道义的人，别人尚未列好队，怎么能打他们呢？"

楚军列队完毕，立即发动进攻，宋军无法抵挡，只好败退。公子目夷等

49

人拼死保护宋襄公，可他还是受了几处伤，腿上还中了一箭。公子目夷责备他大搞"仁义"之师，他还毫不悔悟地说："打仗就要以德服人，比如说，看见受伤的人，就不要再去伤害他了；看见头发花白的人，就不要再去俘虏他了。"

爱护百姓，增加国力，加强军备，就可不战而胜，这是一条千古不易的真理，也是《中庸》所提倡的。但如果生搬硬套，不能很好地学以致用，那不仅不能有效解决问题，还会给自己增添麻烦。

西汉王朝最主要的社会积弊便是地主豪强势力发展，土地兼并日趋激烈，广大农民破产流亡。早在宣帝末年，胶东、渤海等地的破产农民，不断举行暴动，连宣帝本人也不得不承认当时"民多贫，盗贼不止"。

宣帝以后，元帝柔仁好儒。他所好之儒，基本上是孔子所提倡的以"宽柔仁厚"为主要特征的儒学。汉自武帝以来，虽然重儒，但实际上是王霸兼施。元帝即位后，"征用儒生，委之以政"，儒生贡禹、薛广德、韦贤、匡衡相继为相。元帝为政，动辄引证《诗经》等儒典，迂腐地推行"纯儒政治"。应该说元帝一朝确实是实行了不少爱民的"仁政"。但是他却生搬硬套，以"不与民争利"为名，放弃了对豪强地主进行打击、限制的政策，实行所谓的"宽政"。在这种情况下，土地兼并越发不可遏制，吏治腐败等社会积弊也随之恶性发展。

元帝认为宦官少骨肉之亲，无婚姻之家，最可信可靠，因而尤其信任宦官中书弘恭、仆射石显。当时辅政大臣前将军萧望之在政治、军事方面颇有见地。他认为，中书参与国家大政，应选用贤明，不宜任用刑余的宦官，所以奏请元帝使用士人。弘、石二人为了保住自己的权位，盗弄权柄，遂与外戚史高内外勾结，排挤、陷害萧望之等重臣。元帝迂腐昏昧，屡中弘恭、石显圈套，迫使萧望之自杀，与萧望之共同辅政的周堪、刘更生等被加罪贬为庶人。不久，弘恭病死，石显专权，国家陷入混乱之中。

第六章　大知：大智慧者执两用中

【原典】

子曰："舜其大知也与！舜好问以好察迩言。隐恶而扬善。执其两端，用其中于民。其斯以为舜乎！"

【译释】

孔子说："舜难道不是最智慧的人吗？舜喜欢向别人发问，又爱审察日常浅近的话，对于别人的话，他隐去坏的而宣扬好的，掌握对立的两方面，运用符合中庸之道的原则去治理平民，这就是舜之所以为天下百姓拥戴与津津乐道的原因吧！"

解读

1. 执两用中是杰出的领导艺术

这一章，孔子通过对舜的赞扬来表达自己对于修身、治国的观点。好问而明察，好问而且要全面地了解、透彻地咨询，才能明白事情的真相；能够辨明别人话语里的表面意思和深层意思，甚至是说话者当时所处的环境、背景，才能明白事情的原委与过程。

通过对具体事情的具体分析，就能够对一个人有一个具体而深刻的印象，其性格的善恶、道德的优劣、品性的高下就一目了然。

长期以来很多人把"执两用中"当做折中主义加以批判，这完全是一种曲解。诚然，从表面形式上看，"恶"与"善"乃是相反的两种倾向，而"中"必然处于这两者之间。但是，若从价值实质而论，"中"绝不是"恶"与"善"两者之间在数量上无原则的对半折中，而是从实践中总结出来的合乎客观规律、适得事理之宜的最佳点，在正确与谬误的对立关系中，"中"代表恰当。其实，孔子说得很清楚："择其善者而从之，其不善者而改之。"（《论语·述而》）如果认定他是在提倡"善"与"恶"之间的折中而取其中性，岂非荒谬绝伦之至！

"执两用中"系由"执中"发展而来。先民在长期实践中发现，一切事物的运动和发展都有一定的规律，所以办理任何事情都必须掌握分寸。只有根据事物的客观规律而做到适当的程度，才能达到最佳的预期效果。这个最适当的程度就叫做"中"，若能恰到好处地掌握住适度，就叫做"执中"；偏离了这个度，就是"失中"。由于用适中的方法办事能符合实际而收到最佳的效果，所以"中"就含有合宜、正确之意；又因为用"执中"的方法处理人事是最公平合理的，所以"中"又含有中正、公正之意，当把"执中"的方法从实践经验升华为理论时，就叫做"中道"。尧、舜、禹都把"允执其中"作为世代相传的治国方法，就是要求实事求是地坚持中道来治理国家，孔子在全面继承中道的基础上，又以托古的方式把舜的治国方法概括总结为"执其两端，用其中于民"。这样把"执两"与"用中"对立统一起来，既丰富了中道的内容，也提升了它的理论高度。

《易传》阐释"古经"义理也十分强调"执两用中"、"中正"、"中行"。学界有人说，在孔子的中庸思想里，其实有一种内在的生态思维："尚中"的基本内涵是"无过无不及"，"时中"的基本内涵是"无可无不可"，"中正"的主要意味是"礼义"，"中和"的基本意蕴是"天人相应"、"天人统一"。其中，"尚中"观念为传统所固有，为孔子所继承。"时中"、"中正"及"中和"的观念是孔子对传统"尚中"观念的丰富和发展，也是中庸思想的核心之所在。

"执两用中"可以说是实事求是，但又不能单纯地理解为善恶中间的平衡

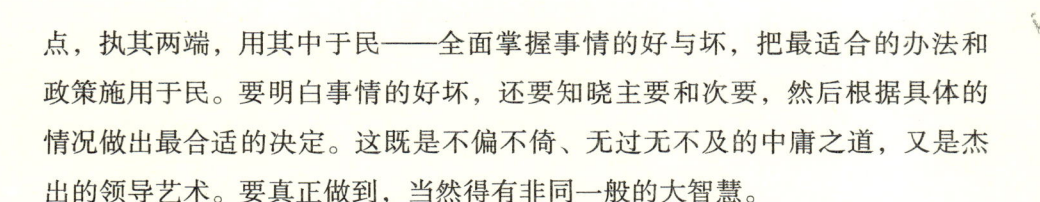

点，执其两端，用其中于民——全面掌握事情的好与坏，把最适合的办法和政策施用于民。要明白事情的好坏，还要知晓主要和次要，然后根据具体的情况做出最合适的决定。这既是不偏不倚、无过无不及的中庸之道，又是杰出的领导艺术。要真正做到，当然得有非同一般的大智慧。

我们知道，凡事均有两端：或动或静，或刚或柔，或进或退，或扩展或收缩，或变动或稳定，或生产或消费，或阴或阳等等。要"执两端而用其中"，还要理解"两"的含义。

中国人谈对立的时候，最简单的办法是将它分成两种：一个是"两"，一个是"二"。

"两"本来是古代车上的小部件。车子前面有根杆，杆上挂下来卡住马脖子上的东西，那个东西就叫做"两"。中国哲学里面把互相并列的对立关系归类为"两"。"两"就是并存，好比"左右"，左边跟右边一样，只是一个在左一个在右，是并列的关系。比如企业和客户，就是"两"，是并列关系。

"二"也是指两个东西，但是"二"是有主从关系的。比如我们说"二把手"，意味着还有"一把手"在上面，"二"所表示的就是一个主从关系。按照这种说法，朱熹的所谓"理"和"气"就是"二"，理主气从，不是"两"。而"雌雄"、"男女"、"损益"、"增减"、"进退"才是"两"，并列关系，没有主从关系。"执两"要注意不把主从关系的"二"混进去当做"两"。比如企业领导者和下属是"二"，不是"两"，是主从关系，不是并列关系。

这样，"执两"人们并不太难掌握了，只要不把"二"误当成"两"就可以了。要"执两端而用其中"，真正有难度的是"用其中"，也就是如何根据事物的具体结构、状态选择实际有效的"中正"方案来解决问题。

2. 隐恶扬善，律人安人

"执两用中"其具体对人的原则就是"隐恶扬善"。对于恶劣的、邪恶的，尽量隐匿、消除它的不良影响，不能让其成为动乱社会的炸弹、混淆人心的邪说、诱人堕落的魔鬼；而对于善良的、正直的、高尚的，就要大大宣扬，引导人们走向正道，使得家庭和谐、社会康泰、天下太平。

可以看出，隐恶扬善、执两用中，并不是搞折中，而是指确定恰当的道德标准，以便更好地律人、安人。

东汉安帝时，朝歌（今河南汤阴西南）一带的土匪宁季等纠合数千人，一度攻占朝歌县城，杀了县长，屯聚连年，十分猖獗。州郡都不能禁绝，于是就任命虞诩为朝歌县长。

虞诩刚到朝歌时，先去谒见了河内太守，表示希望能给他自主的权力，让他放手行事，不要有所限制、阻碍。

虞诩到任之后，他发出公告说："现招募以下三个等级的人员：善于抢劫、掠夺、攻击的为一等，能够偷盗、伤人的为二等，不务正业的为三等。以上人员一经录用，全部赦免他们以前的罪行，并且按月发给他们俸禄。"

朝歌县城舆论大哗，人们议论纷纷，说："这新县长不但不治理土匪，反而给这一类的恶人奖励，真是助恶作恶呀。"虞诩不理会人们的议论。共收得了百余人。

按虞诩的计划，让这百余人设法混进了土匪之中，并诱使土匪出动去打家劫舍，而官兵事先已设下埋伏，这样一举消灭了土匪数百人。

虞诩又秘密派遣了会裁缝的贫苦人，受雇为土匪做衣服。按约定，裁缝用彩色线在袖口上缝了标记。凡是穿了这种衣服到街市上去的，官府就把他们抓起来。这么一来，土匪被整得心惊肉跳，终于溃散了。

在对待"恶"时，人们往往只知道去一味地镇压。结果呢，"严打"之时他们就躲开，一有机会他们就又出来，双方像是在捉迷藏。有智慧的人，则采用高明的方法去引蛇出洞，等时机成熟后，再抓住机会给予有效的打击。

3. 扬长避短，以扬为主

领导者的任务，简单地说，就是找到合适的人，把他们放在合适的位置上，然后鼓励他们用自己的创意完成本职工作。在这个过程中，领导者要"隐恶扬善"、"执两用中"，使人才最大限度地发挥自己的才能，达到合理使用的目的。

正确的用人之道，是"隐恶扬善"，是避开一个人的短处，充分发挥一个人的长处。用人就是用他的长处，使他的长处得到发展，短处得到克服。

有这样一个经典的小故事颇能说明问题：

一个人养了一只非常擅长捕猎的豹子。这头豹子长得威武极了，他经常得意地向朋友夸耀："你们看我的豹子多强壮、多勇猛！它的本事可大了，没有它抓不到的动物！"

他非常宠爱这头豹子，给它拴上镀金的绳子，系上美丽的丝绸，天天喂它吃新鲜的畜肉。一天，一只大老鼠从房檐下跑过，他被吓了一跳，急忙过去解开豹子，让它去扑咬老鼠。可豹子只是漫不经心地看了老鼠几眼，一副无动于衷的样子。他非常生气，指着豹子大骂："难道你忘了我是怎么对你的吗？你竟然这样回报我！下次你再这样，我就不客气了！"

隔了几天，他又看到一只老鼠跑过去，就又放豹子去扑。豹子还是对老鼠置之不理。他于是大动肝火，愤怒地拿鞭子狠狠地抽打豹子，边打边骂："你这没用的畜生，只知道享受，什么事也不做，我真是白养你了！"豹子大声号叫着，用哀求的眼神看着主人。但他还是用力地鞭打它，豹子的身上起了一道道血痕。

他的朋友闻讯赶来，对他说："我听说宝剑虽然锋利，但用来补鞋却不如锥子；丝绸虽然漂亮，但用来洗脸还不如一尺粗布。豹子虽然凶猛，但捉起老鼠来还不如猫。你怎么不用猫来捉老鼠，放开豹子去捉野兽呢？"

他恍然大悟，听从了朋友的意见。很快，猫把老鼠捉完了，豹子在狩猎时捉了很多野兽，数都数不清。

在这个故事中，主人公一开始不能够"执两用中"，不懂得豹子的长处和才能，才做出让豹子抓耗子这样荒唐的事。

每个人都是人才，关键是如何使用。只有做到"隐恶扬善"，善扬其长，力避其短，才能发挥出人才的最大潜能，使之创造出惊人的成就。

任何人都必定有很多"恶"（即弱点），但我们却可以设法使弱点不产生作用。有效的领导者择人任事和升迁，往往都以一个人能做些什么为基础，着眼于如何发挥人的长处，并做到以扬长为主。

为此，领导者应从以下几个方面做好用人之长：

（1）找准人才之"长"。世界上没有完全相同的两片叶子，同理，人与人也是存在差异的。找准人才之"长"是用人之长的前提、基础。在找人才之"长"前，笔者对这个"长"做了一个界定。"长"指一个人所具备的可为组织所利用，并能为组织带来最大效益的与众不同的特点。这个特点可以是知识、技能、性格、价值观等，它是一个相对值，而不是绝对值。

那么我们如何来找一个人所拥有的这个"长"呢？

首先，领导者必须做到客观公正、大公无私。每个人都有自己的好恶，也会受到成见、偏见影响。领导者胸襟一定要开阔，一切从整体利益出发，不可让一个人才"漏网"。

其次，领导者应充分利用各种考查方法。人才如冰山，只有1/3的特点浮出水面，2/3藏在水面之下。如果不运用一些合理的考查方法，是很难一眼看出来的。

（2）强化人才之"长"。找到了人才之"长"，我们还需要强化它，使其充分发挥效用。首先，要将人才放到合适的位置，为其提供发挥特长的平台，让其在实际的工作中不断锻炼、不断发挥这一特点，从而起到强化人才之"长"的目的。不但人要适岗，同时也应考虑岗位是否对人才之"长"起促进、强化作用。正如"棉被"的问题，如果它的位子没放对，本应有的作用都没办法发挥出来，就更谈不上强化其"长"了。其次，要适时开展有针对性、个性化的培训。培训不但要补人才所短，同时应该培训人才所长。让人才之"长"更突出、更醒目，并让其在你的组织里形成一定的品牌。

（3）优化人才之"长"。优化人才之"长"，就是实现人才的最优。优化配置，平衡互补，取各家之"长"熔于一炉，并相互扬"长"、相互促"长"。最实用的办法就是，用一些人的长处去弥补另一些人的短处。平衡互补体现在用人的多个方面，如专业互补、知识互补、个性互补、年龄互补、性别互补、综合互补等。长短相配，以长济短，形成多种互补效应的人才结构，才能调动人们的积极性和创造性。领导者要根据组织的目标，采取相关的人才组合，合理搭配人才，使各种专业、知识、智能、气质、年龄的人员，组成一个充满生机、整体优化的人才群体结构，相互切磋、相互启发、优势互补、互相激励、互相扬"长"、相互促"长"。这样做，不仅能充分发挥每一个人的长处，而且可使群体作用功能达到1+1>2的状态，并在整体上取得最佳的组织功能。

4. 多征询下属的意见

孔子认为，舜之所以是最智慧的人，一个重要的原因就是"舜好问以好察迩言"。的确，个人的智慧是有限的。虽然舜是最后的决策者，但这个决策绝不应只经过他一个大脑的思考和过滤，而应经过不同角度的碰撞，这样得出的结论才更成熟，更经得起考验。

所以，对于领导者来说，多征询下属的意见，倾听不同人的声音——哪怕是批评和怨言，也是十分有益的，只有兼听而非偏听，兼信而非偏信，决策才能建立在正确的基础上。

正因为懂得这个道理，唐太宗李世民才急切地向下属求谏，进而造就了一代盛唐，自己也成为一位千古明君。

贞观初年，李世民曾对王公大臣说："人想要看清自己，必须靠明镜鉴别；君主想要知道自己的过失，必须依靠忠臣指正。如果君主自以为贤明，臣子又不加指正，要想国家不亡，怎么可能呢？若君主丧其国，大臣也难保其家。隋炀帝暴虐凶残，大臣都闭口不言，使他听不到别人指正自己的过失，最终导致亡国，虞世基等大臣不久也遭诛杀。前事不远，你们一定要加以借鉴，看到不利百姓之举，一定要直言规劝。"

由于李世民平日仪表威严，常使朝见的百官举止失措。当他了解此事后，每次召见朝事者，都尽量做出和颜悦色的样子，以希望听到大臣谏言，了解政教得失。

李世民还对身边的大臣说："正直之君如用邪恶之臣，国家就无法太平；正直之臣若事邪恶之君，国家也无法太平。只有君臣同时忠诚正直，如同鱼和水相互依存，那天下才能平安。朕虽然并不聪明，但有幸得到各位公卿的匡扶指正，希望凭借你们正直的谏议，帮助朕把天下治理太平。"

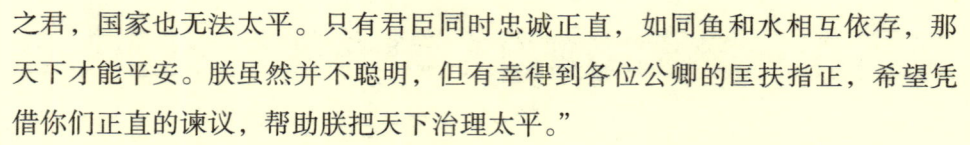

谏议大夫王珪听皇上这样说，便进言道："听说木从墨线则直，君从进谏则圣。所以古代圣明的君主一定至少有七位谏官。向君主进谏，不予采纳就以死进谏。陛下出于圣明的考虑，采纳愚鄙之人的意见。愚臣身处这个开明的时代，愿意倾尽自己的全部力量为国效忠。"

李世民对王珪的话表示赞赏。于是诏令：从今以后宰相进宫筹划国事，都要带谏官以参与筹划。谏官们如有好的谏议，朕一定虚心采纳。

贞观二年（公元628年），李世民对身边的大臣说："圣明的君主审视自己的短处，从而使自身日益完善，昏庸的君主则庇护自己的短处，因而永远愚昧。隋炀帝喜欢夸耀自己的长处，遮掩自己的短处，拒听谏言，臣下的确难以冒犯皇上。在这种情况下，虞世基不敢直言劝谏，恐怕也算不得什么大过错，因为商朝箕子装疯卖傻以求保全，孔子还称他仁明。后来隋炀帝被杀，虞世基遭株连，这合理吗？"

杜如晦对此发表见解，说："天子有了忠诚正直的大臣，虽无道也不会丧失天下。孔仲尼曾说：'春秋卫国大夫史鱼，多么忠诚正直啊！国家有道，他直言上谏；国家无道，仍直言上谏。'虞世基怎么能因为隋炀帝无道而不纳忠言，就缄口不语了呢？苟且偷安占有重要的官位，也不主动辞职隐退，这同箕子的情况和道理都不同啊！"

杜如晦又说："拿昔日的晋惠帝来说吧，当贾后将太子废掉时，司空张华并不苦谏，只一味随顺苟免祸患。赵王伦发兵废掉了皇后，派人问张华，张华就说：'废掉太子时，我不是没有进言，只是当时未被采纳。'使臣说：'你身居三公（东汉以后，以太尉、司徒、司空合称三公，为共同负责军政的最高长官，张华官任司空，故以三公相称）要职，太子无罪而被废除，即使谏言不被采纳，又为何不引身告退呢？'张华无言以对。于是使臣斩了张华，灭了他的三族。"

杜如晦据此总结说："古人云：'国家危急不去救扶，社稷危急不去匡正，怎能用这种人为相？'所以'君子面临危难而不移气节'。张华逃避责任也不能保全其身，作为王臣的气节丧失殆尽。虞世基高居丞相，本来占有进言的有利位置，却无一言进谏，也实在该杀。"

李世民听了杜如晦这番大论，十分赞佩，便说："您说得有理。大臣一定要忠心辅佐君主治理朝政，这样才能使国家安定，自身保全。隋炀帝的确就是因为身边没有忠臣，听不到别人指正自己的过失，才积累祸患、导致灭亡的。君主如果行为不当，臣子又不加匡正劝谏，只一味阿谀奉承，凡事都说好，那君主一定是昏庸的君主，大臣一定是谄媚的大臣。臣为谄媚之臣，君为昏庸之君，那国家离危亡还有多远？以朕现在的志向，正是要使君臣上下各尽其责，共同切磋，以成正道。各位公卿一定要忠于职守，直言进谏，以匡正补救朕的过失。朕绝不会因为你们的犯颜直谏而对你们怨恨责备。"

李世民对规谏之臣十分感激，谏臣们也为此心情舒畅。

贞观六年（公元632年），因为御史大夫韦挺、中书侍郎杜正伦、秘书少监虞世南、卿姚恩廉等人的上书内容，都十分符合李世民的心意，李世民遂召见他们说：

"朕遍察自古以来大臣尽忠之事，如果遇到明主，便能够竭尽忠诚，加以规谏，像龙逢、比干那样的忠臣，竟然不能避免遭到杀戮而且祸及子孙。这说明，做一个贤明的君主不容易，做一个正直的臣子尤难。朕又听说龙可以被降服驯养，然而龙的颔下有逆鳞，一旦触犯就会伤人。君主也是这样，他的颔下也有逆鳞。你们不避触犯龙鳞，各自进谏奏事，如能经常这样做，朕又何忧社稷的倾覆呢！每想到你们忠心进谏的诚意，朕就一刻不能忘记。所以特设宴招待你们来共享欢乐。"在赐酒欢宴的同时，还赏赐给他们数量不等的布帛。

韦挺经常上疏李世民，陈述政教得失。李世民写信给他说："朕看了你的意见，感到言词十分中肯，道理很有价值，对此朕深感欣慰。从前春秋时齐国发生内乱，管仲有射齐桓公衣钩之罪，然齐桓公小白并不因此怀疑管仲，这难道不是出于对'犬不咬其主，事君无二心'的考虑吗？"

他又说："您的真诚之意从奏章之中可以看得出来。你如果保持这种美德，一定会留下美名；如果中途懈怠，岂不可惜！希望你能够始终勉励自己，为后人树立楷模。这样后人视今人如楷模，就像今人视古人为楷模一样，这

不是很好吗？朕近来没听到旁人指正朕的过失，朕也看不到自己的缺点，全靠你竭尽忠心，多次向朕进献嘉言，以此沃我心田，这种感激之情，是一时无法表达完的！"

正如前面所述，李世民不但希望别人对他进谏，而且还要求大臣官僚们也能接受下属的劝谏。贞观五年（公元631年），他对房玄龄说："自古以来，帝王大多纵情喜怒。高兴时滥赏无功，愤怒时则乱杀无辜。天下遭受损失和造成混乱，莫不由此而生。朕现在日夜为此事担忧，常常希望你们直言进谏。你们也要虚心听取别人的劝谏，不要因为别人的话不合自己的心意，就庇护自己的短处，不去接纳别人的正确意见。如果不接受别人的劝谏，又怎能劝谏别人呢？"在求谏的同时，李世民还注意把"慎独"同求谏结合起来，将其奉为封建帝王的修身之道。

贞观八年（公元634年），李世民对大臣们说："朕每次独居静坐时，都深刻反省，常常害怕自己的所作所为上不合天意，下为百姓不满。因此希望有正直忠诚的人匡正劝谏，以使自己的思想能与外界沟通，百姓不会心怀怨恨而耿耿于怀。近来朕发现前来奏事的人多带有恐惧之色，致使语无伦次。平时奏事，尚且如此，更何况耿直劝谏的，一定更害怕触犯龙颜。所以每次前来进谏，纵然不合吾意，也不认为是违逆犯上。如果当时对谏者斥责，奏事者会心怀恐惧，那他们又怎敢直陈己见呢？"

此时已是贞观中期，李世民发现向他进谏的人减少了，于是他问魏征："近来朝中大臣都不议论朝政，是什么原因呢？"

魏征分析说："陛下虚心采纳臣下意见，本来应该有人进谏。然而古人说：'不信任的人来上谏，就会认为他是毁谤自己；信任的人却没有谏言，就会认为他白食俸禄。'但是人的才能器量有所不同。懦弱的人，虽然心怀忠信却不敢言；被国君疏远的人，害怕对己不利而不敢言。所以大家都闭口缄默，随波逐流，苟且度日。"

李世民说："的确如您所说的那样。朕常常在想，臣子想要进谏，但害怕带来灾祸，难保性命，也是人之常情。忠诚正直的大臣，不是不想竭诚尽忠，而是太难了。所以大禹听到善言就向人拜谢，就是这个原因。朕现在敞开胸襟、广纳谏言，你们切不要过分恐惧，只管极力进谏。"

贞观十六年（公元 642 年），李世民对房玄龄说："自知者明，而能够做到这一点确实很难。写文章的人和从事技艺的人，都自以为出类拔萃，他人比不上。如果著名的工匠和文士，能够互相批评、指正，那么文章和工艺的拙劣之处就能够显现出来。由此看来，君主必须有匡正规谏的大臣来指正他的缺点过失。君主日理万机，一个人听政决断，虽然忧虑劳碌，又怎能把事情全部处理妥当呢？朕常常思考，遇事时魏征随时都能给予指正、规谏，且多切中失误之处，就像明镜照见自己的形体，美丑一下子都能显现一样。"于是举杯赐酒给房玄龄等人，以资鼓励，意思是让他们向魏征学习。

据史载，有一次李世民曾问谏议大夫褚遂良："从前舜打造漆器，禹雕镂俎，当时规谏舜禹的就有十多人，盛装食物的小小器皿，何须这么多人苦谏？"

褚遂良说："雕琢器皿会影响农业生产，纺织五彩绦条会耽误女子的工作。追求奢侈，那么国家就会慢慢走向灭亡。漆器不满足，必用金器代替；金器不满足，必用玉器代替。所以正直大臣的规谏必须在事情刚开始的时候。等到了一定程度，就没有规谏的必要了。"

李世民听了，深以为然，高兴地称赞褚遂良说得对，并说："朕的行为如果有不当之处，不管是开始还是结束，都应该进言规谏。近来朕看前代的史书，有的大臣向君王谏事，君主总是回答'已做过了'或者'已经允诺'，实际上却并不加以改正，这样下去国家走向危亡，就会像翻掌一样容易啊。"

作为一名掌握国家最高权力的封建君王，一言一行都有关国运的昌隆和子民的福祉。从这些生动的事例中我们不难看出，贵为天子的李世民思想境界的高远和通达，心境的透亮和宏阔，在封建社会中恐怕只有少数明君才具备。而在今天，事情的专业化和复杂性更要求领导者要勇于求知、虚心求谏，否则，就可能走进自我封闭、自我毁灭的深渊。

第七章　予知：聪明反被聪明误

【原典】

子曰："人皆曰：'予知。'驱而纳诸罟擭（gǔ huò）陷阱之中，而莫之知辟也。人皆曰：'予知。'择乎中庸，而不能期月守也。"

【译释】

孔子说："人们都说自己是聪明而又富有智慧的人，可是像禽兽一样，被人家赶到'罟擭、陷阱'而不知道躲避，自投罗网而自取灭亡。人人都说自己是聪明而又富有智慧的人，可是选择了中庸之道却连一个月时间也不能坚持。"

解读

1. 聪明并不等于高明

生活中的人们，谁都希望自己聪明，没有人愿意自己是个傻子。聪明不是坏事，但自以为聪明，总认为自己了不起，往往就会做出"聪明反被聪明误"的事情来。正如孔子所说："驱而纳诸罟擭陷阱之中，而莫之知辟也。"

武则天时的酷吏周兴，以善于制造"谋反"罪名而著称。他草菅人命，残害无辜，杀人数千，恶贯满盈，朝野上下无不对他恨之入骨。正在他横行得意之时，有人告发他"谋反"，武则天令酷吏来俊臣审理周兴案。来俊臣深知周兴老奸巨猾，诡计多端，难于招供，不好对付，便想出一计，让他痛痛快快地招认。

来俊臣在受命之后，派人将周兴请至家中饮酒，席间，来俊臣说："有个罪犯不肯认罪，你看应当采取什么办法呢？"周兴说："这事容易，拿来一个大瓮，四周燃起炭火，把囚犯装入瓮中，还怕他不认罪吗？"来俊臣于是叫人抬过来一口大瓮，按周兴说的办法，用炭火围住烧烤，然后站起来对周兴说："有人告你谋反，太后有令，叫我审讯老兄，就请老兄入瓮吧！"周兴恍然大悟，惶恐不安，只好叩头认罪。这便是历史上有名的"请君入瓮"的故事。

如果周兴不是自作聪明地给来俊臣出馊主意，自己或许能躲过一劫，但倒霉就倒霉在他太"聪明"了。由此可见，吃亏的人，常常是自认为自己聪明，并且自恃聪明不知适可而止的人。

哈佛大学教授巴罗，通过一个生动的虚拟案例，揭示了一个道理：如果人彻底理性，能够算计到十几步甚至几十步的话，那么这个人推论出的结果，很可能并不符合自己的现实利益。

对于上述论断，巴罗在研究时给出了一个著名的"旅行者困境"模型。

两个旅行者从一个以出产细瓷花瓶著称的地方旅行回来，他们都买了花瓶。提取行李的时候，发现花瓶被摔坏了，于是向航空公司索赔。航空公司知道花瓶的价格大概在八九十元的价位浮动，但是不知道两位旅客买的时候的确切价格是多少。于是航空公司请两位旅行者在100元以内各自写下自己花瓶的购买价格，如果两人写的一样，航空公司将认为他们讲的是真话，则如数赔偿；反之则价格写的低者为真话，按写低者的价格赔偿，并奖励其2元，对写高价格者认为是讲假话而罚款2元。

这样，就开始了一场博弈。本来，为了获得最大赔偿，双方最好的策略就是都写100元，获赔100元。但甲却精明地认为如果写99元而乙会写100元，这样他将得到101元；可是乙却更聪明，他算计到甲会算计他写99元，而准备写98元；可甲更聪明一个层次，算计到乙会写98元而准备

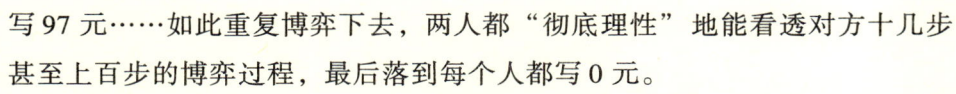

写97元……如此重复博弈下去，两人都"彻底理性"地能看透对方十几步甚至上百步的博弈过程，最后落到每个人都写0元。

可能你会想，生活中不会发生如上述例子中的事情，但巴罗教授提出这个案例如同《中庸》一样，旨在告诉我们：人们不要太"聪明"，因为聪明并不等于高明，太精明往往会坏事。

有的人"眼里不揉沙子"，别人的什么小伎俩也瞒不过他，什么缺点毛病也逃不过他的眼睛……

有位才华很出众的A君，与B君相识已有十余年了。起初他们同在一家公司打工，分任两个部门的经理，后来他们先后辞职开辟自己的天地，一直保持着较紧密的联系。别人本以为以A君的能力，他的公司定会很快上一个台阶的，殊不知，他做得一直都不顺利，而B君的公司却越做越大。

为什么呢？很重要的一个原因就是A君太精明了。

每次见面聊天，B君总听到A君抱怨、指责别人，这些人包括他的合作伙伴、客户以及下属，他会一针见血地指出每个人的缺点和不足，然后抱怨同这些人共事有多么困难，他总也找不到令他满意的伙伴和员工。B君相信他说的话，相信他是对的，也总在劝他：许多人并不是故意同你作对，只不过是个性、习惯的原因，尺有所短，寸有所长，用人、与人相处要尽量看人长处，用人长处，不要老盯着人家的缺点不放等等。

可是，说归说，下次见面依然如故，A君的公司依然没有起色。

有不少聪明人可能有着与A君同样的毛病。他们自视甚高，在他们眼中，周围的人身上全是毛病，他们在用自己的标准、好恶去衡量、要求别人。他们不乏精明，但少了一份应有的胸怀。这样的人会是做具体业务的好手，但绝不是好的管理人才；他可以成为好朋友，但要做整天在一起共事的同事则很困难。

无论在生活中还是工作上，一个人不能总是表现得太聪明，一个处处精明的人，最后只能成为生活的弃儿。

2. 不要显得比别人聪明

聪明，无疑是一件好事。但如果因此觉得自己不一般，处处显得比别人聪明，甚至总是依仗聪明不把别人放在眼里，不仅得不到好处，往往还会把自己置于十分危险的境地。

在历史上，以聪明人自居而招灾惹祸的例子不在少数。如曾帮刘邦打天下立下汗马功劳的韩信，官封淮阴侯，不久就招致了杀身之祸，原因就在于这人自恃有才而锋芒毕露，再加上其功高震主，所以一抓住其"谋反"的借口，刘邦就迫不及待地把他给杀了。

韩信对于刘邦建立汉朝可谓劳苦功高，登坛拜将后，东拼西杀，为刘邦打下半个江山，因此被刘邦封为王。然而，韩信也深深地得罪过刘邦。当年刘邦不敌项羽，急召韩信驰援时，韩信却自作聪明以代理齐王为要挟。垓下会战前夕，刘邦要求韩信发兵合力决战，聚歼项羽，结果韩信又自作聪明故意拖延，迟迟不奉命南下，结果使孤军追敌的刘邦被项羽一个回马枪打得狼狈不堪。正当决战临近之时，为了楚汉斗争的大局，同时为免生事变，万般无奈，刘邦再次满足了韩信的权势欲，将楚地划为他的封国。

由于楚汉战争中建立的功勋，韩信的军事才能人所公认，刘邦曾经在众臣面前说过："连百万之众，战必胜，攻必取，吾不如韩信。"也正缘于此，刘邦不能不对他时刻保持高度警惕。在刘邦眼里，韩信是一个不折不扣的危险人物，是新政权最大的潜在威胁。

项羽兵败后，他的逃亡将领钟离昧因平素与韩信关系很好，就投奔了韩信。刘邦记恨钟离昧，听说他在楚国，就下令新任楚王的韩信逮捕他。韩信非但未抓钟离昧，反而收留了他。那时韩信初到楚国，到各县乡邑巡察进出都派军队戒严，所以他也以自立王国而自得。高祖六年（公元前201年）有人告韩信谋反。刘邦用陈平的计策，说天子要出外巡视会见诸侯，通知诸侯到陈地相会，说："我要游览云梦泽。"其实是想要袭击韩信，韩信当时有所觉察，但又认为自己无罪；想去谒见刘邦，又怕被擒。这时有人向韩信建议："杀了钟离昧去谒见汉高祖，高祖必定高兴，也就不用担心祸患了。"于是韩信把此事与钟离昧商议，钟离昧说："汉王之所以不攻打楚国，是因为我在你这里，如果想逮捕我去讨好汉王，我今天死，随后亡的定是你韩信。看来你也不是位德行高尚的人。"结果钟离昧自杀而亡。韩信持钟离昧首级去谒见刘邦。刘邦令武士把韩信捆绑起来，放在随从皇帝后面的副车上。韩信说："果然如人们所说：'狡猾的兔子死了，出色的猎狗也该烹杀了；高飞的鸟射完了，那张良弓也该收起了；敌人被消灭了，谋臣也就要灭亡。'现在天下已经平定了，我当然该被烹杀！"高祖也不多言，给韩信戴上械具。回到洛阳，刘邦赦免了韩信的罪过，改封他为淮阴侯。

客观地说，刘邦此时的确找不到韩信谋反的证据，因为他这时候既无谋反的思想准备，也没有谋反的行动。包庇一个逃犯钟离昧，纵有不妥，亦构不成谋反罪。然而韩信的致命弱点就在于他的思想还停留在列国林立的时代，认为在封国之内他有权任意处置一切，对于在专制主义中央集权条件下做一名诸侯王很不适应，因而与汉中央的矛盾和冲突就难以避免。韩信善于用聪明立功，却不会用智慧避祸。在一些君王十分敏感或忌讳的事情上不知避嫌，自恃功高，锋芒毕露而终遭杀身之祸。

被贬后，韩信并没吸取教训，相反却委屈终日而耿耿于怀，同时在这种恶劣情绪支配下，内心深处的叛逆意识反倒强烈增长。他先是采取一种消极的反抗办法，常常"称病不朝从"，觉得由王降为侯，地位与灌婴、周勃、樊哙等原来的部下等同，十分难堪，心情异常郁闷，并且以"天下英雄我第一"自居，傲气不减当年，时时锋芒毕露却并不知觉。

韩信的骄纵日益增长，已经达到自病不觉的程度。一天，刘邦和他谈及

第七章　予知

67

朝中诸将能力的高下，韩信一通品评，竟没一个满意者。刘邦目视韩信，问道："朕能领多少兵马？"韩信随口道："陛下统领兵马，最多不过十万。"刘邦面露不悦，反问道："卿又能领多少？"韩信很自得，答道："多多益善！"刘邦也很不客气地说："既如此，卿何以被朕所擒？"韩信至此，才感觉言语欠妥，愣了片刻，只好回答说："陛下不善统兵，而善驭将，为此臣才被陛下所擒。且陛下所为，均由天授，非人力所能及。"言罢，俩人相视而笑。经此番对话，刘邦心中对他的疑惧有增无减。

接下来数年近于囚徒般的生活，耐力不足的韩信经历了由失望、怨尤到愤怒、仇恨的心路历程，最终发展到走上了谋反道路。他时时痛悔当初不听蒯通之言，不断思考对刘邦的"负义"如何报复。不久，他抓住了一个"机会"。

韩信部将陈豨被封为巨鹿郡郡守，前来向韩信辞行。韩信屏去左右，拉着陈豨的手仰天长叹道："你可以同我说知心话吗？我有话想同你讲。"陈豨表示一切听从将军的命令。韩信说："你所管辖的地方，是屯聚天下精兵的地方，而你又是陛下亲信宠爱的臣子，若有人说你谋反，陛下一定不相信；如果再有人告你谋反，陛下就会产生怀疑；如果第三次有人告你谋反，陛下定会大怒而亲率军队征讨。我为你在京城做内应，就可图谋天下了。"

陈豨平素就了解韩信的才能，相信他的计谋，说："一切听从您的指示。"

高祖十年（公元前197年），陈豨果然谋反。刘邦亲自率兵前去征讨，韩信称病不随高祖出征，暗地里派人到陈豨处联络，要陈豨只管起兵，自己定从京城策应。韩信与家臣谋划：可以在夜里假传诏旨，赦放那些在官府中的囚徒和官奴，然后率领他们去袭击吕后和太子。部署已定，只等陈豨方面的消息。这时，韩信的一位门客得罪了韩信，韩信囚禁了他并准备杀他。那位门客的弟弟就向吕后密告韩信要谋反的情况。吕后打算把韩信召来，又怕韩信的党羽不肯

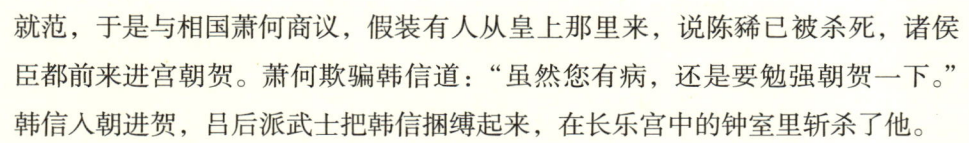

就范，于是与相国萧何商议，假装有人从皇上那里来，说陈豨已被杀死，诸侯臣都前来进宫朝贺。萧何欺骗韩信道："虽然您有病，还是要勉强朝贺一下。"韩信入朝进贺，吕后派武士把韩信捆缚起来，在长乐宫中的钟室里斩杀了他。

有的人很喜欢卖弄自己，他们掌握一点本事，就生怕别人不知道，无论在什么人面前都想"露两手"。这种人爱出风头，总想表现自己，对一切都满不在乎，头脑膨胀，忘乎所以。在做人处世中，这种人最终必然要"纳诸罟攫陷阱之中"。因此，我们在做人处世中，一定不要卖弄自己，不要显得比别人聪明。

3. 鸡蛋不必硬碰石头

中庸的核心内容，就是要求我们把握不偏不倚、适度适中的智慧。凡事过犹不及，比如在处理与上司或其他复杂的人际事务关系时，不能只讲刚直，不知周旋，须知，鸡蛋不必硬碰石头，如硬碰的话，其结果往往是聪明反被聪明误，从而使自己伤得很惨。

唐代武则天专权时，为了给自己当皇帝扫清道路，先后重用了武三思、武承嗣、来俊臣、周兴等一批酷吏。她以严刑峻法、奖励告密等手段，实行高压式统治，对抱有反抗意图的李唐宗室、贵族和官僚进行严厉的镇压，先后杀害李唐宗室贵戚数百人，接着又杀害了大臣数百家；至于所杀的中下层官吏，更是多得无法统计。武则天曾下令在都城洛阳四门设置"瓯"（即意见箱）接受告密文书。对于告密者，任何官员都不得询问，告密核实后，对告密者封官赐禄；告密失实，并不反坐。这样一来，告密之风大兴，无辜被株连者不下千万，朝野上下，人人自危。

一次，酷吏来俊臣诬陷平章事狄仁杰等人有谋反的行为。来俊臣出其不意地先将狄仁杰逮捕入狱，然后上书武则天，建议武则天降旨诱供，说什么如果罪犯承认谋反，可以减刑免死。狄仁杰突然遭到监禁，既来不及与家里人通气，也没有机会面奏武后，说明事实，心中不免焦急万分。审讯的日子到了，来俊臣在大堂上宣读完武后逼供的诏书，就见狄仁杰已伏地告饶。他趴在地上一个劲地磕头，嘴里还不停地说："罪臣该死，罪臣该死！大周革命使得万物更新，我仍坚持做唐室的旧臣，理应受诛。"狄仁杰不打自招这一手，反倒使来俊臣弄不懂他到底唱的是哪一出戏了。既然狄仁杰已经招供，来俊臣将计就计，判了他个"谋反是实"，免去死罪，听候发落。

来俊臣退堂后，坐在一旁的判官王德寿悄悄地对狄仁杰说："你也可以再诬告几个人，如把平章事杨执柔等几个人牵扯进来，就可以减轻自己的罪行了。"狄仁杰听后，感叹地说："皇天在上，厚土在下，我既没有干这样的事，更与别人无关，怎能再加害他人？"说完一头向大堂中央的顶柱撞去，顿时血流满面。王德寿见状，吓得急忙上前将狄仁杰扶起，送到旁边的厢房休息，又赶紧处理柱子上和地上的血渍。狄仁杰见王德寿出去了，急忙从袖中抽出手绢，蘸着身上的血，将自己的冤屈都写在上面，写好后，又将棉衣里子撕开，把状子藏了进去。一会儿，王德寿进来了，见狄仁杰一切正常，这才放下心来。

狄仁杰对王德寿说："天气这么热了，烦请您将我的这件棉衣带出去，交给我家里人，让他们将棉衣拆了洗洗，再给我送过来。"王德寿答应了他的要求。狄仁杰的儿子接到棉衣，听说父亲要他将棉衣拆了，就想：这里面一定有文章。他送走王德寿后，急忙将棉衣拆开，看了血书，才知道父亲遭人诬陷。他几经周折，托人将状子递到武则天那里，武则天看后，弄不清到底是怎么回事，就派人把来俊臣召来询问。来俊臣做贼心虚，一听说太后要召见他，知道事情不好，急忙找人伪造了一张狄仁杰的"谢死表"奏上，并编造了一大堆谎话，将武则天应付过去。

又过了一段时间,曾被来俊臣妄杀的平章事乐思晦的儿子也出来替父申冤,并得到武则天的召见。他在回答武则天的询问后说:"现在我的父亲已死了,人死不能复生,可惜的是太后的法律被来俊臣等人给利用了。如果太后不相信我说的话,可以吩咐一个忠厚清廉,你平时信赖的朝臣假造一篇某人谋反的状子,交给来俊臣处理,我敢担保,在他酷虐的刑讯下,那人一定会承认的。"武则天听了这话,稍稍有些醒悟,不由得想起狄仁杰一案,忙把狄仁杰召来,不解地问道:"你既然有冤,为何又承认谋反呢?"狄仁杰回答说:"我若不承认,可能早就死于严刑酷法了。"武则天又问:"那你为什么又写'谢死表'上奏呢?"狄仁杰断然否认说:"根本没这事,请太后明察。"武则天拿出"谢死表"核对了狄仁杰的笔迹,发觉完全不同,才知道是来俊臣从中做了手脚,于是,下令将狄仁杰释放。

狄仁杰的做法告诉我们,有时候忍耐住刚强直率的性格与对手周旋,是斗争中的良策;相反的,若以硬碰硬,则会让自己吃大亏。这样做,无论从哪个方面来讲都是不明智的。

特别是在处理和上司关系的时候,千万不能拿鸡蛋碰石头。下级冲撞领导,一般都会使用比较过激的言辞,特别是一些很伤感情的过头话,这些话会像一把把尖刀直冲向领导的内心,势必会惹得他怒火中烧,大发雷霆,视你为敌。你可能是出于某种忠心才说的,但在这种情形下,如言辞不当,反而会使领导认为你一直心怀不满。他会想:"这家伙隐藏得好深,竟骗过了我!原来他一直对我有意见,一直是三心二意,今天终于暴露出来了!"一种算总账的仇恨就会像火焰一样地烧起来,以至于失去冷静。

对抗会使领导产生误会。一旦尊严受损,便觉得权威受到挑战,在面子感到相当狼狈难堪时,会使他把事态看得十分严重,一时也不会考虑什么是非曲直,只有一味地宣泄,那遭殃的人就是你了。

下属在与上级说话时切勿激动,而是要时刻提醒自己,即使自己是对的,也要注意态度、方式方法和时机问题,不要冲撞对方,引起上级的怒火,使他怨恨你。

第八章　服膺：中庸之道，服膺弗失

【原典】

子曰："回之为人也：择乎中庸，得一善，则拳拳服膺而弗失之矣。"

【译释】

孔子说："颜回的为人啊，选择中庸之道，得到一个善端，就诚恳实在地牢牢记在心上而再不让它失去了。"

解读

1. 践行中庸需要内在的自觉性

颜回为人处世选择了中庸之道。孔子弟子三千，贤人七十二，而真正继承他衣钵者，颜回几人而已。原因何在呢？在于颜回选择并终身实践中庸。

作为孔门的高足，颜回经常被老师推荐为大家学习的榜样，在中庸之道方面也不例外。一旦认定，就用心体认，坚定不移地坚持下去，这是颜回的作为，也是孔圣人的风范。他"择乎中庸，得一善，则拳拳服膺而弗失之矣"，而一般民众则"鲜能久矣"。在孔门弟子中，颜回以"克己复礼"著称,他"一箪食,一瓢饮,居陋巷,人不堪其忧,而回不改其乐也"(《论语·雍也》),他的这一品格无疑是他能够施行中庸的根本原因。

颜回还是一个信念坚定的人,他的一个优点是沉默不语——听老师讲道,却终日不语。为什么不语?他在思考如何把老师的雄才大略应用于具体实践当中。所以,孔子是一个思想家、教育家,而颜回是一个实践家、践行家。孔子有颜回所不及的地方,而颜回也有孔子所不及的地方,可谓教学相长。

中庸之道在颜回身上的体现,一方面是"回不改其乐也",当然孔子也不改其乐,孔子"在齐闻韶,三月不知肉味"。可见这乐是大快乐——充沛于心的智慧快乐和审美愉悦,这就是中庸。坚持中庸之道就在于不走极端,甚至在苦中也能感觉到乐,而在乐中能意识到危险的临近和忧患的到来。

很多人把规律或道当做外在的一种强迫,总是要不断地要求自己警告自己被动地接受道,但是当把这种外在的强迫性变成了一种内在的自觉性,再去实行道的时候,人就充满了本真的快乐。

《中庸》第八章是针对前一章那些不能坚持中庸之道的人而言的。以孔门高足颜回为例,说明颜回对中庸之道的坚定不移,符合孔子"吾道,以贯之"的风范,同时也说明只有化外在的强迫性为内在的自觉性,才能坚守中庸的完美品格。

2. 时刻不放弃追求的目标

一般人在一个月("期月")之内就可能违背中庸之道,而颜回永远坚守中庸之道。颜回之所以能很好地践行中庸之道,是因为他用内在的自觉性,把中庸之道当做自己毕生追求的目标,时刻不放弃。

无论学道,还是习艺,时刻不放弃追求的目标,坚持始终如一,认准了就干下去,不改初衷,自然会水到渠成、瓜熟蒂落,真如俗语所说,老天不负有心人,百炼成钢,功德圆满。

明代小说家吴承恩在其不朽的长篇神话小说《西游记》里,写了唐僧师徒一行西天取经的故事。《西游记》里所写的孙悟空等人物都是作者虚构的,那些降妖除怪的故事也都是作者虚构的。但在历史上,唐僧实有其人,取经也确有其事。

唐僧,就是玄奘,因他精通印度佛学中的《经藏》、《律藏》和《论藏》,而被誉为三藏法师,所以又称唐三藏。

玄奘出生于一个官吏家庭,全家都是虔诚的佛教徒。隋朝政府在洛阳考选和尚,他在13岁时便被破格录取而出家当了和尚。唐朝初年,他去四川研究佛经,发现汉文佛经译得不完全、不准确,越研究,感到疑问越多,便学习了梵文,决心到佛教发源地——天竺去求取真经。

为此,他又来到了长安,邀约了同伴。本来准备启程了,可是,由于当初唐朝初建,突厥经常骚扰边境,朝廷便严禁私人出境,出国申请未被官府批准,原来约好的伙伴都不愿意去了。但这丝毫也动摇不了他西天取经的决心。唐太宗贞观元年(公元627年),他从长安出发,混在返回西域的客商里,过了玉门关,然后便孤身西行。

可是,他刚到达凉州(今甘肃武威县),便被都督李大亮看管了起来,硬逼着他沿原路返回。

后来,在一位好心和尚的帮助下,才连夜逃出了凉州。

快到玉门关时,他骑的马累死了。玄奘过了五座烽火台后,便进入了荒无人烟的莫贺延碛（音 qì）沙漠，这就是号称八百里流沙的大戈壁滩。

他艰难地走了一百多里路后，实在口渴难耐，停下来喝水时，一不小心，皮囊里的水竟全都泼光了。极目所见，茫茫沙漠，一望无际，哪里还找得到一滴水呢？他咬着牙，又极度艰难地走了五天以后，感到天旋地转，昏倒了。到半夜，刺骨的寒风才把他给吹醒了。天亮了，他突然看到就在前面不远的地方就有一块绿洲，便跟跟跄跄地奔了过去。果然有嫩绿的青草，清清的泉水。"阿弥陀佛"，终于得救了！

经过半个多月的苦难历程，玄奘才走出了浩瀚的沙海，来到了高昌国（在今新疆境内）。高昌国王听说唐僧到达，不仅派了使臣去迎接他，而且还请他讲经说法。

最后，玄奘经过千难万险，终于来到了摩揭陀国（今印度比哈尔邦南部），走进天竺佛教最高学府——那烂陀寺，受到了一千多个手捧着香和鲜花的和尚的热烈欢迎。

当时，那烂陀寺已经有七百多年的悠久历史了。寺内常有僧众一万多人。寺的住持（当家和尚）戒贤是位年过百岁的佛学权威，早已不讲学了。但是，这位佛学权威却被唐僧西天求取真经的精神所感动，为了表示对大唐的友好情谊，特意收玄奘为弟子，特地为他重开讲坛，用了15个月的时间，亲自给他讲解了最高深、最难懂的佛经《瑜珈论》。

在这里，玄奘用了五年的时间，精研了佛学理论。在寺里，除戒贤精通全部经论外，在10000多个和尚里，能通晓20部的仅有1000人，能通晓30部的仅有500人，能精通50部的仅有10人，而玄奘就是10人中的一人，成了博学的佛学大师。

公元636年，玄奘辞别了戒贤，外出游学。他沿着恒河先到了现在的孟加拉国，沿着印度半岛东岸南下，到了和现在的斯里兰卡隔海相望的达罗，又沿着印度半岛西岸北上，访问了世界著名的艺术宝库阿旃（音 zhān）陀石窟，并曾一度深入印度半岛的腹地。然后，又西进到现在的巴基斯坦，再沿着印度河北上，到了现在克什米尔南部的查谟，并在这里留居了两年，进行佛学理论研究。玄奘的声誉传遍了整个天竺，被公认为天竺最博学的佛学大师。

贞观十九年（公元645年）正月二十四日，玄奘带着六百五十多部佛经，历时18年，跋涉五万余里，经西域回到了长安。

这天，长安城人山人海，路两边摆满了香案和鲜花，锣鼓喧天，僧尼数万人排成长队，热烈迎接这位到西天取经凯旋的伟大英雄，并把他带回来的经卷和佛像安放在弘福寺里。

唐太宗被唐僧取经的精神所感动，特地派了宰相房玄龄去长安把他迎接到洛阳行宫里来，召见了他，极有兴致地听他诉说了西域和天竺的见闻，并劝他还俗，帮助自己治理国家，玄奘不肯，婉言谢绝了。

三月初一这天，玄奘从洛阳回到了长安。不久，便先后在弘福寺和慈恩寺主持译场，并在慈恩寺修建了大雁塔，作为储经之用。经过二十年坚持不懈的努力，他和译员们译出了佛经75部，共1335卷。另外，他还和辩机和尚一起，共同编写了《大唐西域记》。这部游记记叙并描述了包括现在的我国新疆以及阿富汗、巴基斯坦、印度、孟加拉、尼泊尔、斯里兰卡等国家的地域地貌、城市风光、风俗民情、名胜古迹、宗教文化、历史人物和传说故事，材料丰富、内容翔实、文笔严谨、准确可靠，早已被译成多种文字，成为一部世界名著，对研究中亚、南亚和中国西部的历史、地理和经济、文化，有极为重大的学术价值。

唐玄奘的难能可贵，就在于有去有回有始有终，所以他成了万世的表率。

绳锯木断、水滴石穿，是时刻不放弃追求目标的积累所致，锲而不舍、金石可镂，就是刻苦修习的结果。

3. 认识到错误就立即改正

颜回"不贰过"，即不重犯同样的错误。因为颜回不断地去思考、揣摩、实践。正是因为木讷"不贰过"且仔细体味"道"，而且把这个道放在心中，"拳拳服膺而弗失之矣"，并且不断思考，不断改正错误，修正方向，所以颜回成功了。正唯此，孔子把颜回看做是自己唯一的同道。他评价颜回说："用之则行，舍之则藏，唯我与尔有是夫。"这是孔子对学生的最高评价。

每个人都难免犯错误。成功者之所以成功，不是因为他不犯错误，而是他认识到错误就立即改正，并能汲取教训，作为宝贵的经验。

秦王嬴政亲政后不久，做过一件非常糊涂的事情，这就是他下达了一道违反秦国传统做法和其本人执政方针的命令——"逐客令"，欲将六国在秦任职的客卿全部赶走。不过，在李斯的劝谏下，秦王嬴政最终撤销了此命令，没有对秦国的统一大业造成危害。

是什么原因使得嬴政一反常态，改变了秦国长期奉行的人才引进政策而下达这项命令呢？原来是其他国家对秦国施行反间计的结果。

战国七雄中韩国实力最为弱小，又紧邻秦国，是秦国进行统一战争的首选目标。韩国国君实在不愿意轻易将祖宗传下来的"锦绣江山"拱手让人，于是便把当时著名的水利专家郑国找来，让他肩负间谍的使命西入秦国，游说秦王兴修水利，企图以此消耗秦的国力，转移秦国的注意力，改变韩国行将灭亡的可悲命运。

嬴政亲政第二年，郑国来到秦国，欲替垂死的韩国尽一点力量。在政治上已经稳固住自己地位的嬴政正想为秦国的经济发展做些事情，听了郑国的计划，觉得对秦国有利，于是立即征发百姓，由郑国主持在关中东部兴修一条引泾水东注洛河的水渠。

郑国主持修建的这条水渠，计划全长三百多公里，建成后可以溉田四万多顷，工程浩大，确实会占用秦国不少人力、物力，但关中河道则可以改造得更加合理，水渠建成后遍布关中的盐碱地将会变成良田耕地，所以秦王嬴政即便没有识破韩王的计谋，他所做出的这项决策也没有错。这项决定也符

第八章 服膺

合秦国一惯的重农政策。

只是韩王低估了秦国的综合实力。尽管秦国投入了大量的人力、物力兴修这条水渠，但是丝毫也没有影响秦军的东攻计划。而且，当时在秦国兴修的大规模土木工程并不止此一项，比如秦王嬴政的陵墓就在修建中，这项规模巨大的工程一直到秦始皇死时都没有完成，它常年用工在十几万人甚至更多。

俗话说"夜长梦多"，最后，韩王的阴谋终于让嬴政发现了，不善制怒的嬴政暴跳如雷，立即命人将郑国抓来，要问刑处死。嬴政气得发昏，朝中一帮长期不受重用的宗室大臣们觉察出这是一个难得的重秉朝政的好机会。因为，长期以来，秦国一直坚持客卿政策——至少欲有所作为的秦国君主都施行此政策——重用战国中其他国家的有才之士，或委以重任高位，或任为客卿随时谘问，宗室贵族在政治上都没有过高的地位，本国官吏若无大才也只能充任一般职务，掌不了大权。这项制度是秦国自商鞅变法以后长期保持勃勃生机的重要原因，也是秦国最终统一六国的政治保证之一。

看到秦王怒气冲天，宗室大臣们乘机进言，称："各诸侯国来秦国谋事的人，大抵都是为了他们各自的君主而游说秦国、做间谍的，请您务必将他们全部驱逐出境。"年轻气盛的嬴政犯了急躁的毛病，没有冷静地思考，便糊里糊涂地接受了这个建议，立即下达了"逐客令"。

李斯的名字也被列在驱逐的名单之中。李斯是楚国上蔡（今河南上蔡）人，曾追随当时著名的思想家荀子学习"帝王之术"，与韩非同窗，学成以后西入秦国欲施展一番抱负。他因建议对其他六国施用反间计，拉拢了不少各国名士，受到秦王嬴政的赏识，被拜为客卿。

"逐客令"一下，秦兵立即堵在各宾客的家门口，不许申诉，押送他们即刻离都。在被秦兵押解出境的途中，李斯乘隙写成一部劝谏书，并设法请人送入宫中，向秦王进谏。

秦王嬴政读过李斯的上书，马上明白自己错了，他赶忙下令收回"逐客令"，并派人从速追回李斯，让他官复原职。

嬴政这种知错就改、见贤求教的特点，是其成为中国最杰出的"英雄"

人物之一的基础，也是他个人能力的重要表现。实际上，秦始皇嬴政的残暴只施加于两种人：一是百姓，也就是依法家理论根本不用关心、考虑的"小人"；二是他所愤恨的人，如行骗的方士，还有敌人等。而于他所敬重的人或对其有用的人，则只有威严，不施暴行，所以对茅焦、李斯、尉缭、王翦等，尽管他们多有"不恭"之辞或举动，但嬴政从未想过要加害于他们，甚至连累官免职的事情也没有，相反，始终重用不疑。这就是嬴政与众不同之处，后世帝王能做到这一点的几乎没有，包括唐皇李世民，对魏征不是时有微词，就是动辄要杀他的头。依嬴政的性格特点看，能做到这一点是十分不容易的。嬴政有这一性格特点，是他比同时代的诸侯国君主更具威信的原因之一。

现在，李斯在秦王的脑海中再也抹不掉了。秦王为自己这个时代秦国又有了一个不可多得的人才而兴奋不已，也为自己因一时之气而险些将秦国推入不测之地而深感后怕。因此，秦王对李斯言听计从。李斯则平步青云，很快官至廷尉，执掌刑狱，并且在秦朝建立后不久升任为丞相。

"逐客令"撤销了，而对于那个险些使秦王铸成大错的韩国水利专家郑国，秦王嬴政仍不依不饶，非欲处死以泄其恨不可。幸好，郑国也是一个善辩之人，他对秦王说：此渠修成后，对秦国具有万世之利，关中许多不毛之地将辟为沃野。已经头脑冷静的秦王一听，觉得有理，于是不再加罪，命令郑国继续主持工程。经过数年的艰辛，水渠终于建成，从此关中瘠薄之地变成膏腴良田，灾荒减少，秦国的经济实力进一步提高，直至最终平灭其他六国。

秦始皇在历史上给我们的印象是粗暴、残忍、独断，但是他有其十分可贵的一面，就像撤销"逐客令"一样，一旦认识到自己错了，他绝不扭扭捏捏，而是雷厉风行地改正。这是决策者一种高度自信的表现，这样的事在嬴政身上发生过不止一次。

秦王嬴政亲政以后，因太后苟且事败，怒而迁之雍城，此事在秦国一时间闹得沸沸扬扬，举国上下议论纷纷，不赞成的人为数不少。余怒未消的秦王嬴政又下令："有敢以太后之事劝谏者，乱刀砍死，并以蒺藜（带刺的刑具）划刺其脊背和四肢，尸体堆在宫门外示众。"能以如此残酷的刑罚对待自己的臣下，年轻的嬴政的确手段毒辣。谁知自古忠臣不畏死，仍有27位大臣冒死进谏，但都是空有忠臣之心而无善言之口，嬴政毫不留情地将这些敢于"以身试法"的人统统杀死，27具尸体都堆在宫门外。

杀死了这么多人，仍然有人敢继续以自己的口舌赌命，这次来的人叫茅焦。茅焦原是齐国人，不知何时西入秦国，也不知有何才能，虽被拜为客卿，但在政治上一直未显峥嵘，始终默默无闻，不过这次该他露脸了。与茅焦住在一起的宾客，听闻他进宫上言，吓得卷起铺盖逃之夭夭。

接到茅焦求见的报告，也许是已经杀了27个人使秦王嬴政感到有所触动，这回他稍微客气了些，先派使者出殿提醒道："不许以太后之事进谏。"茅焦回答："正是为此事而来。"嬴政命使者警告茅焦："你没有看到宫门外的尸体吗？"茅焦答："我听说天上有二十八宿，如今已经死了二十七个人，我来就是要凑够二十八之数。我不是怕死的人！"听到使者的回报，秦王嬴政火冒三丈，大怒道："这小子是故意来违背我的命令的，速速加热鼎锅，把这家伙煮了，我看他如何横尸宫外去充数？马上召他进宫！"说完，按剑而坐，气得满嘴吐白沫。左右全都惊恐万分，为茅焦捏着一把汗。

茅焦进殿，不慌不忙地行过礼，对秦王说："我听说长寿的人不忌讳死亡，享国之人不忌讳亡国；忌讳死亡的人命不久，忌讳亡国的人不能保全。死生存亡之事，都是圣明之君迫切要听到的，不知陛下是否愿意听一听？"秦王怒容微敛，问："此话怎讲？"茅焦更加放胆地说："陛下有狂乱乖戾的举动，陛下自己不知道吗？"闻听如此犯上之言，秦王反倒平静了，他问："都有哪些？我愿意听你说一说！"于是，茅焦历数秦王的过错，说："陛下车裂假父，有嫉妒之心；摔死两弟，有不慈之名；迁母于雍城，有不孝之行；划刺谏士,有桀、纣之举。天下人听说这些事情,就会瓦解四散,没人再倾向秦国了。我怕秦国会因此灭亡,所以替陛下感到很危险。我的话讲完了,请用刑吧!"说罢,除去衣服,伏在刑具上。

茅焦把秦王嬴政亲政以来所做的事情几乎全都否定了。然而他的话很有道理,因为尽管此时秦国军事力量强大,其他六国已经阻止不了秦国统一的进程,但是人心的向背仍然是不能忽视的大问题,它对秦国统一大业的进程起着阻碍或推动作用。为了减少统一的阻力,加快统一的进程,必须尽最大可能争取人心,赢得政治上的主动,这一点年轻的国王嬴政认识得很清楚。所以,虽然怒气冲天但还不糊涂的嬴政听了这一席话,立即转怒为喜。他亲自下殿,一边扶起茅焦,一边说:"赦你无罪!请先生穿上衣服,我愿意向你请教。"随后拜茅焦为自己的仲父,封爵为上卿。

后来,茅焦进一步劝谏:"秦国正在图并天下,而大王有迁徙母太后的劣名,恐怕天下英雄听说,因此而背叛秦国了。"秦王一听现在只有此事尚可挽回,立刻套车挂马,亲率千乘千骑,赴雍城接母。太后极为高兴,回到咸阳后设酒宴款待茅焦,席间对茅焦赞赏有加,她说:"矫枉过正,转败为胜,安定秦国的江山社稷,使我们母子重新相会,这都是茅君的功劳啊!"

秦王嬴政接受茅焦的进谏,将母亲从雍城接回咸阳,此举毫无疑问给他带来了积极效应,至少在秦国内部可以起到操纵人心、安定胜局的作用,对统一肯定是大有裨益的。

第九章　可均：白刃可蹈，中庸难得

【原典】

子曰："天下国家，可均也；爵禄，可辞也；白刃，可蹈也；中庸不可能也。"

【译释】

孔子说："天下国家可以治理，官爵俸禄可以放弃，雪白的刀刃可以踩踏而过，中庸却不容易做到。"

解 读

1. 中庸是极致性的标准

中庸之道是一个在我们身边存在，我们普通人可以实行的，但同时它是一个深奥、无穷尽的，可以包容宇宙万物间各种道理的一个大道，这个道，实行起来很难。

所以孔子说："天下国家，可均也；爵禄，可辞也；白刃，可蹈也；中庸不可能也。"治理国家的人，可以治理天下，并不难；人各有志，即使给你高官，给你高工资，但你也可以辞掉这份工作，也没有什么难的；我们遇见一

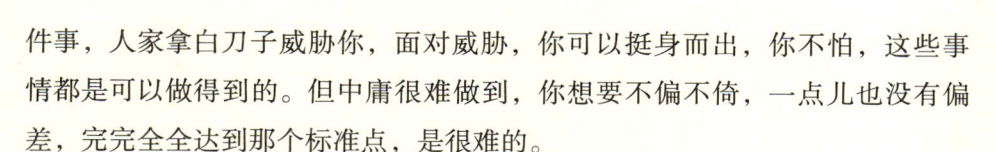

件事，人家拿白刀子威胁你，面对威胁，你可以挺身而出，你不怕，这些事情都是可以做得到的。但中庸很难做到，你想要不偏不倚，一点儿也没有偏差，完完全全达到那个标准点，是很难的。

中庸是极致性的标准。

比如说射击，射到十环，十环就是正中心，但肯定十环里头还有误差。再比如说我们航天飞机载人返回落到地球，我们给它限定一个范围，误差不超过多少，这就是准确了，你要完全没有误差，做得到吗？

所以，孔子说中庸不可能也，很难很难，大体上做到可以，精密地做到很难，难到什么程度呢？难到比治理天下还难，难到比辞去高官厚禄还难，难到比面对刀枪剑戟还难。中庸是这样一个既易又难的大道理。

孔子把中庸之道的推行看做比"国家可均"、"爵禄可辞"、"白刃可蹈"更难以实现的事情，原因还在于中庸更为内在、持久、日常。孔子以他漫长的坚守而达到中庸之道，在孔子一生中，一直把恪守中庸之道作为人生的最高准则。

一个人要实现中庸之道，不仅仅需要勇敢、智慧和忠义，更加需要坚守、坚持、不受干扰、不受外界的诱惑，最后达到至高境界。如果中庸不能坚守，很快就改变了，你可能永远不能够达到最高境界。正因为如此，孔子对此有感而发，将中庸推到了比赴汤蹈火、治国平天下还难的境地，其目的还是在于引起人们对实行中庸之道的高度重视。

2. 中庸之道与对症下药

作为文人和教育家的孔子，要守望的是人性的深远，文化的担当。人类发展史证明，生产力越是发展，人性则变得越难以坚守。孔子在两千多年前，就预感到了这一来自于人类自身的致命弱点。所以，他要高扬"君子喻于义"，为"小人喻于利"限速，要以"仁者乐山"的岿然不动来遏止人性流变。

于是他亮出了"中庸之道"的底牌。

"中庸"是德行、行为的一个完美的、极致的标准。这标准非常难以在具体实践中达到，但实践中的人们却不能不借这理想性的范本以提升自己、策勉自己。

比如医师的对症下药，一定配方的药剂总是针对某种确定的疾患，药或稍有过量，或稍有不足，这过量与不足即所谓"过"与"不及"，作为一种并非随意的评判，其评判标准严格说来只是相对"对症"的那个"度"。实践中的对症下药是不可能做到绝对"对症"或绝对恰到好处的，但衡量实践中对症下药的状况却不能没有一个标准。严格说来，中庸的"度"是超验的，人们在由"过"或"不及"而趋向"中"的实践中可以真切地体会到它。它是不同于感性真实的又一种真实。这真实存在于价值取向所指的"形而上"，所以如此肯定这种真实的形而上学是价值形而上学，而不是那种确认其在彼岸有实体性存在的实体形而上学。

中庸可以说是一种"成德之教"或"为己之学"。所谓"成德之教"，是说它是一种成全人的道德品操的教化；所谓"为己之学"，是说它是一门为着人的本己心灵安顿的学问。它的经典命意在于人生"境界"的自律性提升，所以孔子有"为仁由己，而由人乎哉"之说。境界的高下对于外部条件是无所依赖的，中庸的生命智慧就在于对这"无待"的人格境界的自觉。

孔子说："三军可夺帅也，匹夫不可夺志也。"帅之所以可夺，是因为它"有待"。任命你做帅的人不再任命你了，你这帅就被夺了；你率领的三军被打垮了，你这帅也就被夺了。志之所以不可夺，是因为它"无待"。一个人心存高尚的志节，即使不幸沦为奴隶（像《伊索寓言》的作者伊索那样），他也会是奴隶中的高尚者，如果不幸沦为囚徒（像文天祥那样），他仍可以是一个宁死不屈的高尚的人。这"志"，只要有志者自己不放弃，任何外部条件的改变都不能夺走它。中庸学说教人"立心"、"立命"，就从这"无待"处说起，一个人一旦在这里立住了，不论他从事什么职业，不论他遭到什么境遇，都会是一个堂堂正正的人。

第十章　问强：精神力量的强最重要

【原典】

子路问强。子曰："南方之强与，北方之强与，抑而强与？宽柔以教，不报无道，南方之强也，君子居之。衽（rèn）金革，死而不厌，北方之强也，而强者居之。故君子和而不流，强哉矫；中立而不倚，强哉矫；国有道，不变塞焉，强哉矫；国无道，至死不变，强哉矫。"

【译释】

子路问什么是强。孔子说："南方的强呢，北方的强呢，还是你自己的那种强呢？用宽厚柔顺的精神教化别人，即使别人横行无道，也不去报复，这是南方的强，君子具有这种强。把兵器甲盾当做枕席，死了也不后悔，这是北方的强，强力者信守这种强。所以君子和顺而不随波逐流，多么强啊！以中庸立身而不偏倚，多么强啊！国家政治清明，绝不改变志向，多么强啊！国家无道，满地是小人而宁死不变节，这样的人多么强啊！"

解读

1. 宽柔以教，不报无道

《中庸》第十章说明，真正的强不在于体力，而在精神力量。

孔子说:"宽柔以教,不报无道。"意思是,以宽宏、容忍的态度去教育别人,不去报复别人对我的无理。这叫"以德报怨"——以善良的德行,去回报别人对自己的仇怨。这种广阔的胸襟,这种做人的方式,是更高智慧的表现,也决定了一个人能否成为百人、千人、万人、亿万人领袖的标尺。

一个人成功的大小,常可以用宽恕、容忍的标准去衡量他。只有宽恕,才能对人容忍;只有对人容忍,才能掌管人、使用人。可以说,宽柔不仅是一种涵养,更是一种取得别人信任的重要方法及赢得拥护、发展事业的高明策略和强大力量。

东汉光武帝刘秀在河北与自立为帝的王郎展开大战,王郎节节败退,逃入邯郸城里。经过二十多天的围攻,刘秀大军攻破邯郸,杀死王郎,取得胜利。

在清点缴获来的书信文件时,官员们发现了一大堆私通王郎的信件,这些信件有好几千封,内容大都是吹捧王郎,攻击刘秀的,写信者都是刘秀一方的人,有官吏,有平民。有人很气愤,说这些人吃里爬外,应该抓起来统统处死。曾经给王郎写过信的人,则提心吊胆,心里十分害怕。刘秀知道这件事后,立即召集文武百官,又叫人把那些信件取过来,连看也不看,就叫人当众把他们扔到火中烧掉了。

刘秀对大家说:"有人过去写信私通王郎,做了错事。但事情已过,可以既往不咎。希望那些过去做错事的人从此安下心来,努力供职。"

刘秀的这种处理方法,使那些曾经私通王郎的人松了一口气。他们都从心里感激刘秀,甘愿为他效劳。

与其把人们赶到与自己为敌的一方,还不如对他们施以德行,以收为己用。正如古人所说:"大德容下,大道容众。盖趋利而避害,此人心之常也,宜恕以安人心。"也就是说,大德能够容纳下方,大道能够容纳众人。人都有趋利避害的本能，这是人之常情，因此应该宽恕他们，以安定人心。

宽柔待人是凝聚力和吸引力的重要因素。但这需要有气量，只有非一般的人物才能做到。这种"宽柔以教，不报无道"的事三国时期的曹操做了一次，而且其效果也有过之而无不及。

公元199年，曹操与实力最为强大的北方军阀袁绍相持于官渡，袁绍拥众十万，兵精粮足，而曹操兵力只及袁绍的十分之一，又缺粮，明显处于劣势。当时很多人都以为曹操这一次必败无疑了。曹操的部将以及留守在后方根据地许都的好多大臣，纷纷暗中给袁绍写信，准备一旦曹操失败便归顺袁绍。

相持半年以后，曹操采纳了谋士许攸的奇计，袭击袁绍的粮仓，一举扭转了战局，打败了袁绍。曹操在清理从袁绍军营中收缴来的文书材料时，发现了自己部下的那些信件。他连看也不看，命令立即全部烧掉，并说："战事初起之时，袁绍兵精粮足，我自己都担心能不能自保，何况其他人！"

这么一来，那些动过二心的人便全部都放了心，对稳定大局起了很好的作用。

这一手的确十分高明，它将已经开始离心的势力收拢回来。不过，没有一点气度的人是不会这么干的。具有这样胸怀的人，别人当然愿意尽心竭力为他做事。

唐太宗之所以能够得到无数臣民的拥戴，除了他勤于政事、爱民如子之外，还有一个重要的原因就是他"宽柔以教，不报无道"，甚至对待罪人，也能动之以情。

侯君集是唐朝开国功臣之一，后来，他居功自傲，又颇贪婪，在平定高昌国时，未经报告，将一些无罪的人收为家奴，又私自取得高昌国的大量宝物，据为己有。上行下效，将士们也学着主帅，纷纷窃盗，侯君集因为自己有短，也不敢去管。班师回朝后，被人揭发，送进了大牢。后来虽然被释放，从此却心怀不满，萌发了谋反的念头，与那个荒唐之极的太子李承乾搅混在一起，鼓动他闹事，他曾伸出粗壮的大手，对太子说："这双好手，当为殿下效力！"

后来，他的阴谋败露了，唐太宗亲自将他传来，对他说："你是有功的大臣，我不想让你去受狱中官吏的侮辱，因此亲自来审讯你。"

侯君集先是不承认，唐太宗召来了证人，将他谋反的前后经过一件一件陈列出来，又出示了他与太子往来的密谋信件。侯君集理屈词穷，只好认罪。

太宗征求大臣们的意见说："君集立过大功，留他一条活命，你们看行吗？"大臣们都不赞成，唐太宗长叹一声说："只好与足下永别了！"说完泪如雨下。

侯君集后悔莫及，临刑时，对监刑的将军说："没想到我侯君集会落到这个地步，可我早年便追随陛下，在平定异族时也立有大功，请求陛下能留下我一个儿子，以保全我侯氏这一门的血脉。"

按照封建社会的法律，侯君集这种谋反的罪人，不仅要满门抄斩，而且要祸及九族。可唐太宗却网开一面，赦免了他的夫人及儿子的死罪，只是把他们流放到岭南。

唐太宗能以一种包容的心态，对待一个常人看似不可饶恕的罪人，更让他的臣子们对他增加了几分仰慕之情，心甘情愿地为他效力。

唐太宗"不报无道"，对待背叛自己的罪人也能够手下留情，使他们即使受罚被杀仍旧感恩戴德，可想而知，他身边其他的臣子们又如何会不尊崇这位德高望重的皇帝。

在现实生活中也同样如此，以宽广的胸怀对待曾经陷害过你的人，能够显示出你极高的品德修养，也能够让你周围的众人对你刮目相看，这是一种无声的力量，这种"强"可以使你赢得更多的支持。

2. 暴力不是明智的选择

孔子一向不主张暴力，"衽金革，死而不厌"不是孔子赞赏的人格。这种强不是真正的强。选择暴力是很不明智的，它会最终毁灭自己。

乌程侯孙皓是孙权的孙子，按理说轮不上他做皇帝。其叔吴帝孙休去世前后，张布为左将军，主持宫廷；濮阳兴为丞相，主持政府。永安七年（公元264年）七月，孙休病重，不能说话，在纸上写字召来丞相濮阳兴，拉着太子孙𩅦（上雨下单为孙休造的字，音wān）的手交给濮阳兴，把臂相托。可孙休一闭眼，张布、濮阳兴哥儿俩一合计，就连劝带逼地游说孙休皇后朱氏：西蜀刚刚亡国，交阯（今越南北部）又携众反叛，国内震惧，人心惶惶不可终日，国家正在多事之秋，太子才十五岁，怕是担当不了大任啊。而乌程侯孙皓，已经二十三岁了，才识明断，又好学，遵奉法度。国赖长君，还是立他吧。

朱皇后一妇道人家，没有政治头脑，流着泪答应："我也不懂国政，你们觉得这样做有利于社稷宗庙，就按你们说的办吧。"这样，在公元264年，孙皓当上了东吴的皇帝，比司马炎当晋国的皇帝还早一年。

孙皓的皇帝宝座来得非常幸运。因为这个位置本不属于他，但是天降大任于他的身上，那孙皓也就不推辞了。孙皓脑子并不笨，他知道自己位卑权轻，虽然号称皇族，但国家的权力实际上是掌握在士族手上的。也正是因为如此，孙皓想夺权，谋划着拉拢百姓和大臣支持他。所以，孙皓继位后开放粮仓，救济老百姓。接着又把宫中的宫女送回民间，许配给没有婚配的男子。老百姓们看到自己的国君如此的贤明，交口称赞。此时孙皓的地位也达到了最高。这种结果也正是孙皓所想要的。一年后，孙皓独揽大权，当初拥立孙皓登台的大臣们这才明白，孙皓原来是个"演员"。

孙皓嗣位照例应尊孙休的皇后朱氏为太后，群臣也将太后的玺绶准备好送入宫里，不料孙皓却贬称朱氏为景皇后。公元265年，孙皓又逼杀了太后朱氏，其治丧不在正殿，而是选择了苑中的一间简陋小屋。公元266年，孙皓将故主孙休的四个儿子送去吴国的一座小城，又派兵在路上杀死了年纪大的两个。对此，拥立他为帝的濮阳兴和张布说了一些怨言，有人将这些话告诉了孙皓。孙皓毫不念及其拥立之功，立即诛杀了两人，夷其三族。

孙皓对他人残忍无道，自己却异常骄奢淫逸。《资治通鉴·卷七十九》记载，孙皓在位期间，常派遣黄门遍行州郡选美，大臣的女儿也必须每年一报，年纪到了十五六岁要先让他检阅，看不中的人才允许出嫁。由此，他后宫的美女多达万人。十分荒唐的是，孙皓给后宫所有的美女都佩戴了皇后的印绶，使得皇后滕氏空有皇后之名，却无皇后之实。孙皓把江水引入宫内，后妃、宫女、内侍稍有不如意的，立刻砍了扔进水里漂走，或者剥去面皮，挖出眼睛，砍断双脚。

孙皓还纵容爱妾派近侍到集市上去抢百姓的财物。司市中郎将陈声以前是孙皓的幸臣，倚恃孙皓的宠遇，将抢夺财物的近侍绳之以法。爱妾向孙皓诉怨，孙皓大怒，假借其他事端逮捕了陈声，并命令武士用烧红的大锯锯断陈声的头，将尸体投到四望台下。

在三国时代的君主里，孙皓并不是最昏庸的一个，但肯定是最残暴的一个。他毫无君王爱民之心，听信谗言，妄图称霸天下。孙皓请法师算算东吴国运如何。宫廷卦师自然很知趣，装模作样一掐指头，大吉。孙皓一听，立即率宫人出发前去征讨晋都洛阳，想"一统天下"。不料路上遇到大雪，道途陷坏不能走，兵士披甲持杖，一百人共拉一辆车，冻死之人不计其数，逃散者众。孙皓怕控制不住有人造反，才不得不返回。像这样随心所欲、不计后果的草率举动，孙皓做了不知多少回，也导致东吴资源的大量浪费。

孙皓经常招群臣狂饮，旁边置十个黄门郎侍立在一旁监督，每次都要强逼大臣喝醉。宴会结束时，再命令喝醉的大臣彼此揭发别人的过失。大臣们没办法，互相攻讦，凡有说过孙皓的闲话之类的，一刀砍了。由此，受邀赴宴的大臣个个胆战心惊，赴宴前都要与妻子儿女洒泪相别。

有个叫韦曜的侍中，本来酒量极小，偷偷以茶代酒。这还了得？欺君之罪，抓起来砍掉。大臣们不喝不行，可喝多了也不行，中常侍王蕃醉倒在大殿上，不省人事，孙皓命人提出去砍头。

孙皓的群臣不仅要忍受酒宴上的提心吊胆，还要面对政务上的战战兢兢，唯恐一言之差会招来杀身之祸。例如，会稽太守车浚为人清忠，有一年会稽郡发生旱灾，车浚上表请求赈灾。孙皓说车浚这不是想树自己的私恩吗，派人割下他的头。尚书熊睦见孙皓酷虐，便婉转劝谏，孙皓也不直接砍头，派人用刀背敲击他的脑袋，敲得血肉模糊。还有一次，孙皓发现大司农楼玄与中书令贺邵在附耳密语，怀疑他们在说自己的不是，就下令将楼玄流放到越南。与此同时，孙皓还给越南将领张奕下旨，让他暗中处死楼玄。贺邵的命运比楼玄更惨，他后来中了风，不能说话。但孙皓认为他是在装哑，派人拷打他，最终将他的头颅割了下来。

孙皓如此残暴，就连其叔叔、孙休的弟弟孙秀都吓坏了，逃跑与投靠到晋朝这边来了。

正因为如此，从公元276年开始，晋国的羊祜、杜预、王濬等前线将士都迫不及待上书司马炎：赶快趁这个大好时机伐吴，要不然东吴换了个明白人来当皇帝，怕是再也找不着这样好的机会了。

公元280年，晋国大将王浚顺江而下，孙皓原以为长江天险可以固若金汤，不想各地守军望风而降。半年后，王浚的舟船就抵达了石头城下，孙皓此时无将可战，不得已叫人反绑了自己的双手，抬着棺材到西晋军门前投降。

3. 与人为善，和而不流

强，作为一种境界和实力，是每个人、每个集体、每个国家努力追求的目标。强者，强国，是自豪的词。每个有理想有抱负的人都想成为强者。

强是相对于弱而言的，强的内涵也很丰富，因而，要达到强的目标，其方法和途径也是多种多样的。"和而不流"是从个人修身养性的角度实现强的一条有效途径，而且是一条必经的途径。

人生在世，总是与其他人有着千丝万缕的联系。和谐相处，正是人生存与发展的必要和重要的前提。试想一下，如果一个人四面树敌，根本无法与人和谐相处，怎么能生存下去呢？又谈何发展呢？更谈不上"强"。因此，不"和"就一定不"强"。

"和"意味着与人为善，但并不意味着"和稀泥"，彻底放弃原则。因此，按照"和"的原则做事，还要强调"不流"，即不同流俗。随大溜、跟风跑，人云亦云，不是和，而是流。

"不流"主要有三层含义：一是不盲从他人，坚持立场。二是行事正派、光明正大。坦坦荡荡是快乐之本。蝇营狗苟、尔虞我诈的人不仅做不成正经事，而且会把自己搞得疲于应付、心力交瘁。有些人把宝贵的生命能量浪费在追名逐利上，对权力、地位、金钱贪得无厌，以至于为官不正、以身试法，却忽视了真情、健康、知识这些人间无价的瑰宝，这是"和而不流"的君子所不齿的。三是淡泊处世，取舍有道，舍弃浮华，追求生命的本真。

"和而不流"是一种人生境界，是做人的大智慧，它不求轰轰烈烈，只求质朴本真；"和而不流"是一种价值取向，它不求耀眼的光环，只求人格的尊严。君子的"强"是"和"与"不流"的有机统一。"和"是前提，是基础。"不流"才是"强"的核心和关键。要真正参透"和而不流"的真义，做到"和而不流"，就必须自强不息、执著进取，将其化为"出淤泥而不染，濯清涟而不妖"的高尚情操，化为"会当凌绝顶，一览众山小"的高远志向，化为"路漫漫其修远兮，吾将上下而求索"的不竭动力，去建设一个和谐的内心世界。

和而不流体现大智慧。"阳货欲见孔子"的故事就是对此很好的诠释。

阳货是鲁国权臣季氏的家臣，也是实际把握鲁国政权的人物，他气焰熏天而且图谋不轨。当时，孔子在鲁国的名声很大，各派政治力量都想把孔子争取到自己的阵营中，阳货也不例外，可是孔子却不为所动，用心在家研究学问。

有一天，阳货到孔子家里去，孔子提前得知了消息，躲开了，可是阳货送了一只烤乳猪给孔子家。按照当时的规矩，"来而不往非礼也"，孔子也必须到阳货家里去回拜。

孔子虽然得罪不起阳货，却也不愿意和他有什么往来，背上和乱臣贼子交往的恶名，给政敌留下攻击自己的口实。他想了一个主意，趁阳货不在家的时候去回拜他，这样既不缺礼，又保全了自己的名节。

不料，半路上却和阳货撞上了。

阳货对孔子说："来，我有话要跟你说。你这么有本事却不施展，听任国家混乱，这难道是仁吗？"

孔子没有办法，只好敷衍说："不是。"

阳货又说："你这么喜欢参与政事，却又屡次错过机会，这难道是智吗？"

孔子说："不是。"

阳货紧逼："时间一天天过去了，年岁是不等人的啊。"

孔子说："好好，我会去做官的。"

从孔子的内心来说，对阳货是深恶痛绝的，可是他没有力量去遏止，所以尽量避免与之发生直接的冲突，维持表面上的正常关系。虽然孔子口头上说要去做官，实际上在阳货把持朝政的时局下，他始终是独善其身的态度。

可见，在矛盾冲突不尖锐的情况下，没有必要人为地激化冲突，造成不可收拾的局面。和而不流不仅是自我保护之道，也是强者之道。

4. 坚持原则，保持气节

"国有道，不变塞焉，强哉矫；国无道，至死不变，强哉矫。"这是历代志士仁人所尊崇的信念，也是孔子推崇的君子之强。君子之强的核心就是坚守中庸之道，不管周围环境如何变化都要坚持原则，保持气节，绝不中途放弃。

明朝著名将领、民族英雄卢象升就是这样的君子。

卢象升出生于万历二十八年（公元1600年），祖父为知县，父为秀才。他幼时潜心经史，喜习骑射，虽然是江南的文人，但天赋异禀，明史载："象升白皙而臞，膊独骨，负殊力。"卢象升少有大志，读书勤奋。当时明王朝朝政已腐败不堪，民怨沸腾，清兵正伺机入侵。他在读经书的同时，学习兵书习练武术。22岁中了进士，担任了户部主事。当时阉宦魏忠贤正把持朝政，大肆迫害东林党人，朝中许多官吏都依附于阉党，卢象升蔑然视之。27岁时任大名知府，当时，许多地方为了谄媚魏忠贤，纷纷为其建造生祠。大名府也有官员倡议筹建，请卢象升参与，遭到拒绝。在大名府，他平抑了多起冤狱，严惩了恶霸、贪官，吏治为之一新。

崇祯二年（公元1629年），清兵犯境，京师报警。卢象升起兵勤王，后清兵退走。卢象升为防清军再次来犯，对大明兵备加以整饬，严明军纪，加强练兵，军容大振，人称"天雄军"。后参与镇压农民军有功，卢象升升任右副都御史，总理河北、河南、山东、湖广、四川军务，兼湖广巡抚，后又升任兵部侍郎，再迁兵部左侍郎，总督宣州、大名、山西军务。

卢象升是以善治军而闻名的。但明末"国无道"，兵已不成兵，畏战做逃兵还是好的，更厉害的是屠杀平民来冒功，甚至挖新埋葬的尸体充当砍杀的流寇。当时有一人，会把女子的尸体修饰成男子尸体的样子，结果被官军们当成大爷来供奉，这可算明末整体道德沦丧之一例。卢象升只能以人格魅力来感染手下，身先士卒，与部下同甘共苦，时时激以忠义，这在以后的战斗中表现得更明显。

崇祯九年七月，清军经由宣府、大同劫掠京畿地区，京师告急。八旗兵共十万将京师附近洗劫一空，克十二城，虏获人财无数。卢象升进京时清军已经撤离。他们将抢来的汉族民间美女浓妆艳抹置于车上，奏着盛乐如同凯旋，还高举"各官免送"的木板。明朝的官兵却很有礼貌，跟在后面目送清军满载着子民金帛退出关外。九月二十二日，朝廷任命卢象升为总督宣（府）、大（同）、山西军务，卢象升要求和崇祯面谈治理国家的策略，没有获得同意。

这个时期的卢象升是非常寂寞与痛苦的。他在给外舅的信中写道："甥以孑然一身，独处大风波患难之中，万死一生，为朝廷受任讨贼之事。海内竟无一人同心应手者，唯见虚谈横议之徒，坐啸画诺之辈，望恩修怨，挟忿忌功，胸鲜隙明，喙长三尺，动辄含沙而射，不杀不休。若非圣天子明察贤奸，任人不贰，则甥已早毙于刀锯鼎镬之下矣。"

他的寂寞，在于"国家无道，满地是小人"。岳武穆说文官不爱钱，武将不怕死，则天下太平。那时候恰好是满天下文官爱钱，武将怕死。

当时东北关外的大凌河已经失守，但松山锦州仍在，山海关防线仍很牢固。宣府、大同一带则形同虚设。在他的努力下，形势渐渐好转。第二年，军区屯田的粮食大丰收，崇祯谕令九边皆要学习卢象升的榜样。

当李自成等人正在商洛山区休整的时候，明朝东北边境的形势越来越紧张。自从熊廷弼、袁崇焕被冤杀以后，明朝在东北没有得力将才。清军曾一再派兵进关，掠杀人口和牲畜。公元1638年，清太宗派亲王多尔衮率领大军第四次远征。清军直达北京外围，京城形势危急。明王朝内部意见分歧，有的主张抵抗，有的主张讲和。崇祯帝也拿不定主意，一面号召全国兵马援救京师；一面又让兵部尚书杨嗣昌和宦官高起潜秘密派人去东北找清朝试探求和。他听说总督宣府大同地区军务的卢象升是个将才，就把卢象升召到京城，命令他总督全国援兵。

杨嗣昌对卢象升阻挠他的和议，心里恼恨。他说动崇祯，将援兵一分为二，卢象升名为总督天下兵马，但根本调动不了其他人的兵马，实际上只掌管两万兵马。他定下的几条用兵策略一条也没法实现。卢象升由涿州进据保定，命令诸将分道出击，在庆都和清军主力大战，小胜之。当时编修杨廷麟上疏言："南仲在内，李纲无功；潜善秉成，宗泽殒恨。国有若人，非封疆福。"算是对杨嗣昌一针见血的讥讽。结果杨嗣昌大怒，向崇祯帝诬告卢象升指挥不当，撤了他的职，要他戴罪立功。杨嗣昌还把卢象升仅有的两万人马又分出一半给别的将领管辖，保定巡抚张其平也拒不发饷。

卢象升到了巨鹿，兵力只留下五千。那时候，高起潜带领的人马就驻在离巨鹿只有五十里的地方，卢象升派人向高起潜求援，却遭到高起潜的拒绝。

他曾经任大名道、大名三府的百姓听说了，一齐叩军门请他转驻广德、顺昌待机克敌，说："天下汹汹且十年，明公出，万死不顾一生之计为天下先。乃奸臣在内，孤忠见嫉。三军捧出关之檄，将士怀西归之心，栖迟绝野，一饱无时。脱巾狂噪，云帅其见告矣。明公诚从愚计，移军广顺，召集义师，

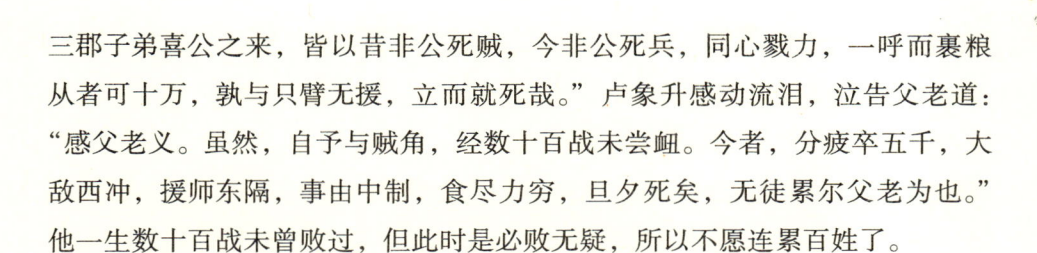

三郡子弟喜公之来，皆以昔非公死贼，今非公死兵，同心戮力，一呼而裹粮从者可十万，孰与只臂无援，立而就死哉。"卢象升感动流泪，泣告父老道："感父老义。虽然，自予与贼角，经数十百战未尝衄。今者，分疲卒五千，大敌西冲，援师东隔，事由中制，食尽力穷，旦夕死矣，无徒累尔父老为也。"他一生数十百战未曾败过，但此时是必败无疑，所以不愿连累百姓了。

卢象升孤军作战，十分困难，由于杨嗣昌的破坏，粮饷也接济不上，将士们饿得发慌。

一天早晨，卢象升走出营门，向四周将士作揖说："我们受国家的恩，只怕不能为国牺牲，不要怕活不了。"将士们听了，个个感动得掉泪。

卢象升把五千残兵分成三路，命令将军虎大威、杨国柱分别率领左右军，他自己带领中军，和清兵激战了一阵，杀退了一批清兵。

到了那天半夜，明营四周响起了觱篥（古代一种管乐器）声，几万清军骑兵把明军围得水泄不通。虎大威带兵突围，被清兵压了回来。卢象升大声喊道："虎将军，我们为国尽忠的时刻到了！"

将士们齐声响应，喊杀声震天动地，战斗从早上一直到晚上，卢象升身上中了四箭，受了三处刀伤，杀得像血人一样。他还拼命格斗，杀了十几名清兵，终于倒下。

卢象升死时三十九岁，经常有人把卢象升和岳飞相比，比如晚清黄道让的挽联有"数三十九岁名将，岳家哀，卢家尤哀"之语。

（清）周小棠题宜兴卢忠肃公祠：

尽瘁鞠躬，死而后已，有明二百余年宗社，系之一身，望旌旗巨鹿城边，讵知忠孝精诚，赍志空期戈挽日；

成仁取义，没则为神，惟公三十九岁春秋，寿以千古，撷芹藻斩蛟桥畔，想见艰难砥柱，感怀那禁泪沾襟。

而《明朝那些事儿》中则用"故君子和而不流，强哉矫；中立而不倚，强哉矫；国有道，不变塞焉，强哉矫；国无道，至死不变，强哉矫"来评价卢象升。

第十一章　素隐：遵道而行，依乎中庸

【原典】

子曰："素隐行怪，后世有述焉，吾弗为之矣。君子遵道而行，半途而废，吾弗能已矣。君子依乎中庸，遁世不见知而不悔，唯圣者能之。"

【译释】

孔子说："有的人寻求那些隐僻的道理，做些怪异的行为，想以此欺世盗名，求得名留千古，或被后人所记述，而我是不屑于那样去做的。君子顺着大道前进，即使有人半途而废，我也不能停滞不前。君子依循中庸之道，埋没在世上不被人知道也不后悔，只有圣人能够这样。"

解 读

1. 欺世盗名者不得善终

孔子处在春秋战国时代，他怀着悲天悯人的慈悲胸怀，向君王诸侯们不遗余力地宣扬"仁爱"，欲建立仁、义、礼、智、信的理想大同世界，从不欺世盗名。因此，孔子年迈而逝时，不仅得到了善终，他的思想和理论也能留传后世千秋万代。

在战国末期，有一个人物叫吕不韦，他本身也为秦国统一做出了很大的贡献，他也组织大量人才，一同编写了包含政治、经济、军事、文化各方面内容的《吕氏春秋》，想以此求得名留千古。但在对后世文化以及政治的影响上，却始终无法与孔子同日而语。让我们来看看吕不韦的一段故事吧：

秦昭王四十年（公元前267年），太子死了，昭王立其次子安国君公子柱为太子。安国君有二十多个儿子，排行在中间的，有一个叫异人的，是夏姬所生，不受宠爱，被送到赵国做人质。由于秦国屡次攻打赵国，赵国人对异人很冷淡，根本不加礼遇。

一个偶然的机会，正在赵国都城做生意的吕不韦见到了异人。当时，异人落魄失意，穷困潦倒，车辆破败，财物匮乏。吕不韦早就预见到秦国有统一六国的可能，早就想插手秦国的事务，在政治上捞一把。如今，机会来了，面对异人，他意识到自己终于找到了一个切入点和突破口。

他禁不住惊叹："奇货可居！"

吕不韦是商人，"奇货可居"，是本色的话。他认为异人如同稀奇的货物，可以囤积起来，伺机以高价卖出。

吕不韦去正式拜见异人。开门见山，他向异人保证："我，吕不韦，能光大你的门庭！"异人怀疑，笑道："算了，你该先去光大自己的门庭，再来光大我的！"

吕不韦说："你有所不知，我的门庭需要等你的门庭光大之后，才有可能光大。"

异人有点领会了，便跟吕不韦长谈，推心置腹，谈得投机而深入。

吕不韦分析道："如今秦王年事已高，你的父亲安国君正为太子。安国君非常宠爱华阳夫人，而华阳夫人却没有儿子。你们兄弟共二十多人，你在中

99

间,不受宠爱,而且长期滞留赵国为人质,将来国君去世,安国君继位,你仍不会有机会做太子。因为你没法跟你的嫡长兄以及其他天天在你父亲安国君身边的兄弟们相比。"

"你说得很对。"异人同意吕不韦的分析,并且请教方略:"可是,我应该怎么办呢?"

吕不韦毫不保留,倾囊相授:"能够在立继嗣的问题上影响安国君起大作用的人,只有华阳夫人。如今你穷困不堪,羁留在外,没有财力周旋亲友、结交宾客。我虽然并不富裕,但愿意拿出千金给你当资本,并且替你到秦国去游说,使你得以亲近华阳夫人,争取立你为继嗣,将来也好继承大统。"

异人当然高兴:"如果你的计策成功,我愿意和你共有秦国。"

吕不韦说了就做。他果然拿出千金,一半赠给异人,让他结交宾客,广延声誉;一半用以购买珍奇好玩之物,由自己携带,西行入秦,为异人去活动,去做那投机事业。

吕不韦进入秦国国都咸阳,先设法拜见华阳夫人的姐姐,买通关节,然后便把所携的珍宝全都献给了华阳夫人。他向华阳夫人夸赞异人,说他又有才又能干又聪明,结交的宾客遍天下。他还说异人把华阳夫人看成天一样,说异人日夜伤心,想念安国君和华阳夫人。华阳夫人非常高兴。

吕不韦乘机劝华阳夫人的姐姐向华阳夫人进言:"世上所有用美色来侍奉人的,色衰自然被淡漠。现在夫人您侍奉太子,虽然甚得宠爱,可惜没有儿子。将来身后无人继承,终归冷落。为今之计,不如早一点在众子中过继一位有才能而又孝顺的,把他立为嫡嗣。这样一来,丈夫在时,受到尊重,丈夫死后,自己的儿子继立为王,也不至于失势。这是所谓一言而能得到万世之利的事儿，何乐而不为呢？眼下异人就是个合适的人选。他有才能，但他生母和他本人都不被宠爱，依次序绝不可能被立为嫡嗣。如今，他愿意依附您，如果您这时提拔他，他定会终身感念您的恩德！"

这一席话，点醒了华阳夫人。于是，当太子闲暇时，华阳夫人曲意侍奉，并非常巧妙地夸赞在赵国做人质的异人，说他特别贤能，有才干，来来往往的人都敬重称誉他。说着，华阳夫人还流下了眼泪："贱妾忝列后宫，不幸无子，希望能以异人为嫡嗣，也好使我安然有托。"

安国君经华阳夫人一说，当下应允。于是便刻符立约，以异人为嫡嗣。他们还托吕不韦送了好多东西给异人，并且命吕不韦辅助他。从此，异人在秦国声名鹊起。在这个过程中，吕不韦几乎把全部家当都赌了进去。

吕不韦娶了邯郸城中最有姿色最善舞蹈的女子，同居后，知道她有了身孕。

有一天，异人到吕不韦家中饮酒，发现了这女子。异人特别喜欢，竟然站起来给吕不韦敬酒，请吕不韦割爱，将此女让给自己。

吕不韦很生气，但转而一想，为了能通过这"奇货"钓到大鱼，已经花费了太多财力与精力，如今不能因小失大，如果能与异人共有秦国，金钱、美女还不是九牛一毛吗？便慨然同意。因此，异人对吕不韦更加感激，而吕不韦则暗自欣喜。

此女到异人处后，隐瞒了自己已有身孕的事，过了几个月，生下了一个儿子，起名叫政，这便是后来的秦始皇，异人立此女为夫人。

秦昭王五十年，秦国进攻赵国邯郸。形势紧急，赵国欲杀异人以泄愤。异人在吕不韦的帮助下，给守城的官吏送了重金才得以逃到秦国军营，然后回到秦国。

赵国人又想杀害异人的夫人和儿子，幸亏异人夫人的母家颇有权势，这才得以保全性命。

公元前251年，秦昭王在位56年去世。安国君即位，立华阳夫人为王后，立异人为太子。赵国也把异人的夫人及儿子嬴政送回秦国。

安国君在位一年去世，谥号是孝文王。太子异人继承王位，就是庄襄王。

庄襄王尊嫡母华阳夫人为华阳太后，尊生母夏姬为夏太后。这使两位太后都对吕不韦感激不已，吕不韦一下成为举国显要的人物。

庄襄王初一继位，就任用吕不韦做宰相，封他为文信侯，其封邑达10万户之多。事情的发展按吕不韦事先设计的那样进行着。他用千金赌来了一个宰相之位和10万户的封地。庄襄王在位三年就死了。公元前246年，太子嬴政继位为王，尊奉吕不韦为相国，总理国家大事。赵姬让嬴政尊称吕不韦为"仲父"，意为嬴政的第二个父亲，事实上他已操纵着整个秦国的政权。

嬴政初登王位时，吕不韦与赵太后当政，成了秦王潜在的最大政敌。后来吕不韦野心日益膨胀，执掌国家最高权柄，对天下苍生拥有生杀予夺的大权。他轻而易举地以叛国罪处死了嬴政的弟弟、年仅20岁的秦公子成蛟。再加上赵太后宠信长信侯嫪毐，逐渐形成了另一股势力。吕氏集团与嫪氏集团在秦国一手遮天，根本不把秦王政放在眼里。残酷的现实令秦王政悲愤难平，却又不能不提心吊胆。

外面风传嬴政是吕不韦和赵太后的私生子，嬴政并不理会这些，关于自己的身世，他只能假装糊涂。这样装糊涂反倒会使他省心一点，以免惹出许多不必要的麻烦。这正是他的聪明之处，即使早知道了其生父是吕不韦，出于政治的需要，他也会在天下人面前做出一副与吕氏毫不相干的姿态来。

秦王政十年（公元前237年）十月，嬴政羽翼已丰。吕不韦刻意推出《吕氏春秋》为自己宣传，而嬴政却不吃这一套，写信质问他对秦国有多大贡献，竟敢自称"仲父"，把他流放到四川。吕不韦接到命令后，知道自己的希望彻底破灭了。他沮丧到了极点，不久，便饮毒酒自杀了。

2. 半途而废者难以成功

君子遵循大道去行事，绝不能半途而废。很多人都有良好的初衷，都怀着远大的理想，而且痛下决心要去坚守他的道义，可惜半途而废的人比比皆是，走到终点的人却非常的少。对半途而废的情况，孔子说，"吾弗能已矣"，我是不能像这样停下来的。他既不赞成那些奇怪的言论和行动，也不赞成半途而废，以及有好的愿望而没有好的结果的事情。

东汉时，河南郡有一位贤惠的女子，人们不知她叫什么名字，只知道是乐羊子的妻子。

一天，乐羊子在路上拾到一块金子，回家后把它交给妻子。妻子说："我听说有志向的人不喝盗泉的水，因为它的名字令人厌恶；也不吃别人施舍而呼唤过去吃的食物，宁可饿死，更何况拾取别人失去的东西，这样会玷污品行。"乐羊子听了妻子的话，非常惭愧，就把那块金子扔到野外，然后到远方去寻师求学。

一年后，乐羊子归来。妻子跪着问他为何回家，乐羊子说："出门时间长了想家，没有其他缘故。"妻子听罢，操起一把刀走到织布机前说："这机上织的绢帛产自蚕茧，成于织机。一根丝一根丝地积累起来，才有一寸长；一寸寸地积累下去，才有一丈乃至一匹。今天如果我将它割断，就会前功尽弃，从前的时间也就白白浪费掉。"

妻子接着又说："读书也是这样，你积累学问，应该每天获得新的知识，从而使自己的品行日益完美。如果半途而归，和割断织丝有什么两样呢？"

乐羊子被妻子说的话深深感动，于是又去完成学业，七年后，学有所成才回家，后得到魏文侯重用。

在现实生活中，我们总是抱怨这个世界提供给我们的机遇太少，而一旦机遇来了，抓住了，又抱怨成功太难。尽管我们曾经投入过、拼搏过，但就在成功即将来临的时候，我们却退却了，放弃了。

有一幅漫画：一个挖井人，他一连挖了好几口井，都没有看到水，并不是没有水，事实上他只要将其中任意一口井再往深挖一点点就行了，但他没有，结果所有的工夫都白费了。

有一个商人，当有人问其成功的秘诀时，他说秘诀就是：再添一把柴。

当初，他被聘到城里一家电脑配件公司做销售业务。半年过去了，他除了在店里卖一些配件外，竟没有和一家单位达成业务联系的意向。此时，配件店里的货物积压严重，资金周转越来越困难。而祸不单行的是，有一次，因不熟悉业务，他进的一批电脑配件全都是即将淘汰的产品，也就是说他拿钱换了一堆废品。他绝望之极，回到了农村老家，想好好反省自己。

刚进门时，他看见母亲正在灶台前烧开水，灶台上已冒出了层层热气，再添一把柴这水便可烧开了。他舔了舔干枯的嘴唇，想这水烧开后正好可以泡一杯茶喝。

他把遭遇告诉了母亲，母亲听完后，并没有说什么，只是把灶膛里燃烧得正旺的柴火全给拨拉了出来，锅里已经快开始翻滚的水立即平息下去了，原来笼罩在锅盖上的热气也很快消失殆尽。

"妈，再添一把柴就可以烧开了啊。"他以为是自己的遭遇刺激了母亲，急得在一旁叫道。

谁知母亲却说："我知道，再添一把柴就可以把这水给烧开了，你不也一样？"

顿时，他一阵脸红，想不到平时没见过大世面的母亲却是这般的睿智。那天，他并没有在家里多做停留，而是赶回了城，重新振作精神开始了工作。几年过去了，那座城市里大部分电脑配件店都是他开的。

每次讲起自己的成功经历，这位商人总会说起母亲对他说的那句话"再添一把柴"。他说，是这句话给了他成功的动力，促使他继续拼搏。

在人生的旅途中，我们总会怨天尤人，抱怨成功太难。虽然我们曾经努力过、奋斗过、付出过，但在成功即将来临的那一刻，我们却退缩和放弃了。其实，有时成功真的离我们只有一步之遥，离我们只有一把柴的距离。再添一把柴，就能使九十九摄氏度的水达到沸点，那成功耀眼的光环就会落到我们的头上。

许多人常半途而废，其实，只要他们再多花一点力量，再坚持一点点时间，那些已经花下大工夫争取的东西就会得到。可惜，当目标就要达到时，他们却一下子放弃了。

每个心中有抱负的人都期盼着成功。他们拿着各种令人羡慕的文凭，以为成功的秘诀就是实力。然而，在人生的许多时候，成功不仅取决于我们的实力，更取决于我们的执著和坚持精神。人的一生很短暂，但现实的诱惑却比比皆是，如果我们被这些诱惑所羁绊，那就什么目标也不会实现；如果我们能够坚持不懈地奔向目标，那就没有什么做不到的事。

可以说，无论一个人多么聪明，多么有才华，如果没有坚持到底的恒心，那么他将一事无成。任何一个成功的人，都对自己的能力、实力等有一个准确的定位，他会对自己所具备的能力非常自信，这样即使面临无比巨大的困难，他也不会像懦夫一样逃避，而是勇敢地面对，积极地寻找解决问题的办法。

提到诺贝尔这个名字，全世界几乎无人不知。以他的名字命名的诺贝尔奖是世界最高荣誉之一。

热爱发明的诺贝尔19岁时就开始细心研究硝酸甘油。由于它呈液化状态，稍有不慎就会发生可怕的爆炸。

经过多次努力，诺贝尔将硝酸甘油装入小玻璃管，再放进一个铁罐里，四周塞满黑色火药，然后用导火线点火。"轰"的一声巨响，试验成功了！这种能使火药完全爆炸的小玻璃管，便是诺贝尔发明的"雷管"。

雷管诞生后，诺贝尔计划建立一个工厂，生产硝酸甘油。为了筹措资金，诺贝尔前往法国，拜访巴黎银行，向他们说明他从事的是一种具有伟大远景的事业。但是，没有一家银行愿意贷款给他。后来，因法国皇帝拿破仑三世对他的发明很感兴趣，诺贝尔获得了10万法郎的贷款。

1863年，火药工厂正式开始制造硝酸甘油。不料由于大意，9月3日这天，发生了爆炸，工厂成了一片废墟。他们从残留的灰烬中找到五具遗骸，其中一具便是诺贝尔最疼爱的小弟艾米尔。

巨大的不幸发生后，父亲病倒了，母亲终日以泪洗面。诺贝尔也是万分悲痛。后来他从悲伤中振作起来，并立下一个宏愿："我一定要找出硝酸甘油最安全的使用、存放和大量制造的方法。"

由于爆炸事件造成的影响，政府部门严禁诺贝尔火药工厂复业，且要求他们不得在离市区5公里内做这项危险试验。诺贝尔于是到乡下去寻找用地，但人们都避之唯恐不及，诺贝尔只好买了一艘大船作为工厂，到一个大湖上做试验。尽管如此，其他船只上的人因上次的爆炸事件而心惊胆寒，不让诺贝尔的"水上工厂"靠近，诺贝尔不得不经常改变停泊位置。

经过努力，硝酸甘油终于被生产出来了。但因为爆炸事件，无人敢买。诺贝尔于是亲自做示范演示，让人们知道这是一种安全可靠的炸药。大家目睹了他的示范演示，疑虑渐消，工厂的订单源源而来。

但是，不利的消息也在各处流传……

有一位德国旅客到纽约，外出时把一个小盒子存放在旅馆服务台。服务员不知道盒内装的是硝酸甘油，随手放在椅子下面。不久小盒子往外冒黄烟，服务员惊慌之余，拿起盒子就往马路上丢，眨眼间，就引起了一场大爆炸。附近一带民房的门窗玻璃全被震破，而马路上丢盒子的地方被炸成了1米深的坑！

1866年3月，巴拿马一艘名叫"欧洲号"的轮船离港时，船板上的硝酸甘油爆炸又造成十四人死亡……

接二连三的爆炸灾害，引起人们的极大恐慌，致使各国都严格禁止硝酸甘油的贮存和制造。

这些打击和不绝于耳的责难，并没有使诺贝尔灰心丧气。他想起那些无辜的被炸死的人们，想起可怜的弟弟艾米尔，暗暗下定决心，一定要研制出十分安全的硝酸甘油炸药来。经过无数次试验，他终于研制出一种用雷管引发的、固体状态的硝酸甘油炸药。

这年10月，德国组织了一个硝酸甘油炸药审查委员会，对诺贝尔所制造的炸药在安全性和威力方面做了全面的安全审查。审查后全体委员一致认为：这是一种成功的产品，在使用和运输方面都可以绝对放心。

经过不懈的努力，第二年年初，德国矿业界人士前来大批订购硝酸甘油炸药。接着，法国、英国也来采购，连诺贝尔的祖国瑞典也订购了。

一度被视为可怕的危险物品，成为了赐福人类的大功臣。

硝酸甘油炸药的发明促进了世界科技的快速进步。诺贝尔的克鲁伯火药工厂在不断地扩展着。到1874年，硝酸甘油炸药的供应量达3120吨。

持之以恒、坚持不懈虽然不代表就是胜利，但它一定是胜利前的曙光；它不是最终的成功，但确实是成功前的希望火把，它能够一直把你带到美好的未来！

古今中外，那些取得杰出成就的人，无不在称颂坚持的重要性。只要我们拥有这种勇气与豪情，拥有这种韧性，世界上就没有翻不过的山，没有战胜不了的困难！

3. 不争不斗，不喜不厌

　　孔子主张，要依照中庸之道去行，遁世隐居，不为人知，但却不会后悔。真正的君子，应泯灭是非之心、名利之心、夸张之心以及过分作秀之心，而回归到一片平常心。不争不斗，不喜不厌，无生死之忧，不知老之将至，这才是孔子要坚守的中庸，是君子应该真正做到的。

　　李泌还是一位少年时，就因其出色的德行而闻名于朝廷。唐玄宗要任命李泌为太子李亨的官属，他辞谢了，只愿以布衣的身份与太子来往。别人都说："这个李泌真傻，做太子的官属，将来就是太子的重要谋臣，日后肯定能有很好的前途，放着阳光大路不走，偏走羊肠小道。"

　　安史之乱时，新即位的李亨（肃宗）特意派使臣去请李泌出山，并要任命他为宰相，让他辅政治国，他又坚决辞谢了，对唐肃宗说："陛下以宾客、朋友的身份对待我就可以了，这不是比宰相的位置还好吗？请别勉强我了。"别人都议论说："这个李泌，真是傻到家了。宰相之位一人之下万人之上，有多少人做梦都想当宰相，争都争不上，他却不做。"

　　肃宗没有办法，也只好由着他，但对他的尊宠信赖，可谓非同寻常。朝中事无巨细，全都请教他，对他言听计从，甚至连元帅、宰相的任免，以致太子的人选，也都要听从他的意见，真是所谓不在其位而谋其政。

　　当唐朝的军队收复了失陷的长安，平定安史之乱的斗争取得了巨大的胜利之后，李泌便向肃宗请求还山归隐。他说："我已经报答了陛下对我的厚恩，如今重新做一个闲散之人，没有比这更快乐的事了。"

　　这使唐肃宗十分吃惊："我与先生这几年来共同历经忧患，如今将要同享欢乐，先生为什么突然要离我而去呢？"

　　李泌严肃地说："我有五条不能留下来的理由，恳请陛下任凭我离去，使我免于一死！"

肃宗不明白，问道："此话怎讲？"

李泌说："我同陛下相知太早，陛下对我倚托太重，宠信太深，我的功劳又太大，行为又太不一般。这五条正是我不能久留的理由。"肃宗没有表态，只是说："该睡觉了，这事以后再说。"

李泌坚持说："陛下如今与臣同榻而卧，臣的请求还不能得到批准，更何况将来在朝堂之上，公案之前！陛下不许臣离去，这无异于要置臣于死地！"

肃宗说："没想到你对我疑惧到这个地步，哪有像我这样对待你而又会干出杀你的事来的人呢？你简直把我看成是只可共忧患而不可共安乐的勾践了！"

李泌说："正因为陛下不会杀，臣才请求归隐，若是陛下决定杀臣，臣又怎敢说话？而且杀臣的不是陛下，而是那五条原因，陛下一向待臣如此之好，臣有些事情还不敢说，将来天下安定之后，臣就更不敢说话了！"

肃宗见挽留不住李泌，就赐他三品官的俸禄，并在衡山为他建了房舍。

到了唐代宗、唐德宗时，朝廷都曾派人以高官相邀，李泌都辞谢了，只是偶尔出些计策，随后便又辞官职而去。

由于李泌不惑于富贵，立功而不求官，名成而不恋位，颇合于孔子所提倡的"依乎中庸，遁世不见知而不悔"的精神，所以便成为儒教所推崇的君子典范。

第十二章　费隐：君子之道费而隐

【原典】

君子之道，费而隐。夫妇之愚，可以与知焉，及其至也，虽圣人亦有所不知焉。夫妇之不肖，可以能行焉，及其至也，虽圣人亦有所不能焉。

天地之大也，人犹有所憾。故君子语大，天下莫能载焉；语小，天下莫能破焉。

《诗》云："鸢飞戾天，鱼跃于渊。"言其上下察也。君子之道，造端乎夫妇，及其至也，察乎天地。

【译释】

君子所操守的中庸之道，作用广大无涯而本体精微奥妙。普通男女虽然愚昧，但是对于浅近的道理他们也是可以知道的，但若要探讨这些道理的最精微之处，那即使是圣人也会有不知道的奥秘。普通男女虽然不贤，但是对于浅近的道理他们是可以实行的，但要达到这些道理的最高标准，那即使是圣人也会有不能达到的境界。

天地是如此辽阔广大，但人们对天地还有不满意的地方。因此对于中庸的道理，谈到它的大处，天下没有什么能载得起它，谈到它的小处，天下没有什么能剖析得了它。

《诗经》里说："老鹰高飞上青天，鱼儿跳跃入深渊。"这两句诗比喻中庸之道，上能达于天空，下能及于深渊。君子所操守的中庸，是从普通男女知道的浅近道理开始的，推究深奥处，达到最高境界，便显明昭著天地之间，无处不在，无所不包。

解读

1. 中庸之道既易又难

这一章另起炉灶，回到第一章"道也者，不可须臾离也，可离非道也"进行阐发，以下八章（十三至二十章）都是围绕这一中心而展开的。

中庸，是人的品德和处理事务的能力，而把握中庸之道是既容易又艰难的事。虽然人由于实际需要，不得不在某种程度上遵循"道"，但是并不是所有人都能完全地遵循之。所以，固然没有人能够完全不顾中庸而在社会中生活，可是同时也只有极少数的人能够完全符合中庸提出的条件。教化的作用，就是使人把事实上已经不同程度地在做的事做完全。

所以《中庸》说"君子之道费而隐"。什么意思？既广大，又细微，既明白又隐晦，既浅显易行，又深奥难行。中庸的道理，简单易懂，即使是普通的男人女人，也可以理解。但是，中庸的道理，在最深奥之处，即使是圣人，也有弄不明白的地方。中庸的道理，即使是普通的男人女人，也可以实行，但在最深奥之处，即使是圣人，也有实行不了的。所以说："天地之大也，人犹有所憾，故君子语大，天下莫能载焉；语小，天下莫能破焉。"天地广大，人犹感到有许多不完美。因此，说中庸之大，道理宏伟，天下都装不下，说小，隐秘深奥，全天下都不能破解。

中庸之道，大，可以观察宇宙；小，可以解剖分子原子。无处不用中庸，无处离不开中庸。用今天的话来说，中庸既是民众文化又是精英文化。无论我们社会上哪一行业的人，人人都可以学。为什么呢？人人都有中庸之道，中庸之道就是"率性之谓道"，"率性"的性就是"本性"，人人本来就有，本来就有这个"本性"。你处处都在待人接物，自己日常的生活，一言一行，都要处处合乎"本性"，这是人人可以办得到的。所以讲"君子之道"存诸百姓人伦日用中，是一种民众文化。

但中庸之道又超乎人伦日用。这个"超乎"，即在于此精英层面对民众层面的一种反思、自觉、提升、点化的超越作用。二者在这种相成互动的张力关系中，适构成一种良性的、活生生的文化生命存在。

所以中庸具有"费而隐"的特点，即作用很广大，但同时隐微难见。它的最高境界昭著于天地。对于文化不高的普通人都可以学会；至于完全达到中庸，即使圣人也会有做不到的地方。中庸之道从大的方面讲，天下虽大也难以承载；从小的方面讲，世上没有人能彻底明了。这里面明确地提出了中庸之道既是可行的，又是不断发展的，绝不是一成不变的僵化之道。

2. 努力摆脱一知半解

中庸之道有普遍的适应性，连普通男女都可以知道，可以学习，也可以实践。不过，知道是一回事，一般性地实践是一回事，要进入其高深境界又是另一回事了。所以，道又必须有精微奥妙的一方面，供德行高、修养深的学者进行深造，进行创造性的实践。

道是如此，世界上的许多事情也都是如此。说到唱歌，卡拉OK谁都可以来上几句，但要唱出歌星级水平可就是另一回事了；说用计算机打字，坐下来一两个小时，一个完全的外行也可以打出一串字符来，可要成为计算机专家就是另一回事了；说到下棋，知道下棋规则，棋瘾大得不可思议的人满街都是，可要成为一名真正的棋手就是另外一回事了。诸如此类，不胜枚举。

凡事都有一知半解与精通的区别，匹夫匹妇与"圣人"的分别也就在这里。

许多人都曾为一个问题而困惑不解：明明自己比他人更有能力，但是为什么成就却远远落后于他人？

不要疑惑，不要抱怨，而应该先问问自己一些问题：

（1）自己是否像画家仔细研究画布一样，仔细钻研过职业领域的各个细节问题？

（2）为了增加自己的知识面，你认真阅读过专业方面的书籍吗？

如果你对这些问题无法做出肯定的回答，那么这就是你无法取胜的原因。

无论从事什么职业，都应该精通它，而不是一知半解。勤于钻研，下决心掌握自己所在领域的所有问题，就可以使自己变得比他人更精通。如果你是工作方面的行家里手，精通自己的全部业务，就能赢得良好的声誉，也就拥有了一种脱颖而出的秘密武器。

现在的社会，最需要做到的就是"精通"二字。大自然要经过千百年的进化，才长出一朵艳丽的花朵和一颗饱满的果实。

当你精通你的业务，成了你那个领域的专家时，你便具备了自己的优势。

成为专家要尽快。这里我们强调"尽快"，并没有一定的时间限制，只是说越早越好。两年不算短，五年也不能说长，完全看你个人的资质和客观环境。但如果拖到四五十岁才成为专家，总是慢了些，因为到了这个年龄，很多人也磨成专家了。因此"尽快"两个字的意思是——走上社会后入了行，就要毫不懈怠，竭尽全力地把你那一行钻研清楚，并成为其中的佼佼者。如果你能这么做，很快就可以超越其他人。

一般来讲，刚走入社会的年轻人心力还不十分稳定，有的忙于玩乐，有

的忙于谈情说爱，真正把心力放在钻研工作上的不是很多，很多人只是靠工作来维持生计，一心想成为专家的则更少了。别人在玩乐、悠闲，这不正是你的好时机吗？苦熬几年下来，你累积了自己的实力，超乎众人，他们再也追不上来，而这也就是一个人事业成就高低的关键。

那么怎样才能尽快在本领域中成为专家呢？

首先，选定你的行业。你可以根据所学来选，如果你现在的工作没有机会"学以致用"，也没有关系，很多有成就的人所取得的成就与其在学校学的专业并没太大关系。不过，与其根据学业来选，不如根据兴趣来定。不管根据什么来选，一旦选定了这个行业，最好不要轻易转行，因为这样会让你中断学习，减弱效果。每一行都有其苦乐，因此你不必想得太多，关键是要把精力放在你的工作之上。

其次，勤于钻研。行业选定之后，接下来要像海绵一样，广泛摄取、拼命吸收这一行业中的各种知识。你可以向同事、主管、前辈请教，这也是一种学习。另外可以吸收各种报纸、杂志的信息。此外，专业进修班、讲座、研讨会也要积极参加。也就是说，要在你所干的这一行业中全方位地深度发展。

最后，制定目标。你可以把自己的学习分成几个阶段，并限定在一定的时间内完成学习。这是一种压迫式学习法，可迫使自己向前进步，也可改变自己的习惯，训练自己的意志。然后，你可以开始展示自己学习的成果，不必急于"功成名就"，但一段时间之后，假若学有所成，并在自己的工作中表现出来，你必然会受到注意。

不过，成了专家之后，你还必须注意时代发展的潮流，还要不断更新提高自我，否则，你又会像他人一样原地踏步，你的"专家"水平就会打折扣了。

第十三章　不远：君子之行，安然守正

【原典】

子曰："道不远人。人之为道而远人，不可以为道。《诗》云：'伐柯伐柯，其则不远。'执柯以伐柯，睨而视之，犹以为远。故君子以人治人，改而止。忠恕违道不远，施诸己而不愿，亦勿施于人。君子之道四，丘未能一焉：所求乎子，以事父，未能也；所求乎臣，以事君，未能也；所求乎弟，以事兄，未能也；所求乎朋友，先施之，未能也。庸德之行，庸言之谨。有所不足，不敢不勉；有余不敢尽。言顾行，行顾言，君子胡不慥慥（zào zào）尔？"

【译释】

孔子说："道并不排斥众人。如果有人实行道却排斥了众人，那就不是道了。《诗经》上说：'砍伐木材做斧柄，斧柄与木材的差别并不远。'手持斧柄伐木，睨着眼儿视斧柄，还是觉得差得很远。君子用尊重、亲近人的原则去治理众人，只要改正过错就可中止。做到'忠'、'恕'，离道就不远了，不愿意别人加给自己的行为，也不要拿来施加给别人。君子之道有四个方面，我孔丘连一个方面都没能做到：要求儿子侍奉父亲应做的事，我没能做到；要求臣下侍奉君主应做的事，我没能做到；要求弟弟侍奉兄长应做的事，我没能做到；要求朋友做到的事，应先施给朋友，我没能做到。平凡的德行也要去实行，平淡的言谈也应该谨慎。人有做得不够的地方，不敢不努力弥补；

总保持最后有回旋的余地，不要做绝了。所言的要顾及所行的，所行的要顾及所言的，君子为什么不老老实实地做人和做事呢？"

解 读

1. 道不远人，远人非道

道不可须臾离的基本条件是道不远人。道的智慧虽然精深，但是我辈凡人还是可以体会的。实际上，真正的大智慧、大觉悟，就蕴藏在我们的身边。只要我们愿意，只要我们有了改进的态度并选择了有效的方式，对道的体会和获得并不困难。

道无处不在。从自然现象来说，满目青山是道，茫茫大地是道，浩浩长江是道，潺潺流水是道，青青翠竹是道，郁郁黄花是道，满天星斗是道，皓月当空是道，骄阳似火是道，好风徐来是道，皑皑白雪是道，细雪无声是道；从社会生活来说，信任是道，关怀是道，平衡是道，适度是道；从心理状态来说，安详是道，睿智是道，无求是道，无伪是道；从做人来说，善意的微笑是道，热情的帮助是道，无私的奉献是道，诚实的劳动是道，正确的进取是道，正当的追求是道；从审美意识来说，空灵是道，含蓄是道，淡雅是道……

你若带着慧眼寻找这些有关生命的真理，除了辨识和领悟外，就是认识那些在小事中说出道理的哲人，在道中阐释生活的智者。

所以，中庸之道不是空泛的，是人们可以掌握的，是我们体会中庸的必经之路。

《论语》中有"子贡问曰：有一言而可以终身行之者乎？子曰：其恕乎！己所不欲，勿施于人"，这是多么具体的指导；又有仲弓问仁，子曰："出门如见大宾，使民如承大祭。己所不欲，勿施于人。在邦无怨，在家无怨。"所说的又是多么全面而细致。

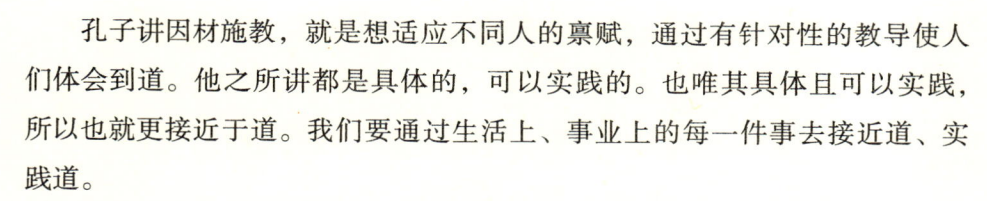

孔子讲因材施教，就是想适应不同人的禀赋，通过有针对性的教导使人们体会到道。他之所讲都是具体的，可以实践的。也唯其具体且可以实践，所以也就更接近于道。我们要通过生活上、事业上的每一件事去接近道、实践道。

道不仅是用来体会，还是用来身体力行的，而且不仅要身体力行，还要坚持如一，要以德义之勇坚持持守。所以才有"君子和而不流，强哉矫；中立而不倚，强哉矫；国有道，不变塞焉，强哉矫；国无道，至死不变，强哉矫"。

总之，中庸之道是朴素的、温暖的、贴近人心的，它历数千年社会变迁而永葆鲜活，就存在于我们身边，如果你得逢机缘接触到它，并且有足够的悟性领会了它，它就可以为你解忧，让你找到真实的自己，明确生活的方向。掌握住根本，然后实行之，就能真正体味到道。

2. 以尊重人的原则去治理人

孔子在这里讲到了为君之道，主张应该把各有所长的贤能人士请到自己的身边，给各种各样的贤才能人以必要的尊重，用尊重、亲近人的原则去治理众人。

战国初期，魏国是最强的国家。这同国君魏文侯（魏斯）尊重贤能是分不开的。他礼贤下士，知人善任，器重品德高尚而又具有才干的人，广泛搜罗人才，虚心听取他们的意见，善于发挥他们的作用。因此，许多贤士能人都到魏国来了。

魏国有一个叫段干木的人，德才兼备，名望很高，隐居在一条僻静的小巷里，不肯出来做官。魏文侯想同他见面，向他请教治理国家的方法。有一天，他坐着车子亲自到段干木家去拜访。段干木听到文侯车马响动，赶忙翻墙头跑了。魏文侯吃了闭门羹，只得怏怏而回。接连几次去拜望，段干木都不肯相见。但是，魏文侯对段干木始终非常仰慕，每次乘车路过他家门口，都要从座位上起来，扶着马车上的栏杆，伫立仰望，表示敬意。

有一次车夫问他："您看什么呢？"魏文侯说："我看段干木先生在不在家。"车夫不以为然地说："段干木也太不识抬举了，您几次拜访他，他都不见，还理他干什么！"魏文侯摇了摇头说："段干木先生可是个了不起的人啊，不趋炎附势，不贪图富贵，品德高尚，学识渊博。这样的人，我怎么能不尊敬呢？"后来，魏文侯干脆放下国君的架子，不乘车马，不带随从，徒步跑到段干木家里，这回好歹见了面。魏文侯恭恭敬敬地向段干木求教，段干木被他的诚意所感动，给他出了不少好主意。魏文侯请段干木做相国（当时一国的最高行政长官），段干木怎么也不肯。魏文侯就拜他为老师，经常去拜望他，听取他对一些重大问题的意见。这件事很快传开了。人们都知道魏文侯"礼贤下士"，器重人才。一些博学多能的人，如政治家翟璜、李悝，军事家吴起、乐羊等都先后来投奔魏文侯，帮助他治理国家，魏国很快就富强起来了。

除了尊重、亲近人，孔子还主张用人要讲究宽容，要"改而止"。

春秋时期，秦晋两国都是诸侯中的强国，都为称霸天下明争暗斗。秦穆公听说晋文公病死，就决计乘机攻打晋的盟国郑国，当时秦国的智囊人物都坚决反对。他们认为：郑国离秦千里之遥，奔袭郑国付出的代价太大。而且兴师动众，必然走漏风声，结果不会理想。但秦穆公感到，是他几次帮晋国平定了内乱，连其国君都是他立的。按理说，他应是诸侯之首领，但晋国并不认可。既然如此，何不以武力慑服呢？于是他固执己见，仍派孟明视为大将，西乞术、白乙丙为副将，率领大军，直奔郑国。当大军行至半路，郑国的牛贩子弦高听说去打自己国家，急中生智，牵来20头肥牛迎上前去，并声称郑国国君得知秦军出师，特派他前来慰问。孟明视误以为郑国已有准备，就对弦高说："我们此次出师，是进攻滑国的，与郑国无关。"随即改变计划，攻下滑城，灭了滑国。

与此同时，秦军出师的真实意图被晋国获悉。晋国新任国君晋襄公为提高自己的威信，并消除大臣们的惧秦心理，就亲率大军埋伏在崤山。待灭滑的秦军满载而归路经崤山时，晋军突然如从天降，迅猛冲来，秦军顿时大乱。晋军又乘胜追杀，秦军全军覆没，孟明视、西乞术、白乙丙也都做了俘虏。晋襄公本想杀掉孟明视等三员大将，但其后母文嬴是秦穆公的女儿，她劝襄公把他们放回了秦国。晋襄公乃至孟明视等人都满以为秦穆公会亲自杀掉败将，万没想到秦穆公不但不杀他们，还亲自到京郊远迎。孟明视等一见秦穆公，马上跪下请罪。而穆公赶忙把他们扶起来，还流着眼泪说："这都怪我当初不听大臣们的话，执意派兵，害得你们受委屈。"并表示："胜败乃兵家常事，望你们不忘国耻，发愤图强，以报仇雪恨！"随后继续让他们掌握兵权。孟明视等感动得热泪盈眶，发誓效忠君王，为国报仇。

此后，孟明视三人在秦穆公的大力支持下，招兵买马，很快又组建起一支新的队伍。一年后，孟明视认为可以对外作战了，就征得秦穆公同意，去报崤山之仇。结果，刚刚交战，就被晋军打得七零八散。孟明视异常悔恨，觉得无脸再见秦穆公，而秦穆公也不会再饶恕他。但当他灰溜溜返回秦国时，秦穆公依旧迎接他，仍把责任揽在自己身上，并让他一如既往地掌握军权。

两次的惨败，两次的宽容，极大地感动了孟明视。为了东山再起，他变卖家产，抚恤阵亡将士家属，亲自招募兵将进行训练，深入军营，与士兵同甘共苦。不久便又组建了一支纪律严明、士气旺盛、兵精将广的军队。两年后，他再次挥师东进，结果大获全胜，报了仇，雪了耻。

不以一失掩大德。秦穆公异乎寻常的举动，深深感动了孟明视等败将的心，他们怎能不奋勇杀敌、竭诚相报知遇之恩呢？

3. 忠恕之道与中庸之道

　　忠恕是孔子待人的基本原则，是一个问题的两个方面，所以孔子说是"一"以贯之，而不是"二"以贯之。

　　关于"忠恕"之道的意涵，《论语·卫灵公》篇有："子贡问曰：'有一言而可以终身行之者乎？'子曰：'其恕乎！己所不欲，勿施于人。'"由此可知，"恕"就是"己所不欲，勿施于人"。

　　"忠"与"恕"其实是一个道，故孔子说"吾道一以贯之"；若把"忠"与"恕"割裂开来，则"吾道"成为两道矣。在孔子的一道中，包含着"己欲立而立人，己欲达而达人"，"己所不欲，勿施于人"的统一而深刻的意涵。因此，"忠"与"恕"有着相互补充、相互规定、相互包含的意思。只有把"忠"与"恕"统一起来，既做到"己欲立而立人，己欲达而达人"，又做到"己所不欲，勿施于人"，才是孔子的"一以贯之"的仁道。

　　朱熹说："推己之谓恕。"其实。"推己"并没有把"恕"的意涵完全表达出来。"己所不欲，勿施于人"，包含着如何"推己"的重要思想，也就是说，"恕"之推己及人，强调的是不要强加于人。《论语·公冶长》篇载："子贡曰：'我不欲人之加诸我也，吾亦欲无加诸人。'子曰：'赐也，非尔所及也。'"这里的"加"即是侵加、强加之意。这段记载与《卫灵公》篇所记"子贡问曰：'有一言而可以终身行之者乎？'子曰：'其恕乎！己所不欲，勿施于人。'"当有直接的联系。"己所不欲，勿施于人"，其初始的意思当是：我不欲别人强加于我，我也不要强加于别人。

　　孔子认为，"恕"或"己所不欲，勿施于人"，此一言可以终身行之。又说："赐也，非尔所及也。"这是说，若要做到"己所不欲，勿施于人"，并不容易。因此孔子与子贡的两段对话都说明了"恕"之重要。在孔子的"忠恕"之道中，"恕"更为根本。有了"恕"，能做到"己所不欲，勿施于人"，则

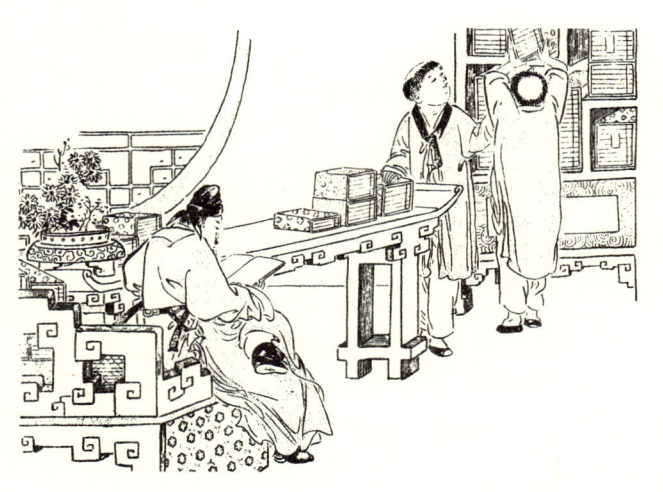

"己欲立尔立人，己欲达而达人"才是真正的"忠"。若无"恕"，将己之所欲或不欲强加于人，则其"立人"、"达人"就不是真正的使人有所"立"、"达"了。

《中庸》云："忠恕违道不远，施诸己而不愿，亦勿施于人。"可见，"忠恕"本是统一的，而"恕"亦可包含"忠"。也就是说，若真能做到"己所不欲，勿施于人"，则不仅可以谓之"恕"，亦可谓之"忠恕"。刘宝楠《论语正义》解释《颜渊》篇仲弓问仁，孔子回答之"己所不欲，勿施于人"，即谓："己所不欲，勿施于人，则己所欲，必有当施于人。"

总体来说，忠恕之道就是人们常说的将心比心，推己及人。所谓人心都是肉长的，自己想这样，也要想到人家也想这样；自己不想这样，也要想到人家也不想这样。

在"忠恕违道不远，施诸己而不愿，亦勿施于人"之后，又说"君子之道四"，即："所求乎子，以事父"（吾欲子之孝我，吾亦以孝父）；"所求乎臣，以事君"；"所求乎弟，以事兄"；"所求乎朋友，先施之"。这里包含了父子、君臣、兄弟、朋友之间的关系，此"君子之道四"都是从"忠恕"引申而来。

如果说恻隐之情是告诉我们要关心他人，那么忠恕却给出了明确的命令，告诉我们对他人应当做（或不做）什么。忠恕使恻隐变为明确的义务，使人上溯到思索他人痛苦的原因，从而抑制自己，不去成为他人痛苦的这种原因。"己所不欲，勿施于人"，我们在未听到这句话之前就感到这意思了，并在生活中常常实行它，我们在各种文明的基本经典中也都可以看到类似的表述，然而，我们却还是为我们的祖先自豪，因为，把这一道理如此鲜明有力地概括为一个定格于"义务"的理论并不容易,这一概括正是孔子的一个伟大功绩。我们可以说,忠恕的思想是孔子学说中一个非常光辉的思想,一个几乎无须转化就可为现代社会所用的思想,一种我们可以在今天继续发扬和光大的宝贵资源。

那么忠恕之道是否就是中庸之道呢?

孔子认为忠恕违道不远,说明忠恕之道并非就是中庸之道,但是它距离中庸之道已经非常之接近了,在一定程度上,一个人按照忠恕之道去做,那么其实就是在践履中庸之道了。在这里,如果非要对它们做一区分的话,我们可以说,中庸之道似是形而上之道,而忠恕之道则是形而下之人道。然而,形而上之道也是发端于形而下之人道的;而形而下之人道扩充推及,则可上达于形而上之道。所以孔子才说"君子之道,造端乎夫妇;及其至也,察乎天地"。

那么,是否就说明中庸之道要高于忠恕之道呢?也不尽然。中庸之道作为道来说是可以涵盖人道的,因为它下达于人,上达于天,是彻上彻下的。而忠恕之道则不然,它主要是就人道来说的,但人道是否就低于道呢?这是很难说的。因为这里的一个关键是牵涉个人觉悟的问题。中庸之道下达于人道,则在此意义上说道即是人道,人道即是道。但一个人能够做到按忠恕之道行事是否就说明他通晓道了呢?也未必。诚如他真的由忠恕之道领悟到中庸之道的话,那么就是说他的确做到了由人道而知道,在此意义上,我们可以说他理解的忠恕之道即是中庸之道。但如果这个人只知按忠恕之道行事,并未就此通达中庸之道,则我们认为他只是尽人道而并未达中庸之道。

4. 庸德之行，庸言之谨

孔子说："庸德之行，庸言之谨。"是说做人最平凡的行为我不敢马虎；最平常一句话我不敢乱说。

我们要想表现自己的德，并不等于说某人在前面掉进了河里，自己就跑去救人，这是见义勇为、英雄之举，的确很好，值得赞扬，但那只是在非常时刻，不可能每天都有人在你面前落水，我们大多数人的生活都是相对平淡的。因此在日常的生活之中，我们只能在"庸德、庸言、庸行"上来自我检点。

"庸德之行，庸言之谨"就是要让我们在日常生活之中做到仁义礼智信，并不是要谁去当英雄、当领袖，或是去当什么明星，不是要让谁在社会上耀眼得不得了，一是没必要，二是这样会使人很累，并过早地透支了自己的生命，如果我们想让自己的生命过得长久，那就必须要遵循"庸德之行，庸言之谨"。看看在监狱中或者被法院立案的那些人，还有被媒体曝光的有违法理伦常之人，就是因为他们偏离了"庸德之行，庸言之谨"，才会有这样的结局。

正所谓"病从口入、祸从口出"，那些吃过亏的人可能会心里有数，其实无非就是在日常生活之中，在语言上要平和一些，行为上要检点一些，少去与人口角争执，尽量避免打打杀杀，以免惹祸上身。所以我们每个人都要将

自己放在平常之上，在平常中享受生活，在平常中礼赞生命。只有在平常之中，我们的生命才能得到最好的释放，如果我们的生命进入了非常的环境，那可能也就不长了，只有真正地融入平常之中，我们的生命、我们的生活才能真正过得有滋有味。

如果发现自己落后了，发现自己与社会脱节，甚至有些格格不入的时候，怎么办呢？孔子说："有所不足，不敢不勉。"要加紧脚步跟上。

时代在发展，社会也在前进变化，总是在原地踏步是不行的。特别是现代社会，许多事情瞬息万变，如果你在原地踏步，社会的潮流就会把你抛在后头，后来之辈也会从你后面追赶过去，相比起来，你的成就在一段时间后根本就不是成就，甚至还有被淘汰的可能。

有没有问过自己：我这辈子只有这样吗？相信你会回答不是这样，因为每个人都有许多需要改善的地方。"有所不足，不敢不勉"就是要让我们时时保持一种自强不息的精神，要保持自己紧跟时代步伐的劲头，此外如果发现自己在思想上、性格上、知识上、意志上、道德上还有所不足，那就需要加以强化、提升。

5. 做人做事要收敛一些

孔子处处以"中"为则，并从诸多方面给我们说什么是"中"，什么是"庸"。前面说"有所不足，不敢不勉"，要时时勉励自己，紧接着又点出"有余不敢尽"，就是说，如果发现自己有过人的能耐，那最好收敛一些，含蓄一些。做人做事要保持最后有回旋的余地，不要做绝了。

李康在《运命论》中有云"木秀于林，风必摧之；堆出于岸，流必湍之；行高于人，众必非之"。人们常常说"枪打出头鸟"，如果太过冒尖，自然就很容易成为别人攻击的对象。这是自古以来，中国社会的特点之一。孔子这里提出"有余不敢尽"并不是说有力量不贡献，或者有智慧不发挥，那是

"不及",而是说不要"过",要"中",以确保太平。否则,很可能会惹祸上身。

年羹尧在雍正初年权重位高,远出众臣之上,他是雍正得以继位为帝的功臣,所以雍正把整个西部军政大权交给他执掌。后来,年羹尧又平定了青海罗卜藏丹津的叛乱,雍正帝封年羹尧为一等公爵。

但雍正帝是一个心思非常缜密的人。年羹尧以参与夺权密谋而身居高位,这本身就对雍正帝造成了极大的压力;年羹尧以封疆大吏而手握重兵,却又日渐骄横,更使雍正帝不能容忍。

年羹尧平定青海、西藏以后,奉圣旨班师回京。一路上年大将军抖擞威风,所过之处,凡供账稍不如意,不论文武官员,轻则捆打,重则砍头示众,一路骚扰到京郊。雍正帝率领百官前往郊外亲迎。文官自尚书、侍郎以下,武官自提督以下,一齐跪下迎接。君臣礼毕,雍正帝传令为年羹尧设宴接风。当时正值六月天气,酷热难当。行幄外数万兵士全身甲胄,挺立在烈日之下,任凭汗流浃背,纹丝不动,军容雄壮而严整。雍正皇帝见了,深深叹服年羹尧治军之严。为了表示自己对将士的仁慈厚爱,乃令内侍传旨三军,卸甲散队休息,以酒肉犒赏。但圣旨连宣三遍,众将士仍站在原处一动也不动。皇上便对年羹尧说:"天气炎热,大将军可命众军士卸甲休息。"年羹尧从怀中取出一面小旗,交给内侍,内侍在幄外轻轻一晃,众将士立刻卸下甲胄,悄无声息地退下了。

雍正帝见了,不觉大吃一惊。心想:朕三传圣旨,众军士置若罔闻,他

125

只小旗一晃，将士们闻风而动。若将来此人生了异心，造起反来，众军士对他奉命唯谨，如何是好？更何况他直接参与了夺权的密谋，此人不除，后患无穷。

从此，雍正帝对年羹尧处处小心提防，一心一意要置他于死地。但表面上雍正帝对年羹尧仍然恩宠有加，格外器重。不久，年羹尧向雍正帝辞行，回归陕甘任所。雍正帝想，年羹尧在京都，较容易制服，若回归任所，岂不是放虎归山？但若不放行，势必引起他的怀疑。寻思良久，雍正帝决定还是暂不动手，放年羹尧赴任，待以后寻找时机再作处置。

年羹尧回到陕甘任所以后，雍正帝玩两面派手法，一方面仍然对年羹尧恩宠有加，让他全权处理陕甘事务，同时还命他以书信形式秘密参与朝中政务。另一方面却派了很多侦探暗中尾随而去，搜寻年羹尧的不法证据；同时还命令他们在年氏集团中进行分化瓦解，离散其党羽，扶持年羹尧的反对势力。年羹尧在雍正皇帝的恩宠下逐渐忘乎所以，专横独断，暴虐无常，杀戮任性，生活上极端奢侈腐化。这样，年羹尧就一步步落入了雍正帝为他设置的圈套之中。

雍正帝前后收集的年羹尧的不法证据多达92条。这年二月，年羹尧上表，颂扬皇帝"朝乾夕惕，励精图治"，但却把"朝乾夕惕"误书为"朝乾夕阳"。雍正决定以此为借口对年羹尧下手。于是他发出上谕，责备年羹尧不想以"朝乾夕惕"归之于他，说年羹尧是自恃功高，刻意不敬。同时雍正帝又迅速调换川陕官员，将甘肃巡抚胡期恒撤职，遗缺由岳钟琦兼任；调四川巡抚纳秦进京，改派赵坤署理。这样就去掉了年羹尧的亲信，剪除其势力。不久，雍正帝又传旨，命年羹尧交出抚远大将军印，将他调补杭州将军。这时诸王及大臣料知雍正帝要除掉年氏，纷纷揭发他的不法罪状。于是雍正帝又将年羹尧连降十八级，罚他看守城门。不久将年羹尧逮捕下狱，并勒令其自裁。又将年氏家族杀的杀，充军的充军。叱咤一时的年大将军竟落得如此悲惨下场。

荀攸是曹操的一个谋士，他很懂得"有余不敢尽"的道理，很注意掩蔽锋芒。

荀攸受命军师之职之后，跟随曹操征战疆场，筹划军机，克敌制胜，立下了汗马功劳。平定河北后，曹操即进表汉献帝，对荀攸的贡献给予很高的评价。公元207年，曹操下了一个《封功臣令》，对于有贡献之臣论功行赏，其中说道："忠止密谋，抚宁内外，文若是也，公达其次也。"可见在曹营众多的谋臣之中，他的地位仅次于文若，足见曹操对他的器重了。后来，他转任中军师。曹操做魏公后，任命他为尚书令。

荀攸有着超人的智慧和谋略，不仅表现在政治斗争和军事斗争中，也表现在安身立业、处理人际关系等方面。他在朝二十余年，能够从容自如地处理政治旋涡中上下左右的复杂关系，在极其残酷的人事倾轧中，始终地位稳定，立于不败之地。三国时代，群雄并起，军阀割据，以臣谋主，盗用旗号的事情时有发生。更有一些奸佞小人，专靠搬弄是非而取宠于人。在这样风云变幻的政治舞台上，曹操固然以爱才著称，但作为封建统治阶级的铁腕人物，铲除功高盖主和略有离心倾向的人，却从不犹豫和手软。荀攸很注意将超人的智谋应用到防身固宠、确保个人安危方面，正如文书所载"他深密有智防"。

那么，荀攸是如何处世安身的呢？曹操有一段话很形象也很精辟地反映了荀攸的这一特别谋略："公达外愚内智，外怯内勇，外弱内强，不伐善，无施劳，智可及，愚不可及，虽颜子、宁武不能过也。"可见荀攸平时十分注意周围的环境，对内对外，对敌对己，迥然不同，判若两人。参与谋划军机，他智慧过人，迭出妙策；迎战敌军，他奋勇当先，不屈不挠。但他对曹操、对同僚，却注意不露锋芒、不争高下，把才能、智慧、功劳尽量掩藏起来，表现得总是很谦卑、文弱、愚钝、怯懦。作为曹操的重要谋士，为曹操"前后凡画奇策十二", 史家称赞他是"张良、陈平第二"。但他本人对自己的卓著功勋却是守口如瓶、讳莫如深, 从不对他人说起。

荀攸"有余不敢尽"的处世方略, 虽有故意装愚卖傻之嫌, 但效果却极佳。他与曹操相处二十年, 关系融洽, 深受宠信。从来不见有人到曹操处进谗言加害于他, 也没有一处得罪过曹操, 或使曹操不悦。建安十九年(公元214年), 荀攸在从征孙权的途中善终而死。曹操知道后痛哭流涕, 对他的品行推崇备至, 被曹操赞誉为谦虚的君子和完美的贤人, 这都是荀攸以"有余不敢尽"保身的结果。

第十四章　素位：素位而行，反求其身

【原典】

君子素其位而行，不愿乎其外。素富贵，行乎富贵；素贫贱，行乎贫贱；素夷狄，行乎夷狄；素患难，行乎患难。君子无入而不自得焉。

在上位，不陵下；在下位，不援上。正己而不求于人则无怨。上不怨天，下不尤人。故君子居易以俟（sì）命，小人行险以侥幸。

子曰："射有似乎君子，失诸正鹄，反求诸其身。"

【译释】

君子安于现在的地位而行事，不企求地位以外的好处。现在居于富贵，就按富贵人的身份行事；现在处于贫贱，就按贫贱人的身份行事；现在住在夷狄地区，就做夷狄地区可以做的事；现在处于患难境遇，就做患难境遇中可以做的事。君子无论处于什么情况之下，都是悠然自得的。

居于上位，不欺凌下位的人；处在下位，不高攀在上位的人。端正自己的品行却不去责求别人，就没有什么怨心。上不抱怨天，下不忌恨人。所以君子处在平安的地位等待天命安排，小人做些险恶的事情妄求偶然荣幸。

孔子说："射箭与君子行道有相似之处，射不中靶心，就要反过来要求自己，看看自己有没有做好，水平够不够。"

解 读

1. 是什么角色就做好什么事

　　素位而行近于《大学》里面所说的"知其所止"，清朝时的金缨也说："收吾本心在腔子里，是圣贤第一等学问。尽吾本分在素位中，是圣贤第一等工夫。宇宙内事，乃己分内事；己分内事，乃宇宙内事。"

　　这种素位而行是对现状的积极适应、处置，是什么角色，就做好什么事，像金缨所说，你想做圣贤吗？这是第一等的学问和工夫。人有了这种态度，然后才能游刃有余，进一步积累、创造自己的价值，取得水到渠成的成功。

　　如果说，古人强调"素位而行"、"尽吾本分在素位中"，还是一种出于道德修养的话，那么在今天，尽力尽心地做好本分的工作，就是市场经济社会的必然要求。没有这种态度，不但个人连工作都很难保证，从而失去谋生手段，整个社会也会陷入混乱，从而使个人的生活质量下降。

　　这是因为在市场经济中，社会在一定意义上是一个"我为人人，人人为我"的组织。一个人的生活质量要取决于他周围许多为他服务的人的工作质量。你要吃肉吃粮，但为你提供这些商品的人缺乏素位而行的意识，你买来的火腿里有过期的肉掺杂，面包里有杂物；你坐出租车赶火车，但司机嫌路途较近赚不了钱而拒载；你期望孩子学习好，但教他的老师业务不精，批改作文时还写错别字……这时，你真想对那些为你提供服务的人说一句了："请把你的工作做得好一点，好不好？"反过来，你又是否素位而行尽本分了呢？你给别人提供的服务是不是让别人满意呢？在自给自足的农业社会，我们可以"万事不求人"，但在现代社会，我们离不开别人的工作和服务。市场经济的社会就是一个互相服务的社会。我们只有都做好自己的那份工作，才可以大大增加社会的财富，提高包括我们自己在内的每一个人的生活质量。

　　素位而行，首先是对我们自己有利。要保住饭碗，还想升职加薪，你就要兢兢业业做好眼前的这份工作。没有一个老板会喜欢雇用一个工作吊儿郎当、业务一塌糊涂的职员。尽本分，也对他人、对社会有利，从而使你受到他人和社会的尊敬。我们没有理由不素位而行。

素位而行应该是一种自觉的态度。这种自觉，来自于我们对自己工作的意义的理解，来自于对自己职业的热爱和自豪感。如果只是把工作看做是纯粹糊口的手段，我们就很难对它产生热爱，也就不会那么尽力了。

人当然最好是能拥有自己理想的职业，从事自己感兴趣的工作，但世事经常难遂人愿。也许你以后会有跳槽的机会，那你当然可以重新选择，但也许你会一直在目前这个工作上干下去。无论能不能跳槽，你应该努力把眼下这份工作做好。你同样要对这份你不大喜欢的工作尊重，同样要素位而行，因为这个工作对你、对社会都是有利的。也许你不喜欢它，是因为你还不了解它的意义。当你真正投入了、了解了、熟悉了，也许你会热爱上它的。如果最终发现它不适合你，你就把它当做新的职业或工作的预备课好了。预备课你也要认真做，哪能敷衍了事呢？

经济学家茅于轼在《中国人的道德前景》一书中说："一个商品社会的成熟程度可以用其成员对自己职业的态度来衡量。社会成员具有强烈的职业道德意识是商品经济长期锤炼的结果。一个人如果不尽本分、不素位而行，必然被淘汰，不像在德行的其他方面，如有什么缺点还不致立刻威胁到自己赖以谋生的手段及饭碗。"

让我们对自己说："素位而行，尽自己的本分吧！"是什么角色，就做好什么事，认真、负责、高质量地做好自己的工作，不论别人有没有在看着自己。即便某些人鄙视我们的职业，但只要它是有益的，我们就不必自惭形秽。这样，你迟早会脱离平凡。

2. 安守本分方得安享终生

做人素位而行，安守本分，家庭才会和睦，社会才会安定，国家才能长治久安，自己才能和平、快乐地生活，得以安享终生。

清末名臣张之洞每次遇事都能够保持头脑清醒，行事谨慎。在立宪这样的大问题上，他更是加倍小心，实际上，这也是一种安守本分的表现。

张之洞主张立宪法、设议院的立场是鲜明的，态度是坚决的，要求也是迫切的，但他并未急于求成、鲁莽行事。

清廷发布预备立宪上谕的第二天，便颁发了改革官制的谕令。先是编纂改革官制方案，又编订地方官制。

张之洞对地方官制改革的方案提出了许多异议。他在1907年1月2日致军机处厘定官制大臣的电文中说："此次官制之应如何改定，自以有关于立宪之利害为主，其无关宪法者，似可不必多所更张，转致财力竭蹶、政事丛脞、人心惶扰。"这些表明他主张缓进、审慎行事。如他不同意合并各司道，他认为各司各自有印，各自有稿，若合为一署，"无此广大廨舍能容许多官吏，能存许多案牍"，再如各省高等审判厅一事，他认为："一省之中臬司即为高等审判厅矣，另设一厅何为。"另外，他还反对裁撤知府，他认为"一府所辖，少则四五县，多至十县，各县距省遥远，极远者至二三千里，若有知府犹可分寄耳目，民冤可申理，灾荒可覆勘，盗匪可觉察"，因而撤知府"势有难行"。如此等等。

总而言之，他认为："改革官制各条，似不尽与立宪关涉，窃谓宜就现有各衙门认真考核，从容整理，旧制暂勿多改，目前先从设四乡谳局选议绅、董事入手，以为将来立宪之始基，如能实力奉行，此尚是达民情、采公论之实际，亦可稍慰环海望治之心。"

关于立宪一事，张之洞认为，立宪关乎根本政治体制的改革，牵涉统治

第十四章 素位

集团的切身利益，不可能一蹴而就。所以，他主张稳妥缓进。因此，在坚持立宪的人之中，他受到朝廷里顽固势力的冲击最少。

由于张之洞一直谨慎行事，尽职尽责，安守本分，从而得到了皇帝的信任、老百姓的爱戴，一生都未遭遇大的变故，得以安享终生。

另外，要想做成大事，就得素位而行，安守本分，就要踏踏实实地从小事做起。因为大事是由众多的小事积累而成的，忽略了小事就难成大事。从小事开始，逐渐增长才干，赢得多方的认可，赢得干大事的机会，日后才能干大事。

饭店服务员每天的工作就是对顾客微笑、回答顾客的提问、整理清扫房间等小事；士兵每天进行的训练就是队列练习、战术演练、巡逻排查、擦拭枪械等小事；公司员工每天的工作就是接听电话、整理文件、绘制图表等小事。

那些不安守本分，不能踏踏实实地做事的人，是永远干不成大事的。从小事做起，付出你的热情和努力，才有可能把事情做得无懈可击。如果你能素位而行，很好地做完这些小事，没准儿将来你也能成为军队的将领、饭店的总经理、公司的老板。

美国标准石油公司第二任董事长阿基勃特就特别注意踏踏实实从小事做起。在他还是一个小职员时，无论是出差住旅馆，还是平时给客户写信，阿基勃特总是在自己签名的下面附带着写上"每桶4美元的标准石油"的字样。

因为此事，他被同事们笑称为"每桶4美元"，而他的真名反倒没有多少人叫了。

时任公司董事长的洛克菲勒知道此事后，高兴地说："竟然有职员如此努力宣传公司的产品，我要见见他。"于是，他特意邀请阿基勃特共进晚餐。后来，洛克菲勒卸任，阿基勃特继任董事长一职。

在签名的时候，附带着写上"每桶4美元的标准石油"的字样，这在常人眼中，完全是小事一桩，并且这种小事还不在阿基勃特的工作范围之内。但是，阿基勃特却自觉地做了，并且将这种小事做到了极致。

成功绝非一朝一夕之功，凡事必须从小做起，只有做好小事情，才能成就大事业。没有人可以一步登天，平步青云的背后大多是素位而行，扎扎实实的努力。别以为自己的步伐太小，无足轻重，如果每一步都踏得稳，你就能逐步实现目标，走向成功的康庄大道。

安守本分看易实难，需要的是大智慧、恒心和忍耐力，很多人都做不到这一点。他们往往放着自己应该做的事不做，而总是去做一些不切实际的事，一旦失败，却又怨天尤人，责怪命运不济。其实，他们应该懂得：如果一个人认真地去努力做好自己分内的工作，就算是守住了自己的本分。

一个社会里的人如果都能素位而行，各尽自己的本分，各敬自己所从事的事业，这个社会必然比较合理健康。街道清洁工的本分是把街道打扫干净，检修工人的本分是把机器的螺丝拧紧，教师的本分是把学生教育好，学生的本分是把功课学好，作家的本分是把作品写好，小提琴手的本分是把乐曲拉好、让每个音符都准确悦耳动听……

3. 上不陵下，下不援上

《中庸》认为，做上级的人不欺压下级，做下级的人不攀附上级，这样才是理想的上下级关系。上级对于下级的权力和下级对于上级的义务，其实就蕴涵在上下级的相对位置之中，是题中应有之意，不必多说，但关键是上级不能因为自己的权限和地位就随自己所好任意指使下级，下级也不能因为上级对自己有某种支配权力而盲目顺从。

宋代的著名宰相赵普，为人非常刚毅果断，敢于坚持自己的意见。在辅佐朝政时，自己认定的事情，就是与皇帝意见相左，也敢于坚持，皇帝也拿他没有办法，最后都会答应他。

有一次赵普向太祖推荐一位官吏，太祖没有允诺。赵普没有灰心，第二天临朝又向太祖提出这项人事任命事项，请太祖裁定，太祖还是没有答应。赵普仍不死心，第三天又提出来。连续三天接连三次反复地提。太祖这次动了气，将奏折当场撕碎扔在了地上。

但赵普自有他的做法，他默默无言地将那些撕碎的纸片一一捡起，回家后再仔细粘好。第四天上朝，话也不说，将粘好的奏折举过头顶，立在太祖面前不动。太祖为其所感动，长叹一声，只好准奏。

还有一次，某位官吏按政绩已该晋职，身为宰相的赵普上奏提出，但太祖一向讨厌那位官吏的为人，不答应升他的官。赵普坚决地为他请求，太祖发怒道："我就是不给他升官，你能怎么说？"赵普说："刑罪是用来惩治罪恶的，赏赐是用来酬谢有功之人的，这是古往今来共同的道理。况且刑赏是天下的刑赏，不是陛下个人的刑赏，怎能凭自己的喜怒而独断专行呢？"太祖更加愤怒，起身就走，赵普也紧跟在他身后，过了很长时间也不离去，最终得到了太祖的认可。

宋太祖和赵普之间，就是理想的"上不陵下，下不援上"的上下级关系。

太祖贵为天子，虽然不喜欢赵普的建议，但是也只是拒绝了事，并没有给赵普以惩罚，而且最终还是听从了赵普的意见，这就是"上不陵下"。其实，做上级的虽然没有义务一定要听从下属的建议，但是对于进谏采取一种虚心和开放的态度，则是必要的。而赵普对于太祖的拒绝，既没有放弃，也没有投其所好"曲线救国"，只是不动声色地坚持，是"下不援上"的具体体现。

4. 上不怨天，下不尤人

有些人总是无休无止地埋怨别人不理解、不赏识、不重用自己，认为自己被埋没了，是大材小用，怀才不遇，说什么"千里马常有，伯乐不常有"，"生不逢时"等，牢骚满腹，怪话连篇，怨天尤人。其实呢，从自己方面检查，正说明是自己没有表现出可以被人理解和赏识的才能。也许正是自己本身的平平庸庸、碌碌无为才导致自己的默默无闻。因此要从自身找原因，恨也只能恨自己没有才能，而不要埋怨别人不理解自己。

战国中后期，尤其是秦孝公任用商鞅变法后，秦国越来越强大。面对这种趋势，其他六国不免恐慌起来。有的主张六国联合起来，共同抵抗强秦；有的主张六国中的任何一国联合秦国，来攻击其他国家。于是，出现了许多能言善辩、靠游说获福禄、进仕途的游士、食客，苏秦就是其中一个突出的代表。苏秦出身农民家庭，家里很穷，他读书时，生活非常艰苦，饿极了就把自己的长发剪下去卖点钱，还常常帮人抄写书简，这样既可以换饭吃，又在抄书简的同时学到很多知识。这时，苏秦以为自己的学识已差不多了，就外出游说。他想见周天子，当面陈述自己的政见以及对时势的看法，但没有人为他引荐。他来到西方的秦国，求见秦惠文王，向他献计怎样兼并六国，实现天下的统一。秦惠文王客气地拒绝了他的意见，说："你的意见很好，只是我现在还不能做到啊！"苏秦想，建议不被采纳，能给个一官半职也好嘛！可是他什么也没有得到。他在秦国耐着性子等了一年多，家里带来的盘缠都花光了，皮袄穿破了，生活非常困难，无可奈何，只好长途跋涉回家去。

苏秦回到家里，一副狼狈的样子，一家人很不高兴，都不理他。父母不与他说话，妻子坐在织布机上只顾织布，看也不看他。他放下行李，又累又饿，求嫂嫂给他弄点饭吃，嫂嫂不仅不弄，还奚落了他一顿。在一家人的责怪下，苏秦非常难过，他想：我就这么没出息吗？出外游说，宣传我的主张，人家为什么不接受呢？那一定是自己没有把书读好，没有把道理讲清楚。他感到很惭愧，但却没有灰心，他认为：一个人能不能有出息，能不能成就一番事业，关键就看自己能不能把书读好，求得真才实学。认识到这一点以后，他暗暗下决心，要把兵法研习好。

有了决心，行动也跟上来了。白天，他跟兄弟一起劳动，晚上就刻苦学习，直到深夜。夜深人静时，他读着读着就疲倦了，总想睡觉，眼皮粘到一块儿怎么也睁不开。他气极了，骂自己没出息。他找来一把锥子，当困劲上来的时候，就用锥子往大腿上一刺，血流出来了。这样虽然很疼，但这一疼就把瞌睡冲走了，精神振作起来，他又继续读书。

苏秦就这样苦苦地读了一年多，掌握了姜太公的兵法，他还研究了各诸侯国的特点，以及它们之间的利害冲突，他又研究了诸侯的心理，以便于游说他们的时候，自己的意见、主张能被采纳。这时苏秦觉得已有成功的条件，他再次离家，风尘仆仆地踏上了游说之路。

这次苏秦获得了很大的成功。公元前 333 年，六国诸侯正式订立合纵的盟约，大家一致推苏秦为"纵约长"，把六国的相印都交给他，让他专门管理联盟的事。

受挫自省，不怨天尤人；刺股律己，终成大器。苏秦的这条成才之路，给后人留下了许多启示。

5. 君子求诸己，小人求诸人

孔子认为，君子的品行，射不中靶子时就会回过头来从自身寻找原因。

人在遭受挫折或打击时，要首先反躬自问，找出自身存在的问题，然后予以修正和调整。这样才能不断提高，成为一箭中的的高手。

孔子在《卫灵公》中断言："君子求诸己，小人求诸人。"其中的"求"，即指要求，也有责怪、怨恨之意。

在子路请教如何才能成为一名君子时，孔子递进地讲了三个"修己"，即"修己以敬"、"修己以安人"、"修己以安百姓"（《宪问》）。君子境界的每一步提升，都要以修养自身为基础，这是孔子对"求诸己"普遍意义的揭示。基于这种认识，孔子反复强调说："不患人之不己知，患其不能也。"（《宪问》）"不患无位，患所以立；不患莫己知，求为可知也。"（《里仁》）这种用能力与真本事去谋求职位和名声的主张，是对人间正道的坚持和维护。

孔子把一个人在不如意时，是从自身查找原因还是怨天尤人作为判断君子还是小人的分野，实际上是看到了人性的弱点。许多人——包括一些大人物在内，都不能或不愿坦然面对自身存在的错误。强调客观、指责别人，是文过饰非的主要手段，即"小人之过也必文"（《子张》）。

在现代社会也是如此，成就事业虽需要一定的外部环境，但最终决定成败的，还是自身的能力水平。在事业不能成功或遭遇挫折时，如果不首先从自身查找原因而一味地怨天尤人，不仅于事无补，反而会陷入烦恼和沮丧之中不能自拔，甚至会丧失继续努力的勇气。

反求诸己最直接的收益，是个人素质的提升。使自己的工夫达到炉火纯青的地步，那没有不成功的。无论在哪一行，只要潜心钻研，都会取得杰出的成就。

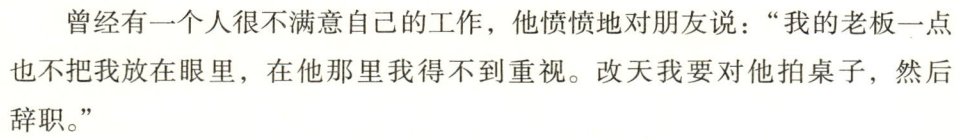

曾经有一个人很不满意自己的工作,他愤愤地对朋友说:"我的老板一点也不把我放在眼里,在他那里我得不到重视。改天我要对他拍桌子,然后辞职。"

"你对于那家贸易公司完全清楚了吗?对于他们做国际贸易的窍门完全搞通了吗?"他的朋友反问。

"没有……"

"君子报仇三年不晚,我建议你好好地把他们的一切贸易技巧、商业文书和公司组织完全搞通,甚至连怎么排除影印机的小故障都学会,然后再辞职不干。"他的朋友建议,"你把他们的公司当成免费学习的地方,什么东西都通了之后,再一走了之,不是既出了气,又有许多收获吗?"

那人听从了朋友的建议,从此便默记偷学,甚至下班之后,还留在办公室研究写商业文书的方法。

一年之后,那位朋友偶然遇到他,说:"你现在大概多半都学会了,可以准备拍桌子不干了。"

"可是我发现近半年来,老板对我刮目相看,最近更是委以重任,又升官、又加薪,我已经成为公司的红人了!"

"这是我早就料到的!"他的朋友笑着说,"当初你的老板不重视你,是因为你的能力不足，却又不努力学习；尔后你痛下苦功，担当重任，当然会令他对你刮目相看。只知抱怨老板，却不反省自己的能力，这是人们常犯的毛病啊！"

射不中靶子，只能怪自己技艺不精。让人重视你的最好做法，就是自己确实与众不同。得到别人的肯定，要靠自己的实力去实现。

阿迪斯的学习成绩挺好，毕业后却屡次碰壁，一直找不到理想的工作，他觉得自己得不到别人的肯定，为此而伤心绝望。

怀着极度的痛苦，阿迪斯来到大海边，打算就此结束自己的生命。

正当他即将被海水淹没的时候，一位老人救起了他。老人问他为什么要走绝路。

阿迪斯说："我得不到别人和社会的承认，没有人重视我，所以觉得人生没有意义。"

老人从脚下的沙滩上捡起一粒沙子，让阿迪斯看了看，随手扔在了地上。然后对他说："请你把我刚才扔在地上的那粒沙子捡起来。"

"这根本不可能！"阿迪斯低头看了一下说。

老人没有说话，从自己的口袋里掏出一颗晶莹剔透的珍珠，随手扔在了沙滩上。然后对阿迪斯说："你能把这颗珍珠捡起来吗？"

"当然能！"

"那你就应该明白自己的境遇了吧？你要认识到，现在自己还不是一颗珍珠，所以不能苛求别人立即承认你。如果要别人承认，那你就要想办法使自己变成一颗珍珠才行。"阿迪斯低头沉思，半晌无语。

易中天先生讲："一个人只要有才，就会像女人怀孕一样，迟早会被人知道。"怕就怕当机遇来临之时，拿不出真东西。

第十五章　行远：行远自迩，登高自卑

【原典】

君子之道，辟如行远，必自迩（ěr）；辟如登高，必自卑。

《诗》曰："妻子好合，如鼓瑟琴。兄弟既翕（xì），和乐且耽（chén）。宜尔室家，乐尔妻帑（nú）。"子曰："父母其顺矣乎！"

【译释】

实行君子之道，就好比走极远的路一样，如此就能使人知道，与"远"比较起来，自己只不过是"迩"（不远）而已。君子之道，就好比登极高的山一样，如此就能使人知道"自卑"，也就是知道，与"高"比较起来，自己只不过是"卑"（不高）而已。

《诗经》上说："妻子儿女友爱和睦，好像鼓瑟，弹琴唱歌。兄弟感情投合，和顺相安，亲热快乐。祝福你的家庭美满，祝福你的妻儿快乐。"孔子说："做到这样，父母该多么顺心如意啊！"

解读

1. 有谦乃有容，有容方成广

走过极远的路，就知道和"远"相比，自己是多么"不远"；同理，爬过很高的山，就会意识到自己的矮小。只有拥有了这些领悟，才有可能成为一名君子。

懂得谦逊就是懂得人生无止境，事业无止境，知识无止境，道亦无止境。江海不辞细流，故能成其大；山不辞石，故能成其高。有谦乃有容，有容方成其广。

《列子》中有这样一则《两小儿问日》的故事：

有一次，孔子在路上遇到两个小孩正争论不休，孔子问他们争论什么，一个小孩说："我认为太阳刚出来时离人比较近，而到了中午，太阳就离我们远了。"另一个小孩却认为太阳刚出来时离人远，而中午离人近。

第一个小孩的理由是太阳刚出来时大，而到了中午时小，因此他由远者小、近者大得出自己的结论。第二个小孩则认为太阳刚出来时凉，中午时热，就由远者凉、近者热得出自己的结论。

当他们请教孔子判定是非时，孔子并没有不懂装懂地随便评论，而是谦逊地承认自己不能做出判断谁是谁非。

可见，学问无止境，即使是圣人也有许多不懂的地方，何况我们普通人呢，因此，任何人都不应该有骄傲自满的理由。

任何人都有知识的盲区，会有不如别人的地方。如果能够虚心求教，就能以他人之长，补自己之短，不断地提升自己的素质。

范仲淹是宋朝著名的政治家和文学家，他在写作中十分严谨和谦虚。有一次，他写了一篇文章，其中有四句是："云山苍苍，江水泱泱，先生之德，山高水长。"

写成后，他请李泰伯看。李泰伯读后，一再称赞文章写得好，并建议范仲淹改动一个字，把"德"改为"风"。

范仲淹思考了一番，欣然同意。这一字确实改得很好，因为"风"字表达的范围更宽，而且能与前面的"云山"和"江水"相呼应。范仲淹对这一改动非常满意,后来把李泰伯称为自己的老师。

从这个小故事可见,范仲淹之所以能成为历史上的名人贤者,除了其学识本领外,与他谦虚处世的品德是分不开的。

晋襄公有个孙子,叫惠伯谈,惠伯谈有个儿子叫晋周。

晋周生不逢时,遇晋献公宠信骊姬,晋国公子多遭残害。晋周虽然没有争立太子的条件,更无继位的希望,也同样不能幸免。

为了保全性命,晋周来到周室,跟着单襄公学习。单襄公是春秋时期单国的国君,学问渊博,待人宽厚而又严厉,是周天子和各国诸侯王公都很尊敬的人。晋周很高兴能跟着他学习。

晋是当时的大国,晋周以晋公子身份来到周室,他自小受父亲的教育,养成良好的品性,其行为举止完全不像一个贵公子。以往晋国的公子在周室,名声都不太好,但晋周却受到对人要求严厉的单襄公的称誉。

单襄公出外与天子王公相会,晋周总是随从在后,有时候单襄公与王公大臣们议论朝政,晋周就规规矩矩地站在老师身后几个时辰,一点不高兴、不耐烦的神色都没有。王公大臣们都夸奖晋周是个少见的恭谦君子。

晋周在单襄公空闲时,经常向他请教。交谈中,晋周所讲的都是仁义忠信智勇的内容,而且讲得很有分寸,处处表现出谦逊的精神。

人虽然在周室,晋周仍然十分关心晋国的情况,一听到有不好的消息,他就为晋国担心流泪;一听到好的消息,他就为之欢欣鼓舞。一些人不理解,对晋周说:"晋国都容不下你了,你为什么这样关心晋国呢?"晋周回答:"晋国是我的祖国,虽然有人容不下我,但不是祖国对不起我。我是晋国的公子,晋国就像是我的母亲,我怎么能不关心呢?"

在周室数年,晋周言谈举止的每一个细节,都谦逊有礼,从未有不合礼数的举动发生。周室的大臣们都很夸奖他。

单襄公临终时,对他的儿子说:"要好好对待晋周,晋周举止谦逊有礼,以后一定会做晋国国君的。"

果然,晋国国君死后,大家都想到远在周室的晋周,就请他回来做了国君,成为历史上的晋悼公。

晋周本是一个没有条件去争夺国君之位的公子,仅以谦逊的美德征服了几乎所有有权势的人,最终被推上了王位。可见谦逊的力量有多么巨大。

历史和现实中,有许多建立功勋的人往往喜欢自我夸耀,结果弄得为人所忌,使得本该受重用的也得不到重用,以至于失去了更好的发展机会。而有些智者立下了功劳却非常谦虚,从不自我夸耀,最终却受到了别人的尊重和景仰。

现在许多人都对谦逊这项美德怀有不以为然的态度,认为在现在谦逊已经不适用了,人们要想崭露头角,就得敢于张扬。但事实上,谦逊才是人性中的精髓,唯有谦逊才能吸纳更多的知识和力量,才能被别人尊重。

2. 认识自我，切忌虚夸

在现实生活中，我们随处可见那些不切实际的自夸和吹嘘，或"半瓶子醋"的无知叫嚷，而他们所滋生出的浅薄和错误，也常常给人以误导，当然也让有识之士予以痛心疾首的批驳。至于我们自身修养以及为人处世态度，问题的关键在于：你选择的方式和途径，几乎能决定你人生的档次和品位。

能够清醒地认识到自己的长处和短处，不矫饰、不浮夸，这种做人的品质是高尚的；自己能做到的事就去做，做不到的就让给比自己更有水平的人去做，这不仅是诚实，同时也是一种对自己、对别人都负责的态度。春秋时的鲍叔牙，在这方面就堪为古今表率。

鲍叔牙是春秋时齐国人，他有一个好友叫管仲，管仲之父管庄曾是齐国大夫，不幸早逝，后来家道中落，家中仅有一老母，生活非常困难，鲍叔牙经常照顾他。两人曾合伙做买卖，稍有营利，管仲总是多取一份。鲍叔牙的从人对此心怀不平，常有怨言。鲍叔牙却从不计较，他对从人说道："管仲并非贪此区区之金，因家贫不济，是我故意让给他的。"买卖亏了本，鲍叔牙认为这是机遇不好，从不埋怨管仲。管仲年轻时也曾做过几次小官，领兵出征，每到战场上却总是居于后队，等到还兵之日又居于前队。三番几次，引起了众人的嘲讽，不久便被撤职。对此，鲍叔牙全不在意，还替他解释道："管仲有老母在堂，须留身奉养，哪里是真的害怕战斗？"

管仲后又屡次与鲍叔牙谋事，总是挫折重重。鲍叔牙常安慰他说："人固有遇有不遇，假使你遇其时，定当百不失一。"管仲十分感激鲍叔牙，感叹道："生我者父母，知我者鲍子！"

　　不久，齐襄公与其妹——鲁桓公的夫人文姜秘谋私通，谋杀了鲁桓公。具有政治远见的管、鲍二人都预感到国内将发生大乱，齐襄公的弟弟们深恐祸及己身，先后去国离乡，管仲、召忽奉公子纠出奔鲁国，鲍叔牙奉公子小白出奔莒国。果然不出所料，没过多久，齐襄公同母弟弟的儿子公孙无知因齐襄公即位后废除了他原来享有的特殊权力而恼怒，于齐襄公十二年（公元前686年）勾结大夫反叛，闯入宫中，杀死了齐襄公，并自立为君。

　　公孙无知在位仅一年有余，因虐待大臣雍廪，终被刺死，齐国一时无君。公子纠和公子小白纷纷动身回国抢夺王位。莒国距齐国较近，形势对公子纠非常不利。管仲于是自请先行，亲率30乘兵车去截击公子小白。人马过即墨三十余里，正遇见公子小白所率的莒兵停车造饭。管仲驱车马向前拜见小白，问道："公子别来无恙，今将何往？"小白说："欲奔父丧耳。"管仲说："公子纠居长，理应主持葬礼，公子您最好就在这儿停下来，勿自劳苦。"小白当然不肯。管仲抬头见莒兵有争斗之意，恐寡不敌众，佯装退走。蓦地弯弓搭箭，射向小白。只见小白大喊一声，口吐鲜血，倒在车上。鲍叔牙急忙上前抢救，管仲见小白吐血倒下，忙率兵飞驰而去，众皆庆贺。于是放心落意，缓缓而行。

　　谁知管仲的那一箭，只射中了小白的衣带钩，小白佯装中箭，咬破舌头，喷血倒地，连鲍叔牙都瞒过了。公子小白深恐管仲率兵再次追来，于是更换装束，从小路疾驰，终于抢先到达齐国，登上了君位。他就是历史上有名的齐桓公。齐桓公即位不久，鲁庄公率兵攻齐，齐、鲁两军交战于乾，结果鲁军大败，公子纠和管仲随鲁庄公败归鲁国。齐桓公为绝后患，送书给鲁庄公，声称要率领三军之众，兵临鲁境，请杀公子纠。鲁庄公新败，闻大兵压境，早吓得心颤胆寒，于是杀了公子纠，并将管仲和召忽擒住，准备将二人送给齐桓公发落，以期退兵。召忽对管仲说："我死了，公子纠可说是有以死事之的忠臣了；你活着建功立业，使齐国称霸诸侯，公子纠可说是有生臣了。死者完成德行，生者完成功名。死生在我二人是各尽其分了，你好自为之吧。"说完，自刎而死。

公子纠死后，齐桓公意欲杀掉有一箭之仇的管仲。鲍叔牙极力谏阻，指出管仲乃天下奇才，要齐桓公为齐国的强盛着想，忘掉旧怨，重用管仲。齐桓公接受了鲍叔牙的建议，派使臣速接管仲回国。

管仲虽已归齐，但齐桓公仍一直对他耿耿于怀，不肯委以重任。不久，齐桓公欲拜鲍叔牙为相，鲍叔牙说："大王您是只想治理好齐国呢，还是想称霸于诸侯？"齐桓公问："想治理好齐国如何，想称霸于诸侯又如何？"鲍叔牙说："想治理好齐国，用我为相就足够了；若想称霸诸侯，那么就必须用管仲为相！"

这样，在鲍叔牙的鼎力推荐下，齐桓公终于彻底赦免了管仲的射钩之罪，决定重用管仲，以隆重的仪式拜他为相。而管仲也不负众望，励精图治，终使齐桓公成为春秋五霸之首。

鲍叔牙不仅有自知之明，不虚夸，不争名夺利，而且能让自己下，让贤者上，这不仅是一种品质的表现，更是一种做人的智慧。逞能硬撑着，必然会像垫桌腿的乌龟那样吃力不堪；而自吹自擂者，亦难免被自己和别人的口水给淹得无法喘息。

第十六章　鬼神：道体物不可遗

【原典】

子曰："鬼神之为德，其盛矣乎！视之而弗见，听之而弗闻，体物而不可遗。使天下之人，齐明盛服，以承祭祀。洋洋乎如在其上，如在其左右。《诗》曰：'神之格思，不可度思，矧（shěn）可射（yì）思。'夫微之显，诚之不可掩，如此夫！"

【译释】

孔子说："鬼神的德行，真是盛大啊！看也看不见，听也听不到，生养万物而没有什么遗漏的，让天下的人，斋戒净心，穿上华丽的服装，奉承祭祀的典礼。浩大无边啊，如在天空之上，如在左右身旁。《诗经》上说：'神的降临，不可揣度，难道可以懈怠不敬？'从隐微到明显，至诚的言行绝不可掩藏，就是这样的啊！"

解读

1. 道是无所不在的

人们常有关于"鬼斧神工"的慨叹，其实就是说的大自然的造化之美。如果我们以此来理解这一章的内容，可算是找到了解读的钥匙。

古人认为，鬼神是天地良能的二气表现，任何事物的完美其外在的表现为"神"，其内在的表现为"鬼"，"鬼"就是可以回归自然之意。

这样，我们可以看出，这一章是借孔子对鬼神的论述，说明道无所不在，道"不可须臾离"。

另一方面，也是照应第十二章，说明"君子之道费而隐"，广大而又精微。看它也看不见，听它也听不到，是"隐"，是精微；但它却体现在万物之中，使人无法离开它，是"费"，是广大。

其实说到底，任何有生命的、无生命的事物与生物最后都将回归，回归到最起始的自然状态，这就叫做"归"，也就是"鬼"的原意。

如果我们懂得了这一层意思，就会知道天地的造化无处不在。"鬼神"——造化之力，漫漫洋洋于宇宙间，充满在我们的周围。所以，带着对大自然之力——"鬼神"的敬畏，斋戒净心地来吉盛威仪自己的服饰，来奉承祭祀鬼神，恭敬地感觉那鬼神像在你头上，像在你左右一样，这是礼的需要。

这里，看上去是对自然鬼神的敬畏，实际上是讲人不可欺心，因为处处有"鬼神"照临，不管是明处还是暗处。如果做到不欺心，那么就可以行中庸之道了。如果真正施行中庸之道，那么怀有一颗敬畏之心也是必不可少的。

作为一个形象的比喻，道也好，"鬼神"也好，就像空气一样，看不见，听不到，但却无处不在，无时不在，任何人也离不开它。

既然如此，当然应该是人人皈依，就像对"鬼神"一样虔诚礼拜了。

2. 内心的"诚"是关键

很多人以为有鬼神在安排自己的人生道路，自己的命运掌握在鬼神手里，从而不在乎自己的人生道路。这就又回到了第七章所说的，人人都在说自己什么都知道，但他们却像禽兽那样落入网罟木笼陷阱之中，而不知道躲避。这当然不是说落入真正的网罟木笼陷阱，而是说人们经常被欺骗而上当或者自己违法乱纪，最后落入法网。这其实就是说人们已经偏离了中庸之道，走上了岔路、歪路、斜路。为什么会走上岔路、歪路、斜路呢？就是因为内心不"诚"，不恪守中庸之道，贪心不足、贪赃枉法，贪得一时的享受，而终于落入法网。

人生中所有的这一切，都不是鬼神安排的。每一个人都是沿着自己的人生道路走完自己的人生旅程的，没有什么"头上三尺有神灵"，万物都有各自的道路，都有各自的规律。既然有各自不同的道路和规律，那么就必然会有疾病、灾害和死亡，这与鬼神是不相关的。

既然不相关，何必如此去祈求祷告呢？何况鬼神们不是贪官污吏，向它们祈求祷告烧烧香它们就保佑你长命百岁，不向它们祈求祷告它们就不管你，不保佑你？而且，如果一面做尽坏事，一面求神拜佛，就会永享平安吗？所以内心不"诚"，内心不"中庸"是没有用的。

所谓祷告，是一种诚心诚意敬天的心情，敬重"天"的道路的客观规律，遵循"天"的道路的客观规律，从而达到"天人合一"的高尚境界。因此君子在一个人独处的时候更要谨慎啊。既然走着自己的人生道路，你自己如果偏离了、走岔了、跌倒了、躺下了，这都是你内心不"诚"造成的，不关别人的事，更不关鬼神的事。

《诗经》上说的，那很微小的显明出来，实在是不可以掩藏的，事情就是这样！姑且不论到底有没有鬼神，即使有，它们也有自己的道路和规律，也要遵循宇宙的道路和规律，不可能脱离宇宙的法则而飘然生活在宇宙之内。就像人类一样，不可能脱离大气层而生存，就像鱼儿一样，不可能脱离水而生存。因为，不论是什么样的生物，它生存在哪一个空间，就要遵循那个空间的法则。所以，就算是神灵衡量着对错，但也不可以估计推测对错，况且我们可以陈述出对错的道理。为什么我们能陈述出对错的道理呢？因为我们所生存的这个人类社会是由人组成的，不是由鬼神组成的。人们为了更好地共同生活在这个空间，就必须要有一定的社会行为规范，社会行为规范里所含有的规则，是由人来制定的，不可能由鬼神来制定、来执行。

可见，"洋洋乎如在其上，如在其左右"——"如在"其实本质上是主观上的一种状态，是内心对中庸的"诚"，这才是行中庸之道的关键所在。

第十七章　大德：大德者必受命

【原典】

子曰："舜其大孝也与？德为圣人，尊为天子，富有四海之内。宗庙飨（xiǎng）之，子孙保之。故大德必得其位，必得其禄，必得其名，必得其寿。故天之生物，必因其材而笃焉。故栽者培之，倾者覆之。《诗》曰：'嘉乐君子，宪宪令德。宜民宜人，受禄于天。保佑命之，自天申之。'故大德者必受命。"

【译释】

孔子说："舜大概是个最孝的人了吧！有圣人的德行，有天子的尊贵，有四海之内的财富。后世在宗庙里祭祀他，子孙万代保持祭祀不断。所以有大德的人，必然得到他应有的地位，必然得到他应有的福禄，必然得到他应有的寿命。所以上天生养花草树木，必然按照生物的本性而诚笃地对待它们。能够栽种的就培养它，枯萎倾斜的就摧毁它。《诗经》上说：'高尚优雅的君子，他美好的德行显扬四方。他让平民安居乐业，他从上天承受福禄。上天保佑他，上天任用他，不断告诫他。'所以，有大德的人，必然承受天命。"

解读

1. 德行是一切伦理的基础

孝的观念很早就出现于西周时代，到孔子时代，本来属于宗教伦理的"孝"成为实践生活中的"孝"。孔子说："孝悌也者，其为仁之本与。"为了维护家庭的和顺，孔子主张对父母实现"无违"与"无改"。在《大学》里有两个地方谈到孝道："为人子，止于孝；为人父，止于慈。"也谈到"故君子不出家，而诚敬于国"。

在《中庸》里，子思也引用孔子的话，说："舜其大孝也与。"孔子是非常推崇舜的，这里把舜作为孝最大的象征。相传，舜的生母早逝，其父瞽叟娶后母生了弟弟象，父亲及后母和弟弟不讲道德，屡次想杀害舜，均被舜巧妙脱逃。面对父亲、后母及弟弟的不仁不义，舜却始终以人子之礼孝事父母，友爱弟弟，其孝行感动了苍天，最终感化了父母。最后舜当了皇帝以后，已经八九十岁了，还抱着父亲哭，拿舌头舔他父亲的眼睛，父亲才能看见。舜也因此被列为中国古代的"二十四孝"之首。除个人讲究孝行外，舜履帝位后，还命契做司徒，"敬敷五教"，在天下推行父义、母慈、兄友、弟恭、子教的五常教育，不但在当时影响了百姓创造家庭和睦的生活，而且这一家庭伦理道德标准至今仍被人们推崇。

儒学是中国传统家庭伦理的主要内容和主要规则，对于传统家庭起着主导性的规范作用。在传统的共同体内，血缘关系和统治服从关系是人的主要关系，这样，儒家家庭伦理就表现为对这两种关系的规范和维护。站在今天自由个性的人的水准上，儒家家庭伦理中仍然飘逸着父慈子孝、兄友弟恭、相敬如宾等观念。

儒家伦理的核心是仁。仁作为人的最高德行，既是个人的，又是在家庭关系中存在的。因此，儒家伦理从根本上说是德行伦理，不是规范化的家庭伦理或社会伦理。这些规范，是建立在德行之上的。一个家庭成员，固然是家庭中的一分子，但又是一个德行的存在，只有完成和实现自己的德行，才能建立家庭伦理。

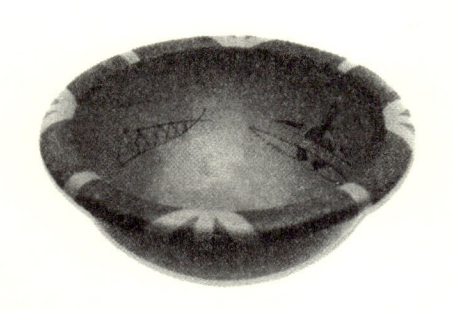

德行是一切伦理的基础，而人的德行首先是"天"，即大自然赋予人的道德情感，在家庭关系中则是"亲情"。因此，仁的实现不是从别处，正是从家庭开始的。

仁在家庭的表现就是亲情之爱，进而表现为孝。亲情之爱是一种真情实感，人人皆有。"孝悌也者，其为仁之本与"，儒家强调孝的原因就在这里，即实现亲情之爱。

任何人，从出生到走上独立生活的道路，都是在父母的抚育、爱护下成长的，这一点就任何一个社会而言都没有例外。孔子说，"三年无免于父母之怀"，这是一个千真万确的事实。

父母、子女之间的真情，是一种天赋德行，也就是人类的道德情感。这里没有丝毫的虚假与功利打算。孔子的"父为子隐，子为父隐"，孟子的"幼而知爱其亲，长而知敬其兄"，并不需要特别的灌输与教育，是自然而然具有的，只要加以保护、培养就能够"扩充"。

2. 高贵的品德是一种财富

中庸之道的精神是凡事不走偏锋，不走极端，循序渐进，一步一个脚印走下去。它并不是绝对排斥功利，只是反对那种急功近利、不安分守己的做法。

中庸之道强调从内功练起，修养自身，提高自身的德行和才能，然后顺其自然，水到渠成地获得自己应该获得的一切。只要你修身而提高德行，"德为圣人"，总有一天会受命于天，担当起治国平天下的重任。到那时，名誉、

地位、财富都已不在话下，应有的都会有。倘使你能做到功在天下国家，万民载德的地位，当然会得到最光荣的酬庸，如果真正有道之士，到了这种地位，虽然处在"荣观"之中，仍然恬淡虚无，不改本来的素朴；虽然嫣然安处在荣华富贵之中，依然有超然物外，不因功成名就、富贵荣华而自累其心，这才是有道者的自处之道。

品德有很强的辐射作用，它能改变别人的思想和行为。当人具备了高尚的品德，他就会有巨大的影响力，能让人甘愿为他做任何事情，从而"得其位"、"得其禄"、"得其名"。

道是行的，德是做的。不行没有道，不做没有德。

德是根，财是果。所以，要想成功，先要有德，德就是摇钱树的种子。现在的有些人，只知求财，不知施德，那是舍本求末。没扎下根，哪能结果呢？

人需要高尚的品德，一个企业也需要高尚的品德，这个品德就是企业的文化和价值观。

有专家对微软的成功进行了长期的研究，他们得出一个结论是：微软的成功有赖于它的企业文化和价值观。微软公司今天的价值观主要包括：诚实和守信；公开交流，尊重他人，与他人共同进步；勇于面对重大挑战；对客户、合作伙伴和技术充满激情；信守对客户、投资人、合作伙伴和雇员的承诺，对结果负责；善于自我批评和自我改进，永不自满等。但是最能体现微软公司文化精髓的，还是比尔·盖茨的一句话："每天清晨当你醒来时，都会为技术进步及其为人类生活带来的发展和改进而激动不已。"通过上面的价值观，我们可以看出微软遵循的是"自由平等、以德服人"的理念。

在微软公司中没有官僚作风，公司放权给每一个人主导自己的决定。公司没有打卡的制度，每个人可以根据自己的时间上下班。公司没有特权，即使资深人员也基本上没有特权，依然要自己回电子邮件，自己倒咖啡，自己找停车位，每个人的办公室基本上都一样大。很多企业都会有高层的专用车位，在微软总部没有。所以比尔·盖茨早晨上班也要早起去抢车位，要不他的车就没地方停。

有一次一个微软的新员工开车上班时撞上了比尔·盖茨的新车，她吓得不知道该怎么办，盖茨过来对她说："没什么，你发一封电子邮件给我道歉就可以了。"她发出电子邮件后，在一小时之内，比尔不但回信还告诉她，别担心，只要没伤到人就好，还对她加入公司表示欢迎。

世界上成功的企业都有自己高尚的品德，因为只有当一个企业树立起高尚的品德以后，这家企业才能真正强大。没有高尚品德的企业，即使外表再强大，内在也是虚无的。

一个人的德行不是天生的，它是靠修炼得来的，一个企业的德行也不是天生的，它也要靠修炼才能具备。这其实也正是中庸之道的精神——凡事不走偏锋，不走极端，而是循序渐进，一步一个脚印走下去。

3. 修德可以养生增寿

生命对于我们每一个人只有一次，谁不珍惜自己的生命？尤其是近年来，随着人们生活水平和质量的不断提高，人人都期望自己能够长寿。古往今来，又有多少人在探求生命的真谛，寻找长生不老的药方啊！可惜，到最后都是徒劳一场，命归黄泉。

那么，怎样才会使自己长寿，活得充实呢？其实，中国的祖先们早就探寻到了长寿的秘籍："大德必得其寿。"

中国人讲养生并不仅仅局限于养生本身，而是始终与道德的修养结合在一起。修身养性，就是指健康的身体和良好的道德品性结合起来修养。

德是做人的基础，也是做长寿人的基础，品德的健全和身心的健康是一致的，修德可以养生增寿。

"大德必得其寿"，不仅是对道德高尚的人的一种赞扬，而且也包含着丰富的医学依据。

在明代，医学家和养生学家王文禄专门从养生角度指出了"养德养生无二术也"，明代医学家张景岳根据自己行医之道总结出："欲寿，唯其乐；欲乐，莫过于善。"就是说，要想健康、想长寿，首先是修炼自己的德，做一个道德深厚的仁者，要当好人，行善事。

美国密歇根大学调查研究中心，就健康和长寿问题对2700多人进行了14年的调查，他们惊讶地发现，乐于助人、处处行善，与他人和谐相处的人，其预期寿命明显高于那些自私狭隘、心地险恶，与他人关系不和之人。

美国哈佛大学曾做过一次有趣的实验：让学生们看一部反映妇女帮助病人、穷人的影片，看后立即收集学生的唾液进行分析，发现A种免疫球蛋白有所增加，抗呼吸道感染的免疫力提高。现代生理学研究证实，当人在充满信心和乐观时，大脑产生大量内啡呔，使人轻松愉快，且促进血液循环，增进食欲，降低疲劳；内分泌系统活跃，分泌有益健康的酶、激素和神经递质等，使人达到最佳状态，促进健康。

世界卫生组织提出的健康标准专项中有"道德健康"。分析世界各地的百岁以上老人，他们居住地点不同、气候不同、饮食起居习惯也各不同，共同的一点是能善待他人、善待自己，人际关系好。

心理学家研究表明，缺乏道德涵养的人，易与周围的人发生矛盾，为一些小事闹得不可开交，还有些偷鸡摸狗、贪污受贿、损人利己者，经常想方设法算计别人，而又要时时刻刻提防别人的暗算与报复，终日不得安宁，提心吊胆，情绪经常处于高度紧张与恐惧中。长此以往，致使身体各个系统的功能严重失调，免疫力下降，从而导致疾病产生。例如，嫉妒心理易导致神经、消化、内分泌系统紊乱和失调，产生失眠、心悸、心痛、头晕、食欲减退、疲乏无力等症状；愤世自私、暴怒会使内分泌物中氧基皮酮质上升，导致高血压、心脏病；长期心理矛盾、焦虑不安，易患肿瘤和癌症等。真可谓"多行不义则伤身"，即使服用灵丹玉液，恐怕也无济于事，当然不得其寿了。

第十八章　无忧：中庸而行，可以无忧

【原典】

子曰："无忧者，其惟文王乎。以王季为父，以武王为子，父作之，子述之。武王缵（zuǎn）大王、王季、文王之绪，壹戎衣，而有天下。身不失天下之显名，尊为天子，富有四海之内，宗庙飨之，子孙保之。武王末受命，周公成文武之德。追王大王、王季，上祀先公以天子之礼。斯礼也，达乎诸侯、大夫及士、庶人。父为大夫，子为士；葬以大夫，祭以士。父为士，子为大夫；葬以士，祭以大夫。期之丧，达乎大夫；三年之丧，达乎天子；父母之丧，无贵贱一也。"

【译释】

孔子说："无忧无憾的人大概只有文王吧。王季是他的父亲，武王是他的儿子。父亲开创的基业，儿子继承下来。武王继承太王、王季、文王的基业，一穿上军服就得到天下。自己没有失去显赫天下的名声，尊贵成了天子，拥有四海之内的财富，宗庙祭祀他，子子孙孙保持祭祀不断。武王晚年承受天命成了天子，周公完成了文王、武王的德业，追尊太王、王季为王，用天子的礼制祭祀先祖。这种礼制，通行到诸侯、大夫，直到士、庶人。如果父是大夫，子是士，父亲的葬仪按大夫的礼制，祭祀按士的礼制。如果父是士，子是大夫，父亲的葬仪按士的礼制，祭祀则按大夫的礼制。一周年的守丧期通行到大夫，三年的守丧期通行到天子。给父母守丧的日期，没有贵贱之分，是一样的。"

解 读

1. 中庸道德价值的评判

在这一章中，《中庸》的作者子思举了孔子对周文王的评价。这一段是追述王季、文王、武王的事迹，是从继承和发展历史的经验问题出发，并着重指出，有了承前启后的周文王的思想，有了周文王若干年辛勤治国，新政治国之策，也才有日后的武王伐殷。是周文王奠定了消灭殷商王朝的最根本的基础。

王季是古公亶父的儿子季历，是姬昌的父亲。古公卒，少子季历继位，是为公季，后周人追称王季。周国势发展，季历同商朝属下的任姓挚氏通婚，加强了与商朝的关系。商王武乙末年，季历入朝，武乙赐以土地及玉、马等物品。随后季历征伐西落鬼戎，俘获"十二翟（狄）王"。商王文丁时，季历进一步对诸戎作战，除伐燕京之戎受挫外，伐余无之戎、始呼之戎、翳徒之戎都取得胜利，使周的势力深入今山西境内。文丁（一说帝乙）封季历为牧师（即方伯）。可能是由于周的强大，引起同商朝的矛盾，季历终为商王所杀。

文王是商末西方诸侯之长，姓姬，名昌。古公亶父之孙，季历之子。传说古公亶父见少子季历和昌贤德，想传位给他，季历的两兄太伯、仲雍为让位奔于荆蛮。古公死，季历继位，后又传位于昌。昌即位后，礼贤下士，得太颠、闳夭、散宜生、鬻熊、辛甲等臣，周国势日强。昌和九侯、鄂侯一起，任商朝三公。商纣王杀九侯、鄂侯，昌不满，为崇侯虎所谮，被囚于羑里（今河南汤阴北）。得释后，昌向商献洛西之地，请除炮烙酷刑，得任西伯即西方诸侯之长。西伯昌晚年，周的势力已非常强盛，所谓"三分天下有其二"，但他终身没有称王。其子武王伐商后，始终称他为文王。

文王长子伯邑考被纣所杀，文王死后，由后立的太子发继位，即周武王。武王即位的第二年，兴师东至孟津伐商，但因时机不够成熟，只得暂时还师。后来商纣王更加暴虐，杀比干，囚箕子，商朝矛盾急剧激化。周武王又率军东征,渡孟津,与诸侯相会,声讨纣的罪行。在甲子日清晨周军进至商郊,与纣兵于牧野决战。牧野之战周军全胜,纣被迫自焚而死,商朝亡。

周公是武王的弟弟。武王死后,太子诵继位,是为成王。成王年幼,周公旦摄政。管叔、蔡叔怀疑周公将篡取王位,传播流言,武庚也谋划复国,与管、蔡结合叛周,纠集徐(在今江苏泗洪)、奄(在今山东曲阜)、薄姑(在今山东博兴东南)和熊、盈等方国部落作乱。周公奉成王命东征,经过三年战争,终于平定叛乱。武庚和管叔被诛,蔡叔被流放。为了消弭殷商残余势力叛周的隐患,周室首先命令诸侯在伊洛地区合力营建新邑,即周室的东都洛邑(成周)。东都既成,遂迁曾反对周室的"殷顽民"于此,加以控制。同时,封降周的商贵族微子于商朝故都宋(今河南商丘)地,以代殷商之后;封武王少弟康叔于纣都,成立卫国,赐以殷民七族;封周公长子伯禽以奄国旧地,成立鲁国,赐以殷民六族。这样,殷商余民遂被分割,逐渐服从于周室的统治。

从这一章里,我们可以读到儒家的关于中庸道德价值的最权威的评判。

对文王的评判比较容易理解,他在整个事业的开创与继承里,起了关键的作用,但他本身没有用武的举动,符合中庸之道的判断。

对武王的一举用兵(穿戎衣)伐纣灭商而取得天下,看似以下伐上的举

第十八章 无忧

159

动，但这里可是完全以天下百姓的判断为是非的取舍准则。

可见，儒家认为真正符合中庸之道的，是那符合了百姓愿望的，能够给天下苍生带来安定幸福的人，所以即使有讨伐之举，那也是剪除恶孽，不影响他本身的显赫美名。他代表了天意，代表了天命，所以照样可以贵为天子，富有四海。

2. 对自己的修养和作为要谨慎

为什么孔子说文王没有什么忧虑呢？这是因为，文王能够继承并完成前人的事业，又能使后代子孙有良好的道德修养，不愧对父母祖先，也不愧对子孙后代，这样的一生还会有什么遗憾呢？

文王的父祖就重视仁义，文王继承父祖的志向，修身践履，他的以身作则直接影响着他的子孙，因此，武王、周公也能继承父祖的志向，修身践履，最终成为圣王。

也许我们没有像文王的父祖那样道德出众的父母祖先，但是，这又何妨从自己做起呢？每一代人都可以是起点，一个人一生中的每一点都可以作为起点。我们自己的修养和成就，不仅仅属于自己，因为我们的生命是祖先生命的延续，而且还会延续给子孙后代，所以，我们自己的修养和作为不能不谨慎。

一个人所能成就的事业，往往是中小事业，几代人共同实现的事业才会成为宏业。灭纣兴周，固然是由武王直接完成，但是，如果没有太王、王季、文王在前为之奠基，得到了民心和众多诸侯的拥戴，武王即使一举灭纣，周的天下也难以持续七百年之久。武王的征战，因以仁义为前提，所以没有人因此而说他穷兵黩武，反而被尊奉为天子。假如我们的前代人已经为我们奠定了基础，那么，我们继承前人的事业而使之发扬光大，这是孝道的体现；而如果我们的前人并没有为我们奠定基础，我们难道不能为后代奠定基础吗？

周武王因为晚年才尊奉天道而灭纣，仅仅过了几年就离开了人间，虽然纣王已经被灭，天下却并未因此而获得太平，文治武功的责任由周公担当了起来，平定叛乱，制定礼乐，仍然是在完成祖先的遗愿。周公不是为了自己得到天下的权力与财富，也不是为了自己的名声，而是要国泰民安。这样，不仅使天下百姓过上了安宁的生活，而且使祖先的在天之灵也获得了荣耀。这种荣耀的获得，是建立在国泰民安的基础上，假如国家不能安泰，百姓不能安宁，即使周公追封太王、王季、文王为王，也难以长久。

国家的安泰，是建立在百姓安宁的基础之上的，假如百姓生活不得安宁，国家不可能安泰；百姓生活安宁，必须有礼制，而礼制之中又以祭祀为重，所以，《论语》中说："慎终追远，民德归厚矣。"《礼记》中也说："国之大事，在祀与戎。"周公制定祭祀之礼，是继承祖先遗志，同时又能使天下百姓安宁。

不管我们的身份地位如何，其修养和作为都影响着前人和后人，所以，能否对得起前人，要靠我们自己；能否对得起后人，也要靠我们自己。

3. 按礼制服丧也是孝道的体现

本章的后半部分讲了葬仪的礼制，这种追封、丧礼、祭礼的礼制通用于诸侯、大夫、士、庶人等各个级别。为什么父亲生前的职位是大夫，儿子的职位是士，父亲去世后的丧礼就按照大夫的级别举办，祭祀的时候用士这个级别的礼仪形式呢？因为在给父亲举行丧礼的时候，所重视的是父亲生前的身份和地位，这是无法改变的事实；然而，父亲去世之后，儿子的所作所为并不是就与父亲无关了，毕竟儿子的身份和地位直接影响着对父亲的祭祀级

别，所以，做儿子的怎能不修养自己、自强不息呢？

礼制之中，有可变的，也有不可变的。祭祀父母的级别因儿子的身份和地位而确定，这是可变的，变得更高还是更低，则由儿子的所作所为决定，所以，可以从礼制中获得勉励自己的力量，做儿子的就不能不勤勉。

守丧的时限和服制却是不变的，比如给旁系亲属守丧，是一年的时限，丧服也根据亲疏而确定；又比如，父母之丧的丧期及丧服，不论身份和地位，完全一样。

守丧的时限与服制之中又有可变和不可变之分，旁系亲属的丧事，大夫以下的人都一致，公卿、诸侯及天子则可以降低一些；因为任何人的父母都一样，所以，在为父母守丧的时候，即使天子也要与众人完全一样，不区分高低贵贱。按照礼制服丧，也是孝道的体现。

但这种礼制是周文王之后才开始的，殷商王朝祭祀仪式只能由王族举行，周文王打破了这种"神权专制"的制度，周公则颁布国家法令明确每一个人都可以举行祭祀仪式，祭拜自己的祖先，彻底打破了殷商王朝的"尚鬼神"思想和"王族祭祀"权利。这不能不说是一场伟大的革命，其意义是很深远的。同时也说明，打破殷商王朝统治人民的政治规律，建立起适合人民的统治政策，亦是符合天地规律的。因为商纣王不"中庸"的生活方式是违背天地的规律的。因此，周文王的所作所为、周公的所作所为，都是在持守着"中庸"的生活方式、生活规律的正确作为，也是平等遵守社会行为规范的正确作为。如果有更多的人这样做了，人类社会也就可以更好地发展下去了。

第十九章　达孝：礼法制度是治国之本

【原典】

子曰："武王、周公，其达孝矣乎！夫孝者，善继人之志，善述人之事者也。春秋修其祖庙，陈其宗器，设其裳衣，荐其时食。宗庙之礼，所以序昭穆也；序爵，所以辨贵贱也；序事，所以辨贤也；旅酬下为上，所以逮贱也；燕毛，所以序齿也。践其位，行其礼，奏其乐，敬其所尊，爱其所亲，事死如事生，事亡如事存，孝之至也。郊社之礼，所以事上帝也；宗庙之礼，所以祀乎其先也。明乎郊社之礼、禘（dì）尝之义，治国其如示诸掌乎。"

【译释】

孔子说："武王、周公大概算是最孝顺的人了吧！孝，就是善于继承先祖的遗志，善于继续先祖的事业。春秋两季，修整祖庙，陈列宗器，摆设衣服，献上时令食品。宗庙的祭礼，是用来排列昭穆的次序的。按官爵排列次序，是用来区分贵贱的。按职务排列次序，是用来区分贤与不贤的。兄弟间按次序敬酒，是用来表明把祖宗的恩荣赐给年幼的人。按年龄大小安排宴会的座次，是用来排列长幼顺序的。站到应该站的位置上，举行先王时的祭礼，演奏先王时的音乐，尊敬先王所尊敬的祖先，亲爱先王所亲爱的子孙臣民，事奉死者如同侍奉生者，侍奉亡者如同侍奉现存者，这是孝的顶点了。郊社的祭礼，是用来侍奉天帝的。宗庙的祭礼，是用来祭礼祖先的。明白了'郊社'、'禘尝'祭礼的意义，治理邦国大概就如同看看自己的手掌一样容易吧。"

解 读

1. 用"孝"字影响别人

孝是儒家伦理思想的重要范畴。"孝"字拆开看，上为老，下为子，上一代跟下一代融为一体，称之为孝。其义为养亲、事亲、敬亲和尊亲，主张以敬重、顺从作为子女对待父母的价值标准和行为准则。孔子认为，"孝"即是养亲，"敬"是人性有别于动物的标志。

孝是仁的根本，也是立国的根本，治天下的根本，为人的根本。如果说，一个人对生我、养我、育我的父母，尚且没有孝心，为了一己私利，可以置父母于不顾，甚至遗弃、虐待、不赡养；为了争夺遗产，可以兄弟反目，甚至斗殴、凶杀。那么，这种既无仁心、更无人性的人，更不会对别人有仁爱和道德心，对社会有正义感和责任感。

康熙以帝王之尊，为人处世以孝字当先，堪为楷模。

康熙蒙祖母抚养教训三十余载，祖母病重之时，他不仅"检方调药，亲侍饮馔"，并对她说："……此时不竭心尽力，少抒仰报之忧，异日虽欲依恋慈闱，竭朕心力，岂易得耶！"意思是说生前不报答，死后唏嘘是没有用的。

康熙二十二年九月，太皇太后谒五台山，因山路坎坷难行，乘车不稳，康熙命备八人暖轿。太皇太后念及轿夫之艰难，坚持乘车。不得已，康熙瞒着祖母，命轿夫远远随车而行。中途，见祖母乘车艰辛，请改乘轿。祖母为难地说："已易车矣，未知轿在何处，焉得即至？"康熙答："轿即在后。"立即令轿近前。祖母见状大喜，抚孙儿之背赞叹不已，说道："车轿细事，且道途之间，汝诚意无不恳到，实为大孝。"

二十六年十一月，太皇太后病重，康熙亲自在慈宁宫护理，昼夜不离左

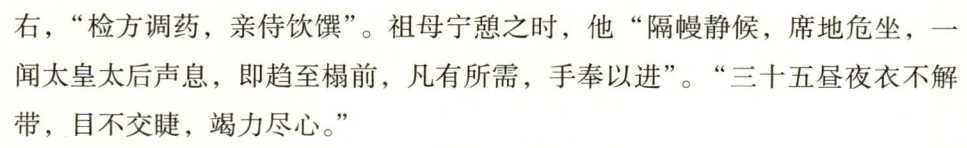

右,"检方调药,亲侍饮馔"。祖母宁憩之时,他"隔幔静候,席地危坐,一闻太皇太后声息,即趋至榻前,凡有所需,手奉以进"。"三十五昼夜衣不解带,目不交睫,竭力尽心。"

为满足祖母不时之需,凡坐卧物品、饮食肴馔无不具备,仅糜粥之类即备有三十余品,"随所欲用,一呼即至"。祖母屡次命康熙回宫暂息,"少宜自爱",诸臣亦一再奏请皇帝保重身体,但他仍然勉强支持。他对内阁大学士等说:"朕念幼蒙太皇太后抚养教训三十余年,罔极深思难以报答。今见病体依然,五内焦灼,莫知所措,朕躬寝处何暇顾计?"

同年十二月二十五日,太皇太后病逝,享年七十五岁。遗诰劝康熙"宜勉自节哀",以国家大事为重;命"中外文武群臣,恪恭奉职,勿负委任,以共承无疆之福"。康熙悲痛欲绝,诸王、贝勒、文武大臣等公疏奏请皇帝节哀,并高度评价太皇太后一生功绩,写道:伏念太皇太后顺德承天,徽音衍祚。佐太宗文皇帝,肇造丕基,启世祖章皇帝式廓大业。迄我皇上缵承洪绪,手定太平,克享耆年,流光亿祀。

康熙终生不忘祖母鞠养教诲的厚恩,将祖母葬于遵化昌瑞山南麓孝陵前的昭西陵,并命将祖母生前最喜欢的新建寝宫五间拆运至墓地,原样重建,称暂安奉殿,并主动提议为祖母上尊谥为"孝庄仁宣诚宪恭懿翊天启圣文皇后",后人简称孝庄文皇后。

对祖母如此孝敬,对自己的母亲,康熙自然也是恪尽孝道。康熙皇帝的生母孝康章皇后佟氏(公元1640年—公元1663年),是固山额真佟图赖之女。佟图赖的父亲佟养真虽然原是汉人,但是早在清太祖努尔哈赤攻打抚顺之时即投奔后金。几十年里,追随太祖、太宗、世祖南征北伐,转战东西,卓有功勋,因而,早在入关之前,佟氏一家即深受重用,成为清朝皇室的依靠力量。入关之初，满汉畛域极为分明。佟氏以汉人之女而入宫为妃，对于佟氏一家来说是极高的殊荣。孝康章皇后佟氏比顺治皇帝小两岁，至晚在顺治十年八月顺治皇帝第一个皇后被废前即已入宫。顺治十一年三月，她为顺治皇帝生下玄烨这个儿子。当时，她只有十五岁。由于顺治皇帝子嗣甚多，而她又是一个普通妃子，因而此后七八年中，一直默默无闻。

直到顺治十八年，她才因所生之子玄烨被立为皇帝而被尊为慈和皇太后。即使如此，一则因为其时孝庄年正壮盛，正在全面主持宫中事务；二则在她之上，还有一个顺治皇帝生前被立为皇后的孝惠章皇后；三则此时国务处理，皆由几个辅政大臣主持，因而无论宫中或国家事务，她都没有什么发言权。她所扮演的角色，充其量只是一个照顾康熙皇帝的高级保姆。而且，由于一场意外之疾，这件工作她也没有完成。康熙二年二月，她因突发之症，患病去世，终年二十四岁。她死之后，按照满洲旧俗，遗体火化，并于当年六月与顺治皇帝骨灰一起葬入孝陵地宫。

一个年方十岁的孩子，刚刚死去父亲，接着又失去生母，面对此情此景，无论怎样的铁石心肠，也要为之堕泪。康熙皇帝本人更是涕泪滂沱，痛不欲生。从此，他失去了童年的欢乐，只能在祖母的怀抱里，追忆母亲在日的幸福时刻。父母的过早去世促使了他的早熟，他逐渐变得沉默寡言。在祖母和嫡母面前，他听话懂事，平时努力学习，勤于骑射，不曾沾染任何恶习。在朝堂上，则威而不怒，含而不露，从而对他成人以后事业的成功产生了重要的影响。

第十九章 达孝

随着岁月的流逝，康熙皇帝成人后，少年时期的丧母之痛逐渐淡化，因而，在他一生所作诗篇中，没有一篇涉及自己的生母。虽然如此，出于对自己生母的系恋之情，他先后重用了两个舅舅佟国纲和佟国维。康熙十六年，他将孝康章皇后的侄女，佟国维之女收入宫中，封为贵妃，后又将其晋为皇后。康熙二十年，又以孝康章皇后之故，特别加恩，将佟氏一族由汉军镶黄旗抬入满洲镶黄旗，从而开创了后族抬旗的先河。当时，佟国纲晋爵一等公，任镶黄旗汉军都统，佟国维任领侍卫内大臣，参与议政。后来，佟国维之子鄂伦岱、隆科多也先后担任要职。终康熙一朝，佟氏满门贵盛，恩眷不衰。本为汉人而抬入满洲上三旗并在最高中枢机构中居于重要地位，如果不是由于孝康章皇后的缘故，是断然不会至此地步的。

除了生母之外，对几个嫡母，他也从未有过丝毫怠慢。

康熙皇帝的第二个嫡母是孝惠章皇后博尔济吉特氏（公元1641年—公元1717年），这个皇后是科尔沁镇国公绰尔济之女，按照辈分来说，是顺治皇帝废后的从侄女，孝庄文皇后的侄孙女。她生于崇德六年十月，顺治十一年五月与顺治皇帝成婚之时，只有十四岁。因为顺治皇帝非常宠幸后来尊为孝献皇后的董鄂氏皇贵妃，对她不大满意。顺治十五年正月，她刚刚十八岁时，顺治皇帝以其"奉侍皇太后疾不勤"而下令"停其中宫笺奏"。只是赖有孝庄文皇后的保护，她才没有沦落到与第一个皇后相同的下场。顺治十八年正月，顺治皇帝去世，这个年龄刚刚只有二十一岁的皇后便守了寡。而后，康

熙皇帝即位，她和康熙皇帝生母佟氏并尊为皇太后。因为此后不过两年，康熙皇帝生母慈和皇太后便已死去，而她以名分而言，又是康熙皇帝嫡母，同时，以亲属关系而言，又是孝庄文皇后的侄孙女，并且无儿无女，因而，她和孝庄文皇后一样，对康熙皇帝极为关心和爱护，在康熙皇帝成人过程中，尽到了一个做母亲的责任。因而，康熙皇帝对她也十分尊敬。平常时节，向皇祖母问安之后，即赴皇太后宫问安。逢到节令生辰，率诸王贝勒文武百官向孝庄文皇后行礼之后，又一起向她行礼。

康熙二十二年夏，康熙皇帝奉孝庄文皇后北巡期间，特将所猎鹿尾、鹿脯用盐腌好，送至京师，请她品尝。她出生较晚，没有孝庄文皇后那样复杂的政治经历，兼之以康熙皇帝又非亲生，在康熙皇帝面前，她十分谦逊。令人代笔给康熙皇帝写信，总是将皇帝字样出格高写，而于皇太后字样，则"接书其下"。对于国家政事，也极少发表意见，不去干扰康熙皇帝。与此同时，则将主要精力用于关心康熙皇帝的生活起居，如康熙三十五年十月，康熙皇帝北征塞外，她怕塞外天寒冻着康熙皇帝，特地派人送去皮衣。次年春，康熙皇帝亲征噶尔丹，在其生日即将到来之时，孝惠章皇后又派人专程送去金银茶壶，以志祝贺。这使康熙皇帝对她愈加孝敬，将原先对待孝庄文皇后的礼遇都转加到她的身上。南巡、北狩以及出关谒陵，无不奉其同行。

康熙二十八年，他以孝惠章皇后居住之宁寿宫历年已久，特将其拆毁重建，"比旧时更加弘敞辉煌"，并奉孝惠章皇后迁居于此。康熙五十六年秋，康熙皇帝北巡塞外之后，奉皇太后返京。由于皇太后年事已高，回京之后，即感受疾病。这时，康熙皇帝也已六十四岁。十年来的诸皇子争储夺嫡斗争和繁忙的内政外交事务使得他心力交瘁，健康状况严重恶化。当年冬，大病一场，头昏目眩，双脚浮肿，艰于行走，七十多日不曾下床。十一月间，病情还十分严重，为此，他还预拟遗诏，遍谕诸皇子、满汉大学士、学士、九卿，科道。但是在知道皇太后病重之后，立即从畅春园还宫，参与护理。十二月初，皇太后病情日益沉重，康熙皇帝不顾自己病情，在苍震门内架起帐篷，居于其中，同时，用手巾裹头缠足，让内侍抬至宁寿宫向皇太后请安。他跪在皇太后床下，轻呼"母后，儿臣在此"。此时，病情危笃的皇太后已经不能说话，只是一手障住光线，一手紧握康熙皇帝的手。眼见此情，康熙皇帝不禁泪如雨下。

三天后，皇太后病逝，康熙皇帝"拊膺哀号，即行割辫，孝服用布，哭泣弗辍"。梓宫发引之日，康熙皇帝又亲诣宁寿宫前祭奠，痛哭。"近侍人员，不忍仰视。"随上尊谥为"孝惠仁宪端懿纯德顺天翊圣章皇后"。康熙五十七年三月，殡宫自京发引，安葬于遵化孝东陵地宫。康熙皇帝虽因病未能亲送，但是，当年十一月，他又亲自谒陵祭奠"哀恸良久"。同时，在大学士、九卿共议将孝惠章皇后神牌安放太庙奉先殿时，他又特别指示，因孝惠章皇后分属嫡母，应将其神牌安设于自己生母孝康章皇后之上。

总之，出于感念孝惠章皇后对自己的抚育之恩，对于自己的这个嫡母，康熙皇帝也极尽孝养之情。

2. 善于继承前人的志向

孝的真意并不仅限于使父母衣食无忧，心情愉悦；更为重要的是"善继人之志，善述人之事"。真正的孝，孔子认为只有武王、周公，"其达孝矣乎！"他们通达、懂得孝道，真正所谓孝子"善继人之志"，善于继承父母祖先的遗志，所谓愿力、希望，给他达成。

周武王和周公为什么被孔子认为是符合孝道的人呢？

因为他们的孝道，是人人都可以做到的，有些人没有做到，但他们做到了。他们不仅完成了祖先的志向，而且承续了祖先的事业，这是他们能够敬重祖先的志向和事业的表现。如果祖先有志向没有完全实现，子女就此而放弃了，那么，能说对得起祖先吗？如果祖先开创了事业还没有完成或者还没有发扬光大，子女就此而放弃了，那么，能不令祖先遗憾乃至伤心吗？

一个人的生命是短暂的，假如每个人都从自己开始创业，不能继承前人的事业，或者后人不能继承，那么，可想而知，事业是不会达到最大成就的。

孝道是"善继人之志",重点是这个"志"。父母想当艺术家,是不是子女也要去当一个艺术家才算是孝呢?父母有着辉煌的经历,是不是子女逢人便说自己的父母如何如何才算是孝呢?显然不是。善于继承父母的志向,说的是要继承父母追求志向、努力前进的精神,要抛弃父母性格中的缺点、弱点,发扬父母的长处、优点;善于传述父母的事迹,说的是要记住先辈创业的艰难,体会父母养育自己的艰辛,教育下一代人理解先人的奋斗历程。

从人类社会的进步来说,继承父母各方面的经验,并加以创新、发展,在孔子看来是更为重要的,所以他赞扬"武王、周公其达孝矣乎!"他解释说:"夫孝者,善继人之志,善述人之事者也。""善继人之志",是他对周武王在政治上继承其父文王之志,推翻殷纣暴政的赞赏和评价;"善述人之事",是他对周公承袭其父文王、兄武王的"政绩",制定《周礼》的赞赏和评价,这都表明孔子言孝以推进社会政治发展的基本观点。孔子说"父在观其志,父没观其行,三年无改于父之道,可谓孝矣"(《学而》),孝就是要人们在"继志"、"述事"的基础上,创新发展前人的实践经验,推动社会进步。

这使人不禁想起孟子的那句常被人误解的话:"不孝有三,无后为大。"这句话本来的意思是说,不继先辈之志有三种过错,没有传承下去为最大的一条。在《孟子·梁惠王上》第四章里,孟子就曾援引孔子的话说:"始作俑者,其无后乎?"一开始制作陶俑的人,难道没有继承者吗?后来的秦始皇用了大量的陶俑来陪葬,其实就是"始作俑者"的继承人,也是他对殷商王朝和春秋战国时期用活人来陪葬的反对。因此,孟子实际上是说,没有继承先

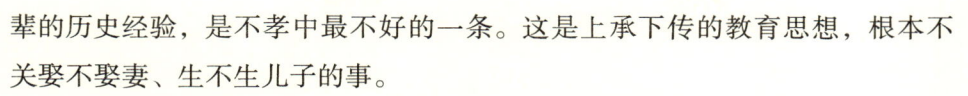

辈的历史经验，是不孝中最不好的一条。这是上承下传的教育思想，根本不关娶不娶妻、生不生儿子的事。

父母祖先已经有家庭、文化、道德、功业的基础的，做后代人能够发扬而光大之，这个是孝子。但是我们看了几千年以来，子孙能够发扬父母的基业的，没有几个。创业固然很难，能够守成也不容易；守成而能发扬更光大之，更加不易。所以孔子再三提到武王、周公了不起，是大孝子。

继往是为了开来。此又如学中庸之人，一旦体悟到了天道，固然要"敬贯动静，存养察识"，不可让良知本性受到一丝一毫之遮蔽，不可让私情私语夹杂于意，但对于良知本性的敬，恰如对于父母的孝，其真意即在于格物。只有积极入世，去格物，才能使世界趋于天地位焉，万物育焉。此才是对性与天道最大的敬！

3. "礼"是不能错乱的

人类从动物界分化出来后相当长的时间内，虽然客观上已经成为与自然界相分离的独立存在，但并未认识到自身与自然的区别，这时的人还是"本能的人"或"野蛮的人"。只有当具备了与天相分的自我意识，或人格初步觉醒的时候，人才能真正与自然分开。而只有天人相分、人物相分之后，人类才可能有对天的认识，才有了中国古人"天地者，生之本"的主体认识。同时才有了人应该对天、对大自然持什么态度，如何处理天人关系这一根本性问题的提出，也有了中国独具特色的"天人合一"及"循天道、尚人文"观念。礼——这一基于中国独特的人文创造便诞生了。

随着男女之分及与他人、与群体区分的实现，人们对人类自身的由来，即人类社会本原的探讨成为可能。于是才有了所谓"混沌"、"洪元"、"阴阳"之类的概念，才有了有巢氏、燧人氏、伏羲氏及黄帝、颛顼等所谓皇帝及人文始祖，也才有了灵魂观念和祖先崇拜，并导致以"反本修古"为目的，旨在规范和调整人际关系的"礼"的正式诞生。

"礼"明确了人伦之分，即夫妇、父子、兄弟及后来出现的君臣上下之分，也就是所谓"五伦"的名分定位。而只有明确了社会人伦关系，才会有人的社会角色和社会职责的定位，才能使人各安其位，各守其职，各负其责，各尽其能。

中国文化是"礼"的文化，其核心是儒家的中庸观念。本章就是从祭祀着眼来讲述礼数的。

孔子认为，祖先已经去世了，子孙能够完成他们的遗愿、继承他们的事业，当然是非常重要的，但是，还不要忘记祭祀祖先的在天之灵。祖庙是祭祀祖先的地方，同时，又是祖先之灵位平时所在的地方，这就像我们自己居住的地方需要洒扫和修缮一样，所以，到春秋两季，应该到祖庙去洒扫修缮一下。洒扫修缮是不忘祖先的体现，祭祀则表示对祖先的敬意，就像祖先仍然在世一样。摆放那些祭祀用的器具，准备好象征所祭祀的人所要穿的衣服，献上当时的时令食品。这些做法，与奉养健在的父母有何不同呢？略有不同的也只是奉养父母是时刻都需要的，祭祀祖先却是有时限规定的。

高高地升起先祖的牌位，是不忘祖先；举行祭祀礼仪，是表达对祖先的敬意；演奏祭祀的音乐，是与祖先同乐；敬重那些先祖所尊贵的人，是继承先祖的遗志；爱护那些先祖所亲近的人，是效法先祖的仁义。贯穿于其中的，以一颗诚敬之心，对待过去、现在和未来的所有人。

在祭祀的时候，祖先牌位的顺序不能错乱，其道理与树木不能本末倒置一样。始祖是一个家族的根，排在中间最上位；左侧排列二世、四世、六世，称为"昭";右侧排列三世、五世、七世,称为"穆"。这种昭穆的排列,犹如枝干虽分而又相互交错,并非各自完全独立无关,他们共同尊敬着同一个始祖,共同担负着光宗耀祖的责任和义务。所祭祀的祖先在上,参与祭祀的子孙在下。所有参加祭祀的人,都是按照爵位来排列顺序的,由此区别贵贱。所谓贵,是指爵位高的人,他们的地位高而且责任大、人数少;所谓贱,是指爵位低的人,他们的地位低而且责任小、人数多。在安排祭祀事务的时候,根据贤德情况来确定,以贤德者为主,体现"任贤"之义。所祭祀的祖先,用自然的顺序来排列,合乎天道;参与祭祀的人,依照爵位高低来排列,合乎地道;主持祭祀的人,根据品德来安排,合乎人道。

祭祀祖先的仪式完毕之后,举行宴饮,主持祭祀的弟子依次向来宾敬酒,体现对贤德者的尊敬与感谢;参与祭祀的子孙依次向长者敬酒,体现对长辈的敬意与感谢。敬贤则能见贤思齐,敬长辈则能尊老爱幼。孔子说:"后生可畏,焉知来者之不如今也?"今天的卑贱者,知道见贤思齐、尊老爱幼,来日就可能是高贵者。

宴饮时,众人根据头发来判定年龄大小,用来大体确定长幼之序。根据头发来判定年龄,只能是大体判别一下长幼,以便尽量做到长幼有序,其中同样体现着尊老爱幼之意。宗庙之礼,虽然体现了昭穆、贵贱的秩序,分别了贤与不肖,尊与卑的不同,但是也在恰当的礼仪中引发了人与人之间内在的情感沟通。

在宗庙之礼中营造出来的浓烈气氛,置身其中的人们将不同程度地受到熏陶,这是孝的教育。宾主上下,和乐融融,协调有序,足以告慰祖先,足以使家族团结兴旺。

4. 把"礼"上升为政治的合法性

自从人类进入等级社会以来，合法性的问题就一直是政治统治集团所要解决的头等大事。统治的合法性问题是任何政治统治都必须面对和解决的。

卢梭说："即使是最强者也绝不会强得足以永远做主人，除非他把自己的强力转化为权利，把服从转化为义务。"

卢梭所说的这一过程，实际上所指的就是权力的合法性问题。简单地说，合法性是统治者为获得民众对其统治现实的内心服从而进行的自我辩护。合法性不仅是法的渊源，更是政治统治和政治权力的渊源，是一个政治体系赖以存在、持续、稳定和发展的基础和前提。古今中外，有所不同的只是在寻求合法性实现的方式上。在西方文明中，合法性的基础是由宗教及神学等外在于人的、彼岸的东西建立的；而在古代中国，构建政治权力合法性的主要路径是"礼"。

礼的政治合法性价值主要是由儒家阐发的。在家庭关系中，父父、子子是基于血缘的自然秩序，它的正当性、合理性毋庸置疑，无需论证。家庭是社会的细胞，它的自然秩序，也是社会秩序。儒学大师们推家及国，把国视为家的放大和延伸，君君、臣臣也被视为无需论证的、具有合法性的社会秩序。于是，礼不但成为家国一体的制度与秩序，而且赋予了评价这一制度与秩序的合法性功能。

礼不仅凝聚着古代中国人的思维方式和价值追求，而且是一个无所不包的行为规范体系。礼乃国之干、政之本、法之源、刑之宗。古人对礼的界定中，原本含有一个将礼视为法上法的合法性功能。所以，孔子说："明乎郊社之礼、禘尝之义，治国其如示诸掌乎。"

在中国古代，礼首先被视为人效法天地的产物，是天意在人间的体现，代表的是一种宇宙秩序。祭祀之礼为中国古代王权提供了一种符合宇宙秩序

的意识形态支持，使王权假借"神"（上帝、天）的意志而赋予自身以统治合法性。

孔子说："郊社之礼，所以事上帝也，宗庙之礼，所以祀乎其先也。""郊社之礼"分为郊礼和社礼。郊礼就是祭天地，比如封禅、祭泰山；社礼比郊礼小一点，每一年，代表国家的帝王祭祖宗。宗庙之礼是什么呢？宗庙之礼是将王权神化、物化的重要手段，其目的是表示秉承祖先的遗业遗命以治国，既是受命于天又是受命于祖。宗庙是国家的象征，是奴隶制国家机器的重要组成部分。早在部落联盟时期，便以祭坛作为重要公务活动的中心，在此进行祭祀、集会，商讨部落联盟的重要事务。奴隶制国家更是以宗庙为先，认为"宗庙严故重社稷"，使之与国家等同起来。

各种祭祀中，最大的莫过于禘尝了。"禘"是什么呢？在《说文》中，"禘"被解释为祭。在《尔雅》中，它的意思是大祭。什么样的大祭够级别可以拥有一个专门的名称呢？那就是新的天子登基后，扛着老皇帝的牌位到皇家公墓去之前，要先到太庙祭祀。从第一个皇帝开始，一世、二世、三世……这样的"集体"祭祀，就被称为"禘"。禘相当于"国祭"，主持祭祀的是国家最高领导人，享受祭祀的是曾经的国家最高领导人。《四书集注》说："先王报本追源之意，莫深于禘。"提高到这个层面后，我们确实了解了"禘"的重要性及其对皇室的特殊性。

可以看出，郊社之礼、宗庙之礼以及禘尝这些以显示王的地位独尊的礼，都是为了突出天子所掌握的王权，都是为了加强它的权威和实际统治效能，这是经过精心设计的为王权神化、物化，从而使政治统治合法化的必要措施。

礼作为政治统治合法性终极理据功能的三个方面分别为祭祀之礼、道德之礼和制度之礼。祭祀之礼担当的是"奉天承运"的超自然神意合法性功能，道德之礼担当的是"德配天地"的道德合法性功能，制度之礼担当的是设范定制构建政治秩序的制度合法性功能。

祭祀之礼与道德之礼无论是对于开国的合法性还是继位的合法性而言其重要性都是不言而喻的，尤其是在开国的合法性论证中，为了确保新的王朝得到民众的心悦诚服，这二者对于合法性的建构更是关键，所谓的天与人归，就是从天命与道德的角度来立论。而制度之礼中的嫡长制度则主要是确保王权继位的合法性，是从程序方面实现王权的顺利传承。在制度之礼中，还有一个名分制度占着基础地位，它是从制度规范层面保障王权"名正言顺"的合法性，这无论对于开国君主或者是继位君主，都是同样重要的。制度之礼使得礼对王权的合法性支持真正落实到现实政治操作的层面，成为王权合法性构建环节中的制度性基础。如此，礼的三种表现形态——祭祀之礼、道德之礼及制度之礼，对于中国古代王权，提供了全面的合法性支持，展示了完整的中国传统政治合法性状态。

可见，礼绝不仅仅是一种仪式，其已成了君主权力合法性的载体，有博大精深的含义，明白了这种含义，然后应用到治国平天下的过程中，建构一个全民崇拜的宗教，治理国家又有何难？所以，孔子才很有把握地说："明乎郊社之礼、禘尝之义，治国其如示诸掌乎。"

第二十章　问政：治国理政的方法和原则

【原典】

哀公问政。

子曰："文武之政，布在方策。其人存，则其政举；其人亡，则其政息。人道敏政，地道敏树。夫政也者，蒲卢也。故为政在人，取人以身，修身以道，修道以仁。仁者，人也，亲亲为大；义者，宜也，尊贤为大。亲亲之杀，尊贤之等，礼所生也。在下位不获乎上，民不可得而治矣。故君子不可以不修身；思修身，不可以不事亲；思事亲，不可以不知人；思知人，不可以不知天。"

"天下之达道五，所以行之者三。曰：君臣也，父子也，夫妇也，昆弟也，朋友之交也，五者，天下之达道也。知、仁、勇三者，天下之达德也，所以行之者一也。或生而知之，或学而知之，或困而知之，及其知之一也；或安而行之，或利而行之，或勉强而行之，及其成功一也。"

子曰："好学近乎知，力行近乎仁，知耻近乎勇。知斯三者，则知所以修身；知所以修身，则知所以治人；知所以治人，则知所以治天下国家矣。"

"凡为天下国家有九经。曰：修身也，尊贤也，亲亲也，敬大臣也，体群臣也，子庶民也，来百工也，柔远人也，怀诸侯也。修身则道立，尊贤则不惑，亲亲则诸父昆弟不怨，敬大臣则不眩，体群臣则士之报礼重，子庶民则百姓劝，来百工则财用足，柔远人则四方归之，怀诸侯则天下畏之。齐明盛服，非礼不动，所以修身也；去谗远色，贱货而贵德，所以劝贤也；尊其位，重其禄，同其好恶，所以劝亲亲也；官盛任使，所以劝大臣也；忠信重禄，所以劝士也；时使薄敛，所以劝百姓也；日省月试，既廪称事，所以劝百工也；送往迎来，嘉善而矜不能，所以柔远人也；继绝世，举废国，治乱持危，朝聘以时，厚往而薄来，所以怀诸侯也。凡为天下国家有九经，所以行之者一也。"

"凡事预则立，不预则废。言前定，则不跲（jiá）；事前定，则不困；行前定，则不疚；道前定，则不穷。"

"在下位不获乎上，民不可得而治矣；获乎上有道，不信乎朋友，不获乎上矣；信乎朋友有道，不顺乎亲，不信乎朋友矣；顺乎亲有道，反诸身不诚，不顺乎亲矣；诚身有道，不明乎善，不诚乎身矣。"

"诚者，天之道也；诚之者，人之道也。诚者，不勉而中，不思而得，从容中道，圣人也；诚之者，择善而固执之者也。博学之，审问之，慎思之，明辨之，笃行之。有弗学，学之弗能弗措也；有弗问，问之弗知弗措也；有弗思，思之弗得弗措也；有弗辨，辨之弗明弗措也；有弗行，行之弗笃弗措也。人一能之，己百之；人十能之，己千之。果能此道矣，虽愚必明，虽柔必强。"

【译释】

鲁哀公向孔子询问治理政事的方法。

孔子说："文王、武王的政令，载列在木板竹简上。只要有文王、武王的贤臣在，文王、武王的政令就能发扬；那样的人才没有了，他们的政令也会消亡。人事的根本规律就是要努力治理政事；土地的规律就是要努力栽培树木。这政事啊，就像栽培芦苇那样容易。所以治理政事，关键在于得到人才。得到人才要靠修养自身，修养自身要靠修养大道，修养大道要以仁义为本。仁就是爱人，亲爱亲族是最大的仁。义就是事事做得适宜，尊重人才是最大的义。至于说亲爱亲族要分亲疏，尊重贤人要有等级，这都是礼的要求。所以，君子不能不修养自己。要修养自己，不能不侍奉亲族；要侍奉亲族，不能不了解他人；要了解他人，不能不知道天下的大道。"

第二十章 问政

天下的大道有五个方面，用来实行这五个方面的方法有三条。五个方面是：君臣、父子、夫妇、兄弟、朋友之间的交往。这五方面是天下的大道。智、仁、勇三条是天下的大德，实行这大德的道理是一样的。有的人生来就知道，有的人经过学习才知道，有的人经过困惑、探索才知道。而当他们最终知道天下的大道的时候，则是一样的。有的人安然地实行天下的大道，有的人是因为利害而实行，有的人勉强地实行它。而当他们实行成功的时候，则是一样的。

孔子说："喜欢学习就接近了智，努力实行就接近了仁，知道羞耻就接近了勇。知道这三点，就知道怎样修养自己，知道怎样修养自己，就知道怎样管理他人，知道怎样管理他人，就知道怎样治理天下和国家了。"

大凡治理天下国家有九条准则。这九条是：修养自己，尊敬贤人，亲爱亲族，敬重大臣，体谅群臣，爱民如子，招致各种工匠，安抚边远之人，关怀各国诸侯。修养自己，道就会树立起来；尊敬贤人就不会遇事迷惑；亲爱亲族，父老兄弟就不会怨怒；敬重大臣，就不会办事糊涂；体谅群臣，士人报答的礼仪就会隆重；爱民如子，百姓就会劝勉服从；招致各种工匠，财富就会充足；安抚边远之人，四方的百姓就会归顺；关怀各国诸侯，天下国家就会敬畏了。像斋戒那样净心虔诚，穿着庄重整齐的服装，不符合礼仪的事坚决不做，这是为了修养自身；驱除小人，疏远女色，看轻财物而重视德行，这是为了尊崇贤人；提高亲族的地位，给

他们以丰厚的俸禄，与他们爱憎相一致，这是为了亲爱亲族；让众多的下属官员供重臣们使用，这是为了敬重重臣；真心诚意地任用群臣，并给他们以较多的俸禄，这是为了体恤群臣；使用民役不误农时，少收赋税，这是为了爱民如子；经常视察考核，按劳付酬，这是为了招纳工匠；来时欢迎，去时欢送，嘉奖有才能的人，救济有困难的人，这是为了优待远客；延续绝后的家族，复兴灭亡的国家，治理祸乱，扶持危难，按时接受朝见，赠送丰厚，纳贡菲薄，这是为了安抚诸侯。大凡治理天下国家有九条准则，实施这些准则的道理是一样的。

凡事预先谋划就能成功，不预先谋划就会失败。说话之前先想定，就不会不流畅，办事之前先想定，就不会陷入困窘。行止之前先想定，就不会负疚。执行规则前先想定，就不会陷入穷途。

在下位的人，如果得不到在上位的人信任，就不可能治理好平民百姓；得到在上位的人信任有办法，得不到朋友的信任就得不到在上位的人信任；得到朋友的信任有办法，不孝顺父母就得不到朋友的信任；孝顺父母有办法，自己不真诚就不能孝顺父母；使自己真诚有办法，不明白什么是善就不能够使自己真诚。

圣人生下来就有诚的德行，这是天道。普通人经过人为努力才能做到诚，这是人道。圣人的诚，不用勉强就能符合，不用思考就能获得，自然而然地符合道的原则，这是圣人的能力。普通人努力使自己做到诚，就是要选择美好的目标并坚持它，还要广博地学习，仔细地询问，谨慎地思考，清楚地辨别，忠诚地实行。要么不学，学了没有学会绝不罢休；要么不问，问了没有懂得绝不罢休；要么不想，想了没有想通绝不罢休；要么不分辨，分辨了没有明确绝不罢休；要么不实行，实行了没有成效绝不罢休。别人用一分努力就能做到的，我用一百分的努力去做；别人用十分努力做到的，我用一千分的努力去做。果真能够遵照这个原则，即使是愚笨的人也必定会变得聪明，即使是柔弱的人也必定会变得坚强。

解 读

1. 为政之要，在于得人

国以才兴，人以才治。古今中外无数事实证明，得人之道，就是成功之道，胜利之道，兴盛之道。所以孔子说："其人存，则其政举；其人亡，则其政息。"在《贞观政要》中，唐太宗李世民也说："为政之要，惟在得人，用非其才，必难致治。"

重视人才说说容易，做到则很难。往往由于选人者缺乏胆识、责任感不强，或者人才本身还处于潜在状态，其才能一时还显露不出来等原因，致使许多难得的人才被耽误和埋没。李世民的过人之处就在于，他并不是把爱才惜才仅仅挂在嘴上，而是重在实施，对选才的事抓得很紧。

平定刘武周、窦建德和王世充后，唐初统一战争取得了决定性的胜利。武德四年七月甲子，时为秦王的李世民一路上"至长安，世民披黄金甲，齐王元吉、李世勣等二十五将从其后，铁骑万匹"，真可谓春风得意，威武十分。李渊"以秦王功大，前代官皆不足以称之，特置天策上将，位在三公上。冬，十月，以世民为天策上将，领司徒，陕东道大行台尚书令，增邑二万户，仍开天策府，置官属"。

据史载，天策府的属官计有长史、司马各一人；从事中郎二人；军咨祭酒二人；典签四人；主簿二人；隶事二人；记室参军事二人；功、仓、兵、骑、铠、士六曹参军各二人；参军事六人。天策府实际上是李世民军事上的顾问决策机构。

随着机构的确立和地位的攀升，李世民的政治野心也随之增长。就在平王世充时，李世民和秦王府记室房玄龄"微服"拜访一位名叫王远知的道士。王远知说："此中有圣人，得非秦王乎？"李世民据实相告，道士又说："方作太平天子，愿自借也。"李世民把此话一直记在心里，"眷言风范，无忘寤寐"。

181

李世民深知，要想实现自己的政治抱负，就必须有人才的协助。关于这方面，其实早在晋阳起兵前，李世民便有所留心，在晋阳"密招豪友"，通过"推财养客"的手段，培植、结交了一些地方势力，这些人对李世民"莫不愿效死力"。

如果说此时的李世民是为起兵反隋而网罗人才的话，似乎是无可挑剔的，而在李唐政权建立、其兄李建成被立为太子之后，李世民借统一战争之机广泛搜罗人才很难说绝无政治目的了。这一时期在他所搜罗的人才中有一名叫杜如晦的人，此人在隋时已被人视为"当为栋梁之用"的人物，平定长安后，李世民将他引为秦王府兵参军，不久又被李渊调离秦府，任陕州总管府长史。当时秦王府记室房玄龄问李世民说："府僚者虽多，盖不足惜。杜如晦聪明识达，王佐之才也。若大王守藩端拱，无所用之，必欲经营四方，非此人莫可。"

李世民闻听大惊，道："尔不言，几失此人矣。"李世民遂奏留杜如晦为府属。由于李世民对杜如晦、房玄龄等早期人才的搜罗，此风已开，一干才俊便逐渐开始形成了以秦王李世民为核心的政治集团。

在统一战争中，李世民又乘机罗致了大批将才，使自己的手下有颇多名将。如在破刘武周时招抚的著名将领尉迟敬德，此人不但在洛阳之战中救李世民于单雄信槊下，而且在后来的玄武门之变中有上乘表现。又如屈突通，原为隋朝大将，其人性刚毅，好武略，善骑射，后兵败降唐，乃为秦王府行军元帅长史，并从平薛举，又讨王世充，功不可没。这样的人才后来更多。如刘帅立，初为王世充的将军，洛阳平定后，本当诛戮，但因秦王惜其才，特免其死，为左亲卫，成为手下的亲信。张公谨初为王世充的治州长史，降唐后，因李世勋与尉迟敬德的推荐，被秦王引入幕府成为心腹。秦叔宝、程知节原从李密，后归王世充，但他们认为王世充"器度浅狭"，不是拨乱之主，非托身之所，故于两军阵前归唐，又如侯君集、李群羡、田留安、戴胄都成了李世民的心腹爱将。

作为一个有抱负、有远见的年轻军事家、政治家，李世民懂得，天下动荡不安之时，要靠军事实力削平全国各地割据之雄，而要征伐战斗，就必须依赖于善战的武将。这种方略是在战争时期所通用的。然而，战争毕竟是有阶级性的，战争的目的是获得政权，这个目的一经达到，方略就会变成另一种样子，旧的方略便不再适用于新的形势。这是因为，政权只能由马上得之，而不可在马上治之，这时，就需要文才儒学之士了。

用一个政治家的眼光来看待统一，李世民敏锐地感觉到文治之重于武功的好处。正是凭着这种延揽能人的思想，李世民引入并重用了儒生房玄龄和杜如晦。

房玄龄自幼聪敏，在隋时就已被伯乐视为"必成伟器"的、有"王佐之才"的人才。李渊起兵后，房玄龄杖策谒于军门，受到李世民重用，成为军中记室参军，他"每军书表奏，驻马之成，文约理赡，初无稿草"。可见其写作能力很强。房玄龄在秦王府十几年中拿典管记，对李世民忠心耿耿。每次战争之后，"众人竞求珍玩，玄龄独先收人物，致之幕府。乃有谋臣猛将，皆与之潜相申结，各尽其为"。昔在秦末，刘邦率军攻入咸阳阿房宫，一些将军们纷纷掠珍玩、掳女人，唯萧何则直奔秦朝的籍簿和文册。房玄龄有轻物重人之德，真是比之汉朝萧何有过之而无不及。李世民身边之所以有如此多的能人强将，与房玄龄的伯乐之德不无关系。

再如杜如晦，在李世民领导的统一战争中，他为李世民运筹帷幄，"时军国多事，剖断如流，深为时辈所服"。

此外，李世民用人不避亲，他所任用的自己的妻兄长孙无忌，从小就和自己是好朋友，随后跟着李世民南征北战立下汗马功劳。

李世民以武定祸乱，出入行走之时，跟随的都是骁武的勇士。到了天下已定之时，又建立弘文馆，招揽了诸如于志宁、姚思廉、苏世长、薛收、诸亮、盖文达等人才。这些人后来便成了李世民政治上的决策团。

古人讲，"得人才者得天下，失人才者失天下"。在竞争日趋激烈的今天，各级领导干部更需要确立与时俱进的用人观，具备识才的慧眼，用才的气魄，爱才的感情，聚才的方法，下大力选拔、培养、使用人才，确实形成人才济济、群贤毕至的局面。这样，我们的事业才能永葆生机与活力。

2. 以自身的德行感召人才

孔子认为，为政之道，在于得到人才，而得人才的方法，在于领导者能修养自身，以德行感召人才。

优秀的领导者首先应该是君子，具备善良、正直和宽厚的品德。以天下兴亡为己任，胸怀国家与民族的复兴，这种责任与使命感使人充满活力与魅力。这样的领导者身上自然闪烁着耀眼的光环，会被追随者视为精神的坐标。

三国时代人才辈出。人们谈论三国时常说："曹操挟天子以令诸侯，占了天时；孙权雄踞江东，占了地利；刘备既无天时也无地利，靠的是人和。"

确实如此。论个人才干，刘备并非一流人物。他的才能极平常，但却成就了一番大事业。他靠的不是个人才干，而是得益于众多的有才之人聚集在他周围，如诸葛亮、庞统、徐庶、关羽、张飞、赵云、马超、黄忠等。刘备靠这些人的力量而崛起并雄霸一方，建立了蜀国。

"远得人心，近得民望"，是刘备成功的一个重要方面。他所表现出来的个人品德具有非凡的感召力，如果没有这种潜在的道德形象与道德感染力，刘备不可能创立蜀国。

自古得人才者得天下，而得人才在于得人心。刘备"三顾茅庐"请诸葛亮出山，已成为千古佳话，成为领导求贤用才的楷模。诸葛亮之所以在刘备尚无立锥之地的时候慨然出山相辅，也是因为相信刘备是当时最值得信赖的领袖，更有其真诚相待的因素，最后终于为其"鞠躬尽瘁，死而后已"。

赵云飘零半生，在古城遇到了刘备，两人一见如故。刘备宽厚稳重、待人诚恳，使赵云决心终身相随。后来刘备弃新野，走樊城，被曹兵打散，刘备之子阿斗性命危在旦夕，赵云浑身是胆，只身于敌军重重围攻之中救出阿斗。面对九死一生、身负重伤回来的赵云，刘备出人意料地将阿斗摔在地上，说道："为了你，险些让我爱将丧失性命。"赵云更是感激涕零，说道："云虽肝脑涂地，不能报也！"大战之后家人重逢，嘘寒问暖是人之常情，刘备却把手下将领摆在比家人更重要的位置上，怎不令人感动。

爱子之心人皆有之，刘备也不例外，甚至更甚之。刘备此举既折服一员大将，又教育了诸将，还为阿斗的将来培植了一位忠诚的辅佐重臣。公元223年，刘备白帝城托孤，赵云就是六员托孤重臣之一。

现在有很多人说刘备是伪君子，从统治权术的角度看这虽然有一定道理，但客观地说也不尽然，因为他在临终时对刘禅说过这么一段话："勿以恶小而为之，勿以善小而不为，惟贤惟德，能服于人。"他说这段话应该是发自真心的，鸟之将死，其鸣也哀；人之将死，其言也善。没有人会在临终并且是对自己的儿子说假话。他之所以要说这段话嘱托刘禅，是因为这"廿二真言"确实是刘备一生的感悟，也是他的立身之本与成事之器，他希望刘禅也能像他一样这样做，只可惜天不遂人愿，刘禅终没有将人做到其父的高度。

刘备是这么说的，也尽全力这么做了。我们遍翻史籍，绝不会发现刘备有像曹操那样滥杀屠城，也绝少像孙权那样诛杀忠臣。军阀战乱时期，刘备能做到不乱杀不嗜杀就已经非常难得了，而他非但不乱杀，相反是爱民如命。

在曹操南征荆州，刘备逃亡之时有这样一件事：比至当阳，众十余万，日行十余里……或谓先主曰："宜速行保江陵，今虽拥大众，被甲者少，若曹公兵至，何以据之？"先主曰："夫济大事必以人为本，今人归吾，吾何忍弃去！"他在有累卵之危时不但将自己的安危置之度外，而且还以忧民为怀。

在当阳县长坂坡，刘备虽被击得溃败，差点丧命，但却有十多万军民相随，由此可见，刘备在荆州军民心中的领袖地位与人格力量。正是这种人格力量，使得刘备即使在颠沛流离的时候，也有不少策士、猛将紧随身旁，与之同甘苦、共患难，他们对刘备似乎有着一种期待。

刘备以其人格的魅力获得人才的追随、部下的钦佩和百姓的信任。就连他的敌人，曹营首席谋士郭嘉都称赞刘备："有雄才而甚得人心。"如此让名士、友人、部下甚至敌人都能为之倾心的人格力量，是他日后得以成就事业的重要保证。

不过刘备毕竟是一个政治家，搞政治就需要人、地、财、粮，这些东西不会凭空而降，而是需要用实力去竞争，去拼抢的，所以刘备也必然会做出损人兵将、夺人疆土之事，并且经常会御之以权谋与诡道。这是天道，就像渔人渔、樵人樵一样。如果有人以这些为依据来批驳刘备寡德的话那就有点迂腐了。

3. 治国之道，以仁为本

"仁"是儒家思想的核心，也是中国传统文化思想的主流、主旋律。孔子的"仁"是一种含义极广的伦理道德观念，其最基本的精神就是"爱人"。后来，孟子从孔子的"仁学"思想出发，把它扩充发展成包括思想、政治、经济、文化等各个方面的施政纲领，就是"仁政"。"仁政"的基本精神也是对人民有深切的同情和爱心。

孟子的"仁政"学说主要体现三点：

一是"民贵君轻"。在民、社稷、君三者的关系上，孟子主张"民为贵，社稷次之，君为轻"，即民心最重要；作为国家象征的土神、谷神次之；君主的地位更次之。

二是"得民心者得天下，失民心者失天下"。在孟子眼中，民众在国家政治生活中的重要性不容忽视，民心的向背直接关系到国家的兴亡。"桀纣之失天下也，失其民也；失其民者，失其心也。得天下有道：得其民，斯得天下矣。得其民有道：得其心，斯得民矣。得其心有道：所欲与之聚之，所恶勿施尔也。"

三是"制恒产、薄其赋敛"。君主如何才能得到天下民心的归附呢？其一，"制恒产"，确保每家拥有"五亩之宅、百亩之地"，不违农时，以实现民众过上"丰衣足食"的生活；其二，"薄其赋敛"，取消各种苛捐杂税，只征收"十税一"的田赋，减轻民众的负担。这些施恩于民的仁政措施都是赢得天下民心归附的关键。

历史的正反经验告诉我们：民为国本，得民者昌，失民者亡，民众是决定统治者兴衰存亡的决定性力量。统治者的政治活动必须重民、亲民，才能赢得民众的真心拥护，借以维持国家的长治久安。

实施暴政的秦朝灭亡后，刘邦不想再做第二个秦二世。为此，汉高祖刘邦采取了一系列重民、亲民的措施，以恢复国家经济，巩固新生的汉政权。

人是恢复生产的决定因素。为解决劳动力严重不足的困难，他首先从挖掘现有人口潜力着手，用赦免罪人、招抚流亡、复员军队、解放奴婢、鼓励生育等方法增加生产人手。

刘邦刚刚打败项羽，在定陶即皇帝位时，就下了一道大赦令。赦令说："八年战争给老百姓造成莫大灾难。现在天下太平了，可以赦免狱中除死罪外的所有囚犯。"在以后的几年里，像这样的赦令，他还下达了七次。

由于战争，使得很多人流亡外地。刘邦移驻洛阳不久，便颁发了"复故爵田宅"的诏令。他宣布："以前流亡隐匿在山泽而没有登记户籍的人，只要返回家园，就恢复其原来的爵位和田宅。"

汉政府鼓励从军的吏卒复员，从事社会生产。愿意留在关中的，免除12年徭役；返回故乡的，免除6年徭役。复员的士卒因犯罪或其他原因而失去爵位的，或虽有爵位但没有达到大夫一级的，一律赐给大夫级的爵位；已有大夫级以上爵位的，再给增加一级。

奴婢也是一支不可忽视的力量。刘邦下诏规定：凡是因饥饿而卖给别人当奴婢的，一律恢复其自由人身份。

为了鼓励生育，高祖七年，刘邦颁布诏令宣布："老百姓家生了儿子，可以免除两年徭役。"

农业要发展，土地是关键。为了使弃耕的土地得以充分利用，刘邦早在楚汉战争时期，就命令开放过去秦王朝的园地，准许无地或少地的农民垦殖。他称帝之后，进一步落实"以军功行田宅"的政策，按军功的大小和爵位的高低，赏赐给从军士卒数目不等的土地，使他们成为自耕农或中小地主。

刘邦还用轻徭薄赋的政策来调动生产者的积极性。汉朝的徭役制度基本上沿用秦朝规定，但在执行时有很大放宽。秦代男子法定服役年龄段是15～56岁。由于秦统治者急功近利，大兴土木，实际征发时还常常超过这个年龄段。刘邦则把它缩减为23～56岁。他对服役的天数也做了严格规定：每年在本郡或本县服役一月，称"更卒"，主要从事筑城、修垒或其他社会公益劳动；每人一生中到边疆戍守一年，称"屯戍"；到京城服务一年，称"正卒"。一般情况下按规定执行，如果条件允许，还适当予以减免。

汉初征收的简税也不算太重。秦时"收泰半之赋"（征收农民收获物的一大半）。刘邦规定"轻田租，什伍而税一"（征收实际收获物的1/15）的制度。并根据官吏薪俸和政府开支的需要，制定赋税的总额，认真执行，不许乱征。田租之外，征收"算赋"，即人头税，规定从15～56岁的人，每人每年出120钱，叫做一等。算赋收入用于军费支出。7～14岁，不论男女，每人每年交20钱。称为"口钱"，这是奉给皇帝的。另外还有户赋，每户每月交200钱。这些规定，只许减低，不许突破。刘邦当政期间，就几次下令免除一些地方老百姓一年或几年的国税。

高祖刘邦实施的宽政措施获得了显著成绩。秦末以来凋敝的经济出现了转机，而且作为"祖宗之法"，被他的后继者严格地承袭下来。

国泰民安，政权稳固是每一个君主所追求的目标。只有人民安居乐业了，经济才能繁荣昌盛，国家政权才可以稳固。而要达到这样的效果，施政者就应采取重民、亲民的方针，以仁治国，以仁兴国。

4. 凡事预则立，不预则废

关于治理天下的九条原则，方方面面，实际上是《大学》里提出的修身、齐家、治国、平天下几个阶段的具体展开，是实用的统治学理论。值得我们特别注意的是"凡事预则立，不预则废"的思想。这与孔子所说的"人无远虑，必有近忧"（《论语·卫灵公》）相近，都是未雨绸缪，防患于未然，或者说是"不打无准备之仗"的思想，具有深刻的哲学内涵，值得我们贯彻到实际生活中去，而不仅仅适用于政治范畴。

做任何事，都要事先做好准备，不仅要着眼于目前，还应该高瞻远瞩，见其远；不要短视浅见，只把眼睛看在鼻尖上。

在近代中国，摆在国人面前的一个亟待解决的新问题是如何加强海防以抵御资本主义国家的侵略。林则徐在第一次鸦片战争期间仿造外国船舰的主张和活动，显露出了中国海防近代化的新迹象。林则徐认识到中国的旧式舰船已难以对付英国的新式舰船，于是决意加以仿造。他的目的在于"师敌制敌"。19世纪50～60年代，由于太平天国农民运动的风起云涌和第二次鸦片战争的创痛，使得中国社会各层面的矛盾交织在一起。重新审视西力东侵、西学东渐的问题，以及清政府与太平天国采取什么样的措施来互相克制的问题，促使仿造外国船炮的意识与初步实践活动开始活跃起来。

1863年，左宗棠正式上书总理衙门，提出要仿制外国轮船，以求"为海疆长久之计"。后来左宗棠把自己的这一主张和如何富国强兵联系在一起，从而进一步深化了"师夷长技"的思想，使洋务运动具有更深刻的时代和历史意义。

1865年，左宗棠上书总理衙门，再一次陈述自己的观点。

他说："至中国自强之策，除修明政事，精练兵勇外，必应仿造轮船，以夺彼族之所恃，此项人断不可不罗致，此项钱断不可不打算，亦当及时竭力筹维。转瞬换约，届期须预为绸缪也。"

1866年，左宗棠在关于筹议洋务事宜的奏折中谈到制造轮船之事时说："宗棠于此事思之十余年，谻之洋人，谋之海疆官绅又已三载。"

这一年，左宗棠特别忙，但是，他时时牵挂着仿造轮船一事。当他终于消灭了太平军的余部，从广州回到福州时，正赶上清政府商量购雇轮船之事。左宗棠闻讯后，立即给总理衙门写信，陈述自己的观点。从而更加全面深刻地阐述了作为"师夷之长技以制夷"策略的第一步——仿造轮船的主张。

从太平天国的情况来看，其购买和仿制外国船炮的意图是带有打击清王朝的统治和顺应世界近代化潮流的双重含义的。自咸丰三年（公元1853年）起，太平军开始装备西洋枪炮。洪仁玕向洪秀全提出过"买置火轮二十个，沿长江上取"的军事谋略，以图"长江两岸俱为我有，则根本可久大"。

在太平天国的近代化方案中能够把"火船、火车"等西洋器物称为"夺造化之巧"、"正正堂堂之技"，带有强烈的学习西方的色彩，是应当予以肯定的。

就清政府方面的情形而言，清朝统治集团面对内忧与外患的困厄，同样把购买和仿制外国船炮视为对内镇压人民起义和对外抵御列强侵略的工具。

就在咸丰三年，左宗棠筹划湖南防守时主张"造船以争大江之险"，曾国藩则着手在衡州创立了湘军水师。第二年，曾国藩率湘军同太平军展开湘潭战役时已开始使用洋炮，认为此战获胜"实赖洋炮之力"。于是，湘军自咸丰四年起，逐步装备了洋枪洋炮。咸丰十年，西方列强鉴于通过发动侵华战争攫取到了新的权益，向清政府表示了"中外合好"的姿态，并建议清政府"借师助剿"，以便共同镇压太平天国。曾国藩、左宗棠抓住了清政府与列强关系暂时缓和这一机遇，开始了仿造轮船的活动。咸丰十一年（公元1861年），曾国藩创办了安庆军械所，启用徐寿、华蘅芳等科技人才。次年夏，徐寿等人研制出轮船所用蒸汽机一台，到年底制成了一艘长约二丈八九尺的小轮船，试航于安庆江面。曾国藩亲自登船观看，建议将船"以次放大"。同治四年（公元1865年），轮船的放大试制在南京完成，曾国藩把该船命名为"黄鹄"。曾国藩的造船实践取得了初步成效，而他向清政府提出的购船建议却因"中英联合舰队事件"而受挫。同治元年至二年间，任中国海关总税务司的英人李泰国在英国为清政府买下了一支舰队，却擅自任命英国海军上校阿思本担任舰队司令。总理衙门大臣奕䜣等人认为这是不能接受的。结果是该舰队被遣散，已买回的军舰变价出售，清政府在这次购船过程中经一买一卖的折腾花掉了七十万两白银的"学费"。鉴于此况，左宗棠反复阐述自造轮船的重要性，并于同治之年在杭州仿造小轮船一艘，试航于西湖。直到同治四年十二月（公元1866年2月），左宗棠镇压了太平军余部后，才集中精力把加强海防，以御外侮，设厂造船的问题置于主导地位。同治五年二月二十八日（公元1866年4月3日），左宗棠行抵福州。此刻，他作为总督闽浙的封疆大吏，深为身莅林则徐的故乡任职而倍感自豪。

他决心将林则徐仿造轮船的未竟之业继承下来，并发扬光大。经两个多月的深思熟虑，于五月十三日（6月25日）正式向清廷提出了创办福州船政局的奏请。

左宗棠认为，中国东南部的安宁，在于海防是否安全，而自海上用兵以来，西方列强的火轮兵船横行于中国沿海，无法抵挡。

左宗棠觉察到了世界许多国家争先恐后的军备竞争情况，深刻指出："西欧国家以及俄罗斯、美利坚，多年来很讲求轮船的性能优劣，相互借鉴学习，制造方法日趋精湛，东洋日本开始是买轮船，拆开研究后想仿造未能成功，近来又派人去英吉利学语言，研究这些轮船数据，为仿造打基础，不多年以后，日本必然也能造船，而独独只有中国因年年军事繁忙，没顾得研究，这样双方隔海相望，它有能力来要挟我们，而我们却没有，就像是渡河，人家划船而我们撑筏，等于人家骑马而我们赶驴，这样能行吗？"

左宗棠能认识到世界大势的这一变化，诚为难得。这时，中日两国的造船都处在起步阶段，左宗棠设厂造船的主张及活动，使中国的海防暂时还没有落伍于日本。很明显，抵御列强对中国沿海的进一步染指，达到未雨绸缪之目的，是左宗棠创办福州船政局的思想动因。

清廷对左宗棠设厂造船的奏议表示赞许，在"上谕"中称："中国自强之道，全在振奋精神破除耳目近习，讲求利用实际。该督见拟于闽省择地设厂、购买机器、募雇洋匠、试造火轮船只，实系当今应办急务。"意思是中国自强的道路，在于振奋精神破除陈规，讲究实际运用，令你按计划在福建选择场地建厂，买机器，雇外国技师，试造轮船，实为当前要办的急事。于是，福州船政局得以创办，它成为近代海防的产物。

左宗棠的远见卓识，周密计划，使他成为清政府建设海防的重要人物，无论在当时还是在当今的中国社会，都是值得推崇的一位民族优秀人物。

5. 勤奋必能通向成功

本章最后说到如何做到真诚的问题。"择善固执"是纲，选定美好的目标而执著追求；"博学、审问、慎思、明辨、笃行"是目，是追求的手段；立于"弗措"的精神，"人一能之，己百之；人十能之，己千之"的态度，则都是执著的体现。"弗措"的精神，也就是《荀子·劝学》里的名言"锲而舍之，朽木不折；锲而不舍，金石可镂"的精神；"人一能之，己百之；人十能之，己千之"的态度，也就是俗语所说的"笨鸟先飞"的勤奋态度。

其实，无论是纲还是目，也无论是精神还是态度，都绝不仅仅适用于对真诚的追求，凡学习、工作、生活的方方面面，抓住这样的纲，张开这样的目，坚持这样的精神与态度，有什么样的困难不能克服，有什么样的成功不能取得呢？如果真的能用这种方法，达到如此勤奋的程度，即使你是一个愚钝的人也会变得聪明，即使你是一个柔弱的人也会变得刚强。

任何一个想取得一番成就的人都必须勤奋。没有勤奋就没有成功，这就正如春天不播种，夏天就不能生长，秋天就不能收获，冬天就不能品尝。你要想取得成功，那就要变得勤奋起来。你要想与幸运握手，那就要付出艰辛的劳动。

勤奋与成功的关系密切，你用什么样的态度来付出，就会有相应的成就回报你。如果以勤付出，你的回报也将是非常丰厚的。所以养成勤的习惯，对于每个人来说都是必需的。

朱熹从小就立志将来要像孔子一样有学问。在他读书时，态度非常认真。一天上午，老师有事外出，没有上课，学生们高兴极了，如脱缰的野马，纷纷纷跑到院子里的沙堆上游戏、打闹。小小的院子里欢声笑语，沸沸扬扬。这时候，老师从外面回来了。他站在门口，看到这群顽皮天真的孩子们贪玩的情景，失望地摇摇头。猛然，他发现只有朱熹一个人没有参加孩子们的打闹，他正坐在沙堆旁，用手指聚精会神地画着什么。先生慢慢地走到朱熹身边，发现他正画着《易经》的八卦图呢！从此，先生便对他另眼相看了。

朱熹刻苦好学，很快成为博学的人。十岁的时候，他已经能够读懂《大学》、《中庸》、《论语》、《孟子》等儒家典籍了。孟子曾说："人人都可以成为尧舜那样的人。"当朱熹无意中读到这句话时，他高兴得跳了起来。他自言自语地说："是呀，圣人有什么神秘呢？只要努力，人人都能够成为圣人啊！"后来，朱熹终于成为南宋著名的思想家和教育家。

成功之路就如同登山，唯有攀登不辍，才能一步步靠近峰顶。"一览众山小"的圣人们的成功其实也是由勤奋得来的。不管你是一个凡人，还是一个圣人，"勤"在你成为圣人的过程中，始终不可缺少。

世上成功之事，缺了勤就会变得不易实现，如果有了勤，成功也就不会太难了。

有这样一个关于勤奋的故事：

有一位一心想成为大富翁的年轻人，他认为成功的捷径便是学会炼金术。于是他把全部的时间、金钱和精力都用在了炼金术上。不久，他用光了自己的全部积蓄，家中变得一贫如洗，连饭也吃不上了。

妻子无奈，跑到父母那里诉苦，她父母决定帮女婿摆脱幻想。他们对女婿说："我们已经掌握了炼金术，只是现在还缺少炼金的东西。""快告诉我，还缺少什么东西？"年轻人迫不及待追问道。"我们需要3公斤从香蕉叶下搜集起来的白色绒毛，这些绒毛必须是你自己亲自种下的香蕉树上的，等到收完绒毛后，我们便告诉你炼金的方法。"

年轻人回家后立即将已荒废多年的田地种上了香蕉，为了尽快凑齐绒毛，他除了种自家以前就有的田地外，还开垦了大量的荒地。

当香蕉成熟后，他小心地从每片香蕉叶下收刮白绒毛，而他的妻子和仆人则抬着一串串香蕉到市场上去卖。就这样，10年过去了，他终于收集够了3公斤的绒毛。这天，他一脸兴奋地提着绒毛来到岳父母的家里，向岳父母讨要炼金之术，岳父母让他打开了院中的一间房门，他立即看到满屋的黄金，妻子站在屋中，告诉他，这些金子都是用他10年里所种的香蕉换来的。面对满屋实实在在的黄金，年轻人恍然大悟。从此，他努力劳作，终于成了一名富翁。

在现实生活中，人人都有梦想，都渴望成功，都想学会炼金术。其实，成功的捷径就是勤奋。懒惰是人的本性之一，稍不留神就会流露出来。所以要时刻提醒自己："成事在勤，谋事忌惰。"因为人生短暂，懒惰就如自杀。

我们都知道金子很珍贵，但是纵然你有黄金万两，若坐吃山空，总会有穷困的一天。唯有勤奋才是永不枯竭的财源。勤使人走向成功，聪明的人，勤奋能成就大事，而比较愚笨的人，如果能以勤为本，笨鸟先飞，同样能成为获得成功的赢家，因为勤奋往往是弥补自己某一方面缺陷的良药。

自古以来，唯有勤奋才是无往不胜的成功秘诀。头悬梁、锥刺股、凿壁透光、闻鸡起舞……无不体现着一个"勤"字。我们要养成勤的习惯，唯有如此，才会在成功之路上少走一些弯路。

第二十一章　诚明：自诚明，自明诚

【原典】

自诚明，谓之性；自明诚，谓之教。诚则明矣，明则诚矣。

【译释】

自真诚达到明白道理，这是出于本性。由明白道理而变得真诚，这是接受了教育、感化。真诚就会明白道理，明白道理就会真诚啊。

解读

1. 诚是儒学的奠基性观念

《中庸》是先秦儒家哲学的纲领，它既是对以孔孟荀为代表的先秦儒家思想的一个系统总结，又通过对道德形而上的阐发，将先秦儒家思想向前大大地推进了一步。子思在《中庸》中对诚的哲学意义作了充分的扩展与提升，特别是下篇，不仅确立了诚的"天之道"的至高地位，而且盛赞诚之效验的神奇与伟大。在子思之后，"诚"便成为一个特殊的哲学概念出现在一些儒学的论说中。

"诚"是《中庸》的一个核心范畴，在第二十章末提出："诚者，天之道也；诚之者，人之道也。""诚"被赋予了伦理与哲学的双重意蕴，是贯通天人、连接物我的一个重要哲学范畴。"诚"既有本体论的意义，也有认识论的意义；既是沟通天道与人道的桥梁，也是道德修养的途径。

"诚"最早见于周代的古籍《尚书》、《诗经》、《周易》等书中，多为此种用法。《尚书·太甲》："鬼神无常享，享于克诚。"《周易》中"诚"即信的观念，多作"孚"。《易·杂卦传》说："中孚，信也。""孚"就是诚信的意思，一个人只要有这种"孚"，就"勿问，元吉"（《周易·益卦九五》），不用问都大为吉利。而且，"有孚维心，享，行有尚"（《周易·坎卦》），即做到内心有诚，就能得到与神通，凡事顺利，行事都能取得很高成就。"孚"，《周易》凡四十二见，而以诚信义为最多。

后来，以孔子为代表的儒家学派充分挖掘"诚"的内涵，并赋予它以新的意义。

《论语》中"人而无信，不知其可也"（《论语·为政》），就是对诚意蕴的阐发。继孔子之后，孟子对诚作了更进一步的阐述，他说："诚者，天之道也，思诚者，人之道也。至诚而不动者，未之有也，不诚未有能动者也。"（《孟子·离娄上》）荀子则从外在自然与社会政治的关系上讲诚，"君子养心莫善于诚，至诚则无他事矣，唯仁之为守，唯义之为行，诚心守仁则形，形则神，神则能化矣，诚心行义则理，理则明，明则能变矣。夫此顺命以慎其独者也……天地为大矣，不诚则不能化万物；圣人为知矣，不诚则不能化万民；父子为亲矣，不诚则疏；君上为尊矣，不诚则卑。"（《荀子·不苟篇》）

这里诚已经具备了化万物、参天地的思想。

孟子、荀子关于诚的这些论述对《中庸》产生了重要影响，但就思想的深刻性及理论体系的严密性、系统性而言，《中庸》则大大超过了孟子、荀子。《中庸》在孟子、荀子的基础上作了进一步的阐发。主要表现在两个方面：其一是在诚的属性上进一步作了论述，其二则把诚看做是宇宙和伦理的本体，这就为前期儒家伦理道德体系提供了一个形而上的依据。如果说前者是对诚的"用"的完善，那么后者就是对诚的"体"的提升。

2. 诚和明是互相联系的

本章是子思承上一章孔子关于天道、人道的思想立论的，自此以下十二章，都是子思的言论，用来反复阐明本章的意思。

在《中庸》里，诚和明是互相联系的。本章说："自诚明，谓之性；自明诚，谓之教。诚则明矣，明则诚矣。"这就是说，一个人若是明白了日常生活中普通而平常的活动的一切意义，诸如饮食人伦的意义，他就已经是圣人。一个人若是把他所明白的完全做到了，他也是圣人。如果做不到，也就不可能完全明白其意义。如果不完全明白其意义，也就不可能完全做到。

"自诚明，谓之性"显然是《中庸》第一章中的"率性之谓道"，因为第二十五章说"诚者自成也，而道自道也"。"诚"即是"道"，与"率性之谓道"是一致的。

在作者看来，人虽然具有内在的"诚"，但并非每个人都能直接表现出来，还需要经过后天的培养和教化，这即是"修道"与"自明诚"作为"教"的意义所在。因此，第二十一章的这段话，可以看做是对第一章"率性之谓道，修道之谓教"的说明，二者具有内在的联系，而由二十一章我们可以知道，"不可须臾离也"的"道"也可以说是对"诚"而言。如果说这个根据还不够充分的话，那么，我们不妨再看第二十章下半段的论述：

诚者，天之道也；诚之者，人之道也。诚者，不勉而中，不思而得，从容中道，圣人也。诚之者，择善而固执之者也。

"诚者，天之道"这里可以理解为，圣人天生真诚，他们的"诚"不借后天的努力和思考而自然表现出来，也即"诚者不勉而中，不思而得，从容中道"，它是先天自然的，故说"天之道"；而"诚之者，人之道"，是说普通人不是天生真诚，但可以经过对"善"的学习和掌握而发出内在的"诚"，它是后天人为的，需要一个学习实践的过程。所以上面一段后又接着说："博学之，审问之，慎思之，明辨之，笃行之……人一能之，己百之；人十能之，己千之。"因此，"诚者，天之道也；诚之者，人之道也"与"自诚明，谓之性；自明诚，谓之教"二者思想是一致的，都可以看做是对第一章"率性之谓道，修道之谓教"的解释和阐发。

3. "自诚明"与"自明诚"

儒家的理想是"穷理"与"尽性"的统一。

所谓"诚"是指由尽性之学所得到的道德，所谓"明"是指由穷理之学所得到的知识，"自诚明"，是说首先从道德入手可以进一步通向知识；"自明诚"，是说首先从知识入手可以进一步通向道德。就最后的结果来说，"诚则明矣，明则诚矣"，此二者殊途同归。

但是，求仁与求知是不统一的，这样，儒家历史上就出现了明显对立的

两个派别：一派主张"自诚明"，即把求仁的途径放在第一位，主张以主观的内省体验为依据来扩充道德，然后再达到求知；一派主张"自明诚"，即把求知的途径放在第一位，主张以客观事实为依据来即物而穷理，然后再通向道德。这两派都曾以激烈的言辞相互攻击，再加上后来受到争夺道统正传的意识形态干扰，从而增加了这个问题的复杂性。

其实，在子思看来，无论是"自诚明"还是"自明诚"，只要做到了真诚，二者也就合一了。革命不分先后，明道向善不问先天后天。从另一个角度看，这里也表达了天人合一的思想。

一个人如果天生真诚，从而由真诚达到明白道理，做事情时就会"不思而得，从容中道"。由于天性的真诚而自然而然地了解了社会人生的常道，这就是"性"。这种人就是"自诚明"的人，他们可以说是天生具有"诚"的慧根的人。因而为人处世时持中、稳健、理性、包容。这样的禀性使他们看待事物时不会偏颇，总能看到事情的本质。

大多数人要通过博学、审问、慎思、明辨的学习、体会的过程，来知道"真诚"二字是自然界的法则。认识到真诚的自然天性，从而明白人情事理，领悟到人生需要真诚，万事需要诚意，然后再反过来看一看自己的处世态度与行为方式，最终才能做到笃行"诚"这一法则。这就是自然教化的结果，也就是"教"。

无论是我们生而知之，还是学而知之；无论我们是自然而然地顿悟，还是后天努力后得到的渐悟，诚都是与大道无法分离的。真诚既是天道运行的法则，又是人道运行的法则。只有为人真诚，才可以说是一个真真正正的人，也才能够得到人生的智慧，从而拥有成功的人生。真诚、诚实、诚信是最根本的道德原则，是达到中庸的境界的基础，而中庸之道又是人生成功的途径。在工作中不可以弄虚作假、偷奸耍滑、阳奉阴违。凡是以真诚相待，也许暂时会让人误会，然而最终还是会得到理解。

古人经过实践认识到了"诚"是一切事业得以成功的重要保证，诚信是一个人做人成才、谋事成功的根本。

《管子》说："非诚贾不得食于贾，非诚工不得食于工，非诚家不得食于农，非信士不得立于朝。"说的就是如果不诚信，从经商到务农什么事儿也做不成。只有以"诚"的态度对待自己的工作，才可能事业有成。所以说诚是百得之源、成事之本。

北宋的哲学家程颐说："学者不可以不诚，不诚无以为善，不诚无以为君子。修学不以诚，则学杂；为事不以诚，则事败；自谋不以诚，则是丧其忠而增人之怨。"意思是修学、为人、谋事、待人都必须"诚"，否则就会修学不精、为人不善、为事不成、自弃其忠、增人之怨。

对待亲人也要以"诚"。唐代的魏征说："夫妇恩矣，不诚则离。"所以夫妻、父子、兄弟之间也要以诚相待、真诚守信，才能和睦相处，以达到家和万事兴。正如《圣经》所言，正直的人纯正，必引导自己；奸诈人的乖僻，必毁灭自己。

"诚"是上天赋予我们的自然法则，所以真诚、诚信的人，他的心灵、情感与理性、行为是合一的，是一种和谐的统一。曾国藩认为做人必须以"诚"字为本，才有用武之地。他说："诚者，不欺者也。不欺者，心无私著也。"意思是真诚的人是不欺的，因为他心中没有"私"字。

第二十二章 至诚：用至诚之心赢得至忠

【原典】

唯天下至诚，为能尽其性。能尽其性，则能尽人之性。能尽人之性，则能尽物之性。能尽物之性，则可以赞天地之化育。可以赞天地之化育，则可以与天地参（sān）矣。

【译释】

只有天下最真诚的人，才能够充分发挥自己的天性。能够充分发挥自己的天性，就能够充分发挥众人的天性。能充分发挥众人的天性，就能够充分发挥万物的天性。能充分发挥万物的天性，就可以帮助天地培育万物。能帮助天地培育万物，就可以同天地并列了。

解读

1. 君使臣以诚，臣事君以忠

人随时随地都离不开自然界的万事万物，随时随地都与万物打交道，以诚心待物，这是处理人与物关系的根本态度。以诚待物就是尊重万物，同情、爱护和理解万物，以天地化育之道促成万物的生长发育，而不是相反，即不是将万物视为与生命无关的外在之物去役使、去控制、去破坏。"尽物之性"就是使物性得到实现而不要受到伤害。物各有性，物性是物之为物者，也是物的内在价值之所在，人不仅应当尊重物的价值，而且要从人性的自我反省出发体认其物性，这就是人的责任和义务，也是人的价值的实现。人与物本来都是自然界生命整体中的组成部分，由于人能够推致而实现其诚性，认识到天地化育之道，因此承担起"赞天地之化育"的使命，成为自然界之中特殊的一员，发挥着特殊的作用。人如果真正这样做了，即完成了"赞天地之化育"的使命，那么，人就可以"与天地参"，即与天地并立了，人在自然界的地位也就确立了。这才是人的主体性之所在。

对物要诚，对人也应当如此。《中庸》认为，至诚之人可以感召他人，充分发挥其天性，从而取得非凡的成绩。

怎样处理君臣关系，这在古代政治层面上是一个根本问题，而《中庸》的解答方案，是要求双方都要有至诚的精神，这是一种"诚"和"忠"的双向伦理关系。俗话说以心换心，即使是上下级关系，也要使人以"诚"，因为只有这样，才能换来对方的忠诚效劳。

三国时期刘备与诸葛亮这一对搭档，可以说是"君使臣以诚，臣事君以忠"最为典型的例证。

"三顾茅庐"是刘备求才的佳话，其所以千古流传是由于它展现了刘备的求才之心切，爱才之德盛，而且礼数感人。也正因为刘备有茅庐三顾，才有后来诸葛亮的"鞠躬尽瘁，死而后已"。

刘备"三顾茅庐"那种诚心访求人才、尊重人才、尽礼待人的态度确实是感人的。刘关张兄弟三人"一顾"时，关羽、张飞两人都有点不耐烦。急性子的张飞说："既不见，自归去罢了。"刘备说："且待片时。"又等了一会儿，确实无望，关羽说："不如且归，再使人来探听。"兄弟三人这才离去。"二顾"时，张飞开始发脾气了："量一村夫何必哥哥自去，可使人唤来便了。"刘备劝说一番，三人又一同出发，可还是没见着。"三顾"时，关羽张飞都极不高兴，关羽话说得很轻却落得很重："兄长两次亲往拜谒，其礼太过矣。想诸葛亮徒有虚名而无实学，故避而不见，兄何惑于斯人之甚也！"张飞则更按捺不住，准备动武："量此村夫，何足为大贤！今番不烦哥哥去，他如不来，我只用一条麻绳缚将来！"但是刘备却意念坚定，一面呵斥张飞的鲁莽，一面对关羽说："不然，昔齐桓公欲见东郭牙野人，五反而方得一面，况吾欲见大贤耶？"为了求得诸葛亮，别说"三顾"，恐怕再多几次他也会毫不犹豫地去请的。

一连两次都扑了空，第三次终于见到了仰慕已久的诸葛亮。刘备立即谦逊地请教："现在汉朝崩溃，天下大乱，权臣控制朝政。我不度德量力，想伸义于天下，完成统一大业，恢复汉朝的统治，但由于才疏德薄，屡遭挫折，至今一无所成。不过，我并未因此而心灰意冷，还想干一番事业，希望先生为我谋划。"

诸葛亮为刘备诚心尽礼的态度和正义的雄图所感动，便决心倾其所能以报知己。于是他毫无保留地对当时天下形势从政治、经济、军事、地理、人事等方面进行了精辟分析，并为刘备具体谋划了战略目标、战略步骤，这就是著名的《隆中对》。刘备听后赞叹不已，相见恨晚，于是热诚地邀请诸葛亮出山辅佐自己成就大业。诸葛亮慨然应允。

刘备求得诸葛亮后说："我得孔明，如鱼得水。"诸葛亮一到刘备军中，刘备不仅礼待如兄弟，而且即刻委以重任，言听计从。诸葛亮见刘备如此器重自己，就放开手脚，尽力施展自己的才华。首先帮助刘备扩大军队，很快由几千人发展到上万人，又广纳人才，结好地方，使一生受挫折的刘备又看到了希望。建安十三年，曹操亲率大军南下，对刘、吴集团虎视眈眈。

诸葛亮自告奋勇，前去游说孙权联合抗曹，导演了"赤壁之战"，使曹操败北。这样，三国鼎立的局面就形成了。

赤壁大战后，诸葛亮积极谋划，并不辞劳苦，亲自征战，使刘备出兵占领了荆州以南的地区，继而又占领了益州。建安二十二年，诸葛亮又在定军山大破曹军，使刘备一举占领了汉中。为了稳定社会、革新政治，诸葛亮严格执法，惩处豪强，任人唯贤。刘备得荆州，进益州，据汉中，建蜀汉，都与诸葛亮竭忠尽职分不开。

由于刘备器重、尊敬、礼遇诸葛亮，致使诸葛亮不但在刘备生前尽心尽力，在刘备死后，诸葛亮更是以仲父之身、慈母之心辅佐后主刘禅。

诸葛亮在名垂千秋的《出师表》中写道："先帝不以臣卑鄙，猥自枉屈，三顾臣于草庐之中，谘臣以当世之事，由是感激，遂许先帝以驱驰。"感慨流涕之余，响亮地提出"鞠躬尽瘁，死而后已"的口号以表忠心。辅佐后主期间，面对着刘备东征失败后的现实，诸葛亮稳定秩序、恢复经济、重振军威的担子很重，他不辞辛劳，注重以法治国，严明法纪，并大力实行"务农植谷、闭关息民"的政策，整修水利，奖励农耕，在很短的时间内，使蜀国经济又有了一定的恢复和发展。为实现刘备统一中原的遗愿，诸葛亮更是不顾年迈体衰，六出祁山，北伐曹魏，最后抱终天之恨，病逝于北伐前线。

诸葛亮鞠躬尽瘁追随、报答刘备，充分体现了"臣事君以忠"，当然，这

是以刘备"使臣以诚"为前提的。同样的关系也见于刘备与关羽、张飞、赵云等诸多部下之间。可见，这种双向互动在人际关系中是多么重要，任何一方的冷漠都有可能引起对方的寒心和无动于衷，那样，就不会出现任何令人感动的情谊，也不可能共同创造出令双方都满意的事业来。

2. 用自己的真诚打动对方

虽说"有钱能使鬼推磨"，但具有大智的人才大都孤高自许，视金钱如粪土，所以身为领导者要想得到真正的人才，除了给予高官厚禄，最重要的是要用真诚打动他、尊重他。唯有诚心诚意地对待，才能让他死心塌地地跟着你走，为你谋利益。

信陵君就是用自己的诚心换来侯生的以死相报的。

魏国有一个隐士叫侯嬴，人称侯生，年且七十，家贫，在大梁夷门看大门。信陵君知道后，便派人以厚礼赠之。

侯生不肯接受，说："我修身洁行数十年，到了这个年纪绝不会因为看门贫困而接受公子厚赠。"

信陵君没有放弃，一心想笼络这位贤才。

有一次，信陵君置酒大宴宾客。客人已经到齐，坐好。信陵君亲自赶着大马车，留下尊位，去请夷门侯生。侯生提起破旧衣衫，一直走上前去，坐在尊位上，一点也不谦让，想借此观察信陵君的神态。

信陵君赶着马车，态度十分恭敬。

走到途中，侯生对信陵君说："我有一位朋友在市中屠宰场，借您的车驾绕道去拜访他一下。"

信陵君驾车进入市场，侯生下车去拜访他的朋友朱亥。故意站着与朱亥长谈。

侯生看见信陵君态度一直十分温和、恭敬，于是与客人道别，上车到了

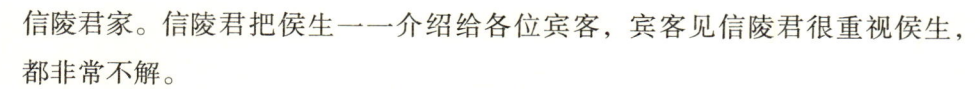

信陵君家。信陵君把侯生一一介绍给各位宾客,宾客见信陵君很重视侯生,都非常不解。

侯生便对信陵君说:"今天我受公子的厚待实在是心满意足了。公子今天宾客盈门,本不应该屈尊去接我这个看门人,但是公子却这么做了,为了报答公子之恩,成就公子为贤之名,所以让公子驾着车,久久站立在市场之中,让来往之人观看公子而公子态度恭敬。这样,市人都认为我是小人,而公子是长者,能够礼贤下士。"

酒罢,信陵君尊侯生为上客。

魏安釐王二十年,秦国将赵国的邯郸围得水泄不通,城中情况非常紧急。平原君数次派人送书信给信陵君,请求魏国发兵救赵。

魏王本想进兵,但是秦国又派使者来到魏国,说:"我攻赵,早晚都是要破城的,诸侯敢救者,破赵之后,必移兵先攻打。"

所以,魏王不敢发兵救赵。

信陵君忧心如焚,屡次请求魏王,但是魏王惧怕秦兵,坚决不听信陵君的劝告。

信陵君知道最终不会说服魏王,也不准备自己活着而让赵国灭亡,就约请宾客,准备战车百余乘,决心去跟秦军决斗,与赵国共存亡。

信陵君带着队伍,经过夷门时,告诉侯生欲与秦军决一死战的情况。

侯生说:"公子你要努力啊!我已经老了,不能跟你去。"

信陵君向前走了几里,心中感到很迷惑:"我对侯生可算是尽礼尽心了,天下无人不晓。如今我就要拼命而侯生竟然不为我出一谋、划一策,也不劝阻我,真奇怪啊!难道我还有什么过错吗?"

于是止住部队,单车回到侯生门外,询问侯生。

侯生说:"我早就料到你一定会返回来的。"

"为什么?"

"公子尊贤爱士,天下闻名。如今你要去冒险拼死,就像把鲜肉投给饿虎,会有什么结果呢?既然如此,又何必养士尊客呢?公子厚待我,公子去冒险,我没有一言半计相送,我知道公子一定会有感而回。"

信陵君大礼相拜，请问良策。

侯生于是避开人说："我听说晋鄙兵符常放在大王卧室之内，而如姬夫人最受宠幸，可以自由出入，一定能够轻而易举地拿到。我听说，如姬夫人之父被人杀害，如姬悬赏三年，自大王以下的人都拼死效劳为父报仇，但是三年都抓不到凶手；如姬哭诉请求公子相助，公子派人斩仇人之头献给如姬。姬欲为公子效尽死力，只是苦于没有图报的门路。公子如果开口叩请如姬夫人，她必然会慨然答应。窃得兵符去代替晋鄙领兵，救援赵国，抗击秦国，这是千秋霸王之大业啊！"

信陵君采纳侯生之计，叩请如姬，如姬果然盗得晋鄙兵符交给信陵君。

信陵君准备出发，侯生又献计说："将在外，君命有所不受。公子与晋鄙合符，若晋鄙不交出兵权而要再请示大王，那事情就危险了。我的朋友朱亥可以跟公子一起去。晋鄙如果乖乖交出兵权，这是最好不过的事；如果不交出兵权，就令朱亥杀了他。"

侯生又说："我本来应该跟着公子亲赴死难，但是我已经老了，不能去了。我计算着公子的行期，等公子到了晋鄙军的日子，我北向自刎，以送公子。"

信陵君劝慰再三，挥泪辞行。侯生得知信陵君已掌兵权，果然饮剑而亡。可见他对信陵君何等的忠心。如果不是信陵君以诚相待，又怎能得到这样人的忠心呢？

李世勣是唐朝的开国功臣，是第一个被赐为"国姓"的人（他原姓徐），又是李世民晚年嘱以托孤重任的人。对这样的重臣，李世民自然十分重视感情上的沟通。

有一次，李世勣得了急病，医生开的处方上有"胡须灰可以救治"的话，李世民看了，便毫不犹豫地剪下自己的胡须送给李世勣。

古人讲，身体发肤，受之父母，不可损伤。因此，他们不剃发，不剪须；至于皇帝，连身上的一根汗毛也是珍贵无比的。李世民的举动实在异乎寻常，前无古人。李世勣感动得热泪长流，叩头以至流血，表达他感激不尽的激动心情。

第二十三章　致曲：真诚之人能化育万物

【原典】

其次致曲，曲能有诚。诚则形，形则著，著则明，明则动，动则变，变则化。唯天下至诚为能化。

【译释】

比圣人次一等的贤人，致力于某一方面，致力于某一方面也能做到真诚。做到了真诚就会表现出来，表现出来就会逐渐显著，显著以后就会光辉明亮，光辉明亮就会感动他人，感动他人就会引起转变，引起转变就能化育万物。只有天下最真诚的人才能化育万物。

解读

1. 致曲的修养之道

这一章是相对于上一章而言的。上一章说的是自觉修炼至诚的圣人，这一章则提出了"致曲"的修养之道，说的是次于圣人的人也可以做到诚，这种人被称为贤人，指睿智贤能之人。

圣人是"自诚明"，天道生就真诚的人。但不是每一个人都能成为圣人。

"曲能有诚",曲就是一端、某方面,不是方方面面都能做到诚,而只要在德行的一个方面做到了诚实的贤人则是"自明诚"。换句话说,他们是通过后天教育明白道理后才真诚的人。

贤人虽然只致力于某一方面,但通过教育和修养,通过"形、著、明、动、变、化"的阶段,就可以从仪态上表现出来。如果做了虚伪的事,虚伪也可以从神态中体现出来。所以当表现出善的诚意时,就会发扬光大,呈现出人性美的光辉。有了这种光辉,就能处处动人,就能让别人体察到自我光辉的精神世界,就能启示他人、影响社会,就能够使天下都认识到榜样的力量。

"诚则形,形则著,著则明,明则动,动则变,变则化"就是讲由诚到著形成物的过程,从形上到形下的世界,都是由诚而后形、著、明、动、变、化。

其实,宇宙中的一切存在都是宇宙之一曲,这一曲对于广大的宇宙来说,真是微不足道,但即使它是如此微不足道,也是"诚"在宇宙中的一种表现,反观内心,必能发现善端,如果能尽力推而广之,就能达致极高明的境界。"曲无不致,则德无不实,而形、著、动、变之功自不能已。积而至于能化,则其至诚之妙,亦不异于圣人矣。"所以说个体德行之至精至微处又是宇宙全体大诚之至广处,因而"诚"作为一种修己的工夫,受到儒家高度重视。

《中庸》这是在告诉我们,人人通过努力都可以成为君子,都可以成为贤人。它不要求方方面面都像圣人一样,也不要求所有方面都达到绝对的诚,但只要从小的地方做起,并且在关键方面做到诚,这样,就使得人性的善体现出来,用诚实去感化他人从而化育天下。最后,"唯天下至诚为能化",只有能使普天之下达到至诚的那种人,才能去化育万物、化育他人,当然同时也是在化育自己。

说到底,只要你努力奋斗,条条道路通罗马,最终都可以大功告成,修成正果。

在劝人真诚的问题上,《中庸》真可以说是苦口婆心,不遗余力了。

2. 由局部达到整体的诚

人如何才能实现诚，进入至诚的境界呢？《中庸》承认圣人是"自诚而明"的，不需要特别的功夫即能实现诚性，但其他人则需要"自明而诚"的功夫。"明"是生命的体验和认识活动，从实践上说是"择善"（从这里可以看出，《中庸》似乎承认人性是复杂的，与孟子的性善论不完全相同），从认识上说是"明善"，其实二者是统一的，不能分离的。这是人的德行修养之事，非常重要。

人的一切修养的根本目的，都是为了"至诚"而"化物"，完成人生的使命。人如果不是"天降之圣"，就要"致曲"，即经过曲折的努力，由局部而达到整体，最终实现"至诚"之境。

程颢说："人具有天地之德，自当遍复包含，无所不尽。然而禀于天，不能无少偏曲，则其所存所发，在偏曲处必多，此谓致曲。虽曰致曲，如专一于是，未有不成。"（《二程集·中庸解》）

朱熹说："盖人之性无不同，而气则有异，故惟圣人能举其性之全体而尽之。其次，则必自其善端发现之偏而悉推致之，以各造其极也。曲无不致，则德无不实，而形著动变之功，自不能已。积而至于能化，则其至诚之妙，亦不异于圣人矣。"(《四书集注·中庸章句》)

陈淳说："此说大贤以下，性之全体，未能如圣人之浑然无欠阙者也。自形著之变化，以致曲之效言之。至此，则人道极其至，亦如天之道也。"(《北溪大全集·中庸口义》)

《中庸》特别强调人性修养的必要性和可能性，认为只要经过努力实践，必能达到人生的最高点，完成化育之功。人生在世，注定了就是完成这件事，再没有什么更重要的事了。这不仅是人生的职责，而且是人生的需要，因为人如果离开天地万物，就不知如何生存，也不知归宿在何处。因此，《中庸》说："其次致曲，曲能有诚，诚则形，形则著，著则明，明则动，动则变，变则化。唯天下至诚为能化。"从"致曲"到"能化"，这一系列由内到外的过程，既是人生自我提升的过程，又是对待万物、处理人与万物关系的过程；既是达到"化境"的过程，又是"参赞化育"的过程。可见，《中庸》是把人性修养和"参赞化育"紧密地联系在一起的。

人如果能达到"至诚"之境，便能与天地一样成就万物，助成天地化育之功，这正是人的伟大之处。"至诚"而"化物"之学，也就是儒家的"成己"而"成物"之学，诚与仁是一致的，以诚待物就是以仁待物。

第二十四章　前知：至诚者可预知未来

【原典】

至诚之道，可以前知。国家将兴，必有祯祥；国家将亡，必有妖孽。见乎蓍（shī）龟，动乎四体。祸福将至：善，必先知之；不善，必先知之。故至诚如神。

【译释】

具备至诚之道的人，可以预知未来。国家将要兴盛的时候，一定有祯祥这种吉兆；国家将要衰亡的时候，一定有妖孽这种凶兆。凶吉之兆可以通过占卜的蓍草和龟甲表现出来，也可以从人的四体之中表现出来。祸与福将要来到：是吉，一定可以预先知道，是凶，也一定可以预先知道。所以，至诚的人犹如神一般。

解读

1. 诚的最高境界有如神灵

本章进一步谈圣人之诚的先天感应的预知功能。

至诚使得人能够超越自我的有限性，而达到"先行见到"、"先行呈现"

的高超境界，事情还没有发生就依稀知道它的端倪，善的吉祥之事还没有光临，喜悦的心已经先行迎接了它的光辉，恶的东西还没有来临就知道征兆。

至诚使得人能够穿越历史的尘埃和当下的遮蔽，看到国家和社会的内在问题。

托尔斯泰的小说，倒叙、穿插、蒙太奇，都没有，他就那么老老实实地顺着写。他的《一个地主的早晨》，不过就是简单地写了一个年轻的地主，在早晨挨家走访了几个不同的农户，作者一家顺着一家，详细描述了每户农民不同的生活景况和人物性格，仅此而已。他的另一篇小说《暴风雪》，写的是"我"跟着驿车如何出门，如何迷路，如何碰见一些同行的马车，一路如何交谈……那样简单的结构几乎令人失望，而且疑惑：这么写太过老实了吧，太没有噱头了吧，太没有戏剧性了吧。小说要写得好看，有冲突，有悬念……不是吗？

然而，他那样深入地观察，精确地描绘，求真到近似流水账的小说，力量却非常之大，它们像榔头一样，一记接着一记狠狠地砸在你身上。

托尔斯泰并不是唯一写实的作家，世界上有多少人以写实为武器创作小说，但达到他那样真实强度的作品却不多，我们简直想不出，他怎么会在真实中凝聚了那么大的精神含量？在别的写实作家身上却实现不了。

不妨来分析一下托尔斯泰在1855年连续写下了三篇关于塞瓦斯托波尔要塞的战争小说：《十二月的塞瓦斯托波尔》，《五月的塞瓦斯托波尔》，《一八五五年八月的塞瓦斯托波尔》。第一篇写于4月，第二篇写于6月，第三篇写于12月。一个作家在短短的八个月中，反复写同一个题目，他不厌烦吗？他不怕重复吗？他哪来的这种胆量和能量？

这种疑问对托尔斯泰来说，算是小儿科。他可不是那等蝇营狗苟，想靠小说立身扬名的宵小之辈。他写小说，只因为他真诚地关怀人。这个人活着的状态是：他看，他听，他同情，他思考。只要具备了这个素质，作为一个作家的托尔斯泰，他的灵感当然会像一口高压油井一样，喷涌而出、源源不断，因为生活本身是生生不息、丰富多彩、源源不绝的。也因为此，托尔斯泰从来不是为写小说而写小说，他写小说只是体现了他的"至诚"：关怀、同情、爱、慈悲。真实在他手中，纯度那么高，也许就因为纯度高，才可能力量大吧。

当人说的每一句话都是真实的，心里想的每一件事物都没有私利和占为己有的欲望，他就能透过现象看本质，能够通过今天看明天，通过当代看未来。

"至诚如神"，唯有这四个字，方能解释为什么托尔斯泰质朴单纯的写实小说会有那么强大的力量。

2. 先知来自于自身的修炼

《中庸》认为，有了最诚实的道和最诚实的心，就可以用来预测未来、感知未来。

"国家将兴，必有祯祥；国家将亡，必有妖孽"的现象，历代的正史野史记载可以说比比皆是，不胜枚举。有人将吉凶的预兆斥之为先验论或迷信，其实，撩开神秘的迷雾，这里的意思不外乎是说，由于心灵达到了至诚的境界，不被私心杂念所迷惑，就能洞悉世间万物的根本规律，因此而能够根据一些现象预知未来的吉凶祸福、兴亡盛衰。

事物运行变化有它自然的规律，事物运行过程中有诸多征兆，属于极为正常之事。本章谈事物发展之初的必然现象，并非迷信，犹如潮起潮落，日起日落，初潮之呼啸，高潮之澎湃，日起之晨曦，日落之余晖，皆乃事物之预示。

"国家将兴，必有祯祥"，国家要兴旺，人才辐辏，战乱平息，人丁兴旺，人民安宁，皆是吉祥之征兆。至诚之人能与日月合其明，与天地息息相通，自然能窥见"祯祥"之征，自然能感知兴盛之兆。"国家将亡，必有妖孽"，国家要灭亡，灾难频频，战祸连连，人才奔散，人口凋敝，民不聊生，皆是"妖孽"之状。至诚之人，"感应天地"，"善，必先知之；不善，必先知之"，"至诚如神"。

诚，就是真实无欺，既不欺人，也不自欺。传统道德讲修身，特别强调诚，将其看做是道德的核心；至诚，则被看做是完美人格的最终归宿，在中国传统文化中是人生最高的道德境界。

"如神"，不仅可以理解为如同传说中的神仙一样，料事如神，具有先见之明，还可以理解为如同神助。《孟子》说："至诚而不动者，未之有也；不诚，未有能动者也。"意思是：达到至诚就能使人感动，达不到至诚就不能使人感动；还说："诚者天之道也，思诚者人之道也。"意思是：天是真实无欺的，人也应该追求真实无欺——也就是说，诚是天人相通的媒介，做到至诚就能与天相通。这里所说的"天"，代表不以人的意志为转移的客观规律。

古人还有"精诚所至，金石为开"之说。对人以诚相待，才能换取别人的真心，得到别人的帮助，成就大事业；如果虚情假意，耍小聪明，早晚都会被识破，成为孤家寡人。

如果一个人满嘴是假话，其德行必有亏，别人很难将他看做洁白无瑕的人。人越是追求虚名、假名、伪善之名，反而越是什么也得不到。当人虔诚地、诚恳地承认自己无知时，他反而有知，进而大智，这就叫做先知。

由此可见，预知未来、料事如神的能力，不是来自于神明的指点，而是来自于自身的修炼。只要抱着极为真诚的态度，实事求是，既不弄虚作假、欺世盗名，也不自欺欺人、自以为是，就能透过事物现象，深入事物本质，从而具有非凡的预见能力。

第二十五章　自成：诚者自成，合内外之道

【原典】

诚者自成也，而道自道也。诚者，物之终始，不诚无物。是故君子诚之为贵。诚者，非自成己而已也，所以成物也。成己仁也，成物知也。性之德也，合外内之道也，故时措之宜也。

【译释】

真诚就是自己成全自己，而道则是自己引导自己。真诚是事物的发端和归宿，没有真诚就没有了事物。因此，君子把真诚看得很贵重。但真诚并不是只成全自己就够了，它是用来成全万物的。成全自己是仁，成全万物是智。这是出于天性的德，是融合自身与外物的道，所以无论何时施行都是适宜的。

解读

1. 诚是事物的发端和归宿

《中庸》所论之诚，非世俗理解的某一行为的诚实。而是站在生命的高度，体悟自然本原的特性，贯通三界万物的真理。并以诚修身正心，完成自身的品德修养。用己之小诚感通天地之大诚，合为一体，对天地万物之变化

犹如对自身之了然。

真诚是事物的发端和归宿，没有真诚就没有事物。

诚是一个人完整的人格，它不是外在注射到人的内心，也不是通过外在的耳提面命让人获得。"诚"是自己完成的，是自我人格完成的重要部分，同时它也能成全自己。大道是自己运行的，就像日月星辰在宇宙规律中自己运行，所以古人常以天、以自然来比喻人。而诚实贯穿万物发展始终，离开诚实，事物的规律就被遮蔽了。

大道生天育地，长养万物，有其不可更改的规律，人依天地之道而顺其法则以修身合道（不违逆自然），所以兴衰成败之机都取决于自己的心态行为。

自然之道依其真诚不变的运化，成育万物，从始至终无为而秩序不乱，所以说"诚者，物之终始"。假如自然之道失去诚，五行失调，阴阳无序，则星体运行迟速不定，轨迹莫测，就不会有四季运行，昼夜交替，就会寒热无度，草木不生，就不会有人类世界的存在和发展，所以说"不诚无物"。

诚是万物发展的运行规律。太阳如果不诚，就不会每天照样升起，海潮如果不诚，潮汐就会涨落失序，大自然将会陷入混乱的状态。因此，诚是自然的规律，君子圣人当以诚实为宝贵的品德。

在人类知性发展、社会文明建立之后，自然界的万物几乎都在人的视野之内，或者在人的控制范围之内，人类如何对待万物，就成为至关重要的问题了。"诚者，物之终始，不诚无物"，就是《中庸》对此所作的令人惊叹的回答。在人与物的关系中，物是靠人的诚性得以存在和发展的，不以诚待物，物便不成其为物，即等于无物。反过来说，人如果缺乏诚意，他所做的一切便等于没有做，或者更糟糕，因为他很可能对万物造成极大的伤害。诚虽然靠自己完成，但不仅仅是"成己"就完事了，"成己"是为了"成物"，"成己"才能"成物"，这才是《中庸》和儒家所以重视"成己"的用意所在。

2. 至诚必然是仁德

《中庸》认为，以真诚之道完成自己的身心修养就是仁；使万物得到完成就是智。仁和智是天赋的美德。至诚必然是仁德，"仁者大人也，明至理，悟真宗之圣人也。成物，知之化也。"诚诚相通乃是明理归源，与自然同体，参天地之育化，焉能不知。参透天机，至简至易，都是至诚之天性，在己身之德化，故曰："合外内之道也。"

《中庸》以"成己"为仁，以"成物"为智，这一说法是对孔子仁知之学的进一步发展。孔子的"仁者爱人"、"知者知人"（《论语·颜渊篇》）之说是从人与人的关系立论的，且以仁为"为己"之学的核心，智也要以仁为据，故又有"知及之，仁不能守之，虽得之，必失之"（《论语·卫灵公篇》）的说法。《中庸》则将这种学说扩充到人与物的关系，以实现人与万物的统一和谐为宗旨。"成己"以仁，即是完成人的德行主体，所谓"仁者人也"；"成物"以知，则是提高人的智慧以"知天地之化育"（第三十二章），"能聪明睿智"而"足以有临"（第三十一章），不仅要知人，而且要知天、知物。

知物之所以成物，而不是役物、害物，因为人与物就其广泛的生命意义而言是相通的。就"成己"之仁而言，这是"性之德也"；就"成物"之知而言，这是"合内外之道也，时措之宜也"。其实，仁与知也是统一的，从仁德出发而知物，必定包含着爱物，即对万物的同情与尊重，这就是"合内外之道"，在对待万物的过程中能够"措之以时而得其宜"，即采取正确的措施以取得适当的功用。

智、仁与诚的修养要结合起来。因为，诚从大的方面来说，是事物的根本规律，是事物的发端和归宿；从小的方面来说，是自我的内心完善。所以，要修养真诚就必须做到物我同一，天人合一。而要做到这一点既要靠学习来理解，又要靠实践来实现。

这里最值得注意的是诚的外化问题，也就是说，真诚不仅仅像我们一般所理解的是一种主观内在的品质，自我的道德完善，而是还要外化到他人和一切事物当中去。自己诚了，他人诚了，诚无处不在，无时不有，世界也就美好无欺了。

3. 诚者能够成就自己

要达到"诚"，一方面是自修，一方面是利人，利己跟利人合一。帮人也是成就自己，你要提高，必须要在帮助别人当中提高自己。我们在某些方面确实修为好的，就要真心地帮助别人，无怨无悔、没有条件，这是自己真正修出来的。所以我们及子孙后代要诚，踏踏实实、老老实实，不间断地去做，要守住这个大道。

《向导》杂志曾报道了一则故事：

有一个人遭遇暴风雪，迷失了方向。由于他的穿着装备无法抵御暴风雪，以致手脚开始僵硬。他知道自己时间不多了。

结果他遇到了一个和他遭遇相同的人，几乎冻死在路边。他立刻脱下湿手套，跪在那人身边，按摩他的手脚，那人渐渐地有了反应。最后两人合力找到了避难处。他救别人其实也救了自己，他原本手脚僵硬麻木，就是因为替对方按摩而缓和了过来。

下面这则故事也许更能说明问题：

有一个人想看看地狱和天堂的差别。他先来到地狱，地狱的人正在吃饭，但奇怪的是，一个个面黄肌瘦，饿得嗷嗷直叫。原来他们使用的筷子有一米多长，虽然争先恐后夹着食物往各自嘴里送，但因筷子比手长，谁也吃不着。

"地狱真悲惨啊！"这个人想。

然后，他又来到天堂。天堂的人也在吃饭，一个个红光满面，充满欢声笑语。原来，天堂的人使用的也是一米多长的筷子，不同之处在于——他们在互相喂对方！

天堂和地狱拥有同样的食物，相同的食具，相同的环境，但结果却大不相同。

帮助别人其实就是帮助自己，这就是所谓助人助己的道理。

在一个伸手不见五指的夜晚，一个僧人行走在漆黑的道路上，因为夜太黑，僧人被路人撞了好几次。

为了赶路，他继续走着，突然看见有个人提着灯笼向他这边走过来，这时候旁边有人说："这个瞎子真是奇怪，明明什么都看不见，每天晚上还打着灯笼。"

路人的话让僧人好生纳闷，盲人挑灯岂不多此一举？等那个提着灯笼的人走过来的时候，他便上前询问道："请问施主，老僧听说你什么都看不见，

221

这是真的吗?"

那个人回答说:"是的,我从一生下来就看不到任何东西,对我来说白天和黑夜是一样的,我甚至不知道灯光是什么样子。"

僧人十分迷惑地问:"既然你什么都看不到,为什么还要提着灯笼呢?难道是为了迷惑别人,不让别人知道你是盲人吗?"

盲人不慌不忙地说:"不是这样的,我听别人说,每到晚上,人们都变成跟我一样了,什么都看不见;因为夜晚没有灯光,所以我就在晚上提着灯笼出来。"

僧人无限感叹,说道:"你真是会为人着想呀,你的心地真是善良!原来你完全是为了别人。"

盲人回答:"为了别人,也是为了我自己。"

僧人一怔,非常惊讶,便不解地问道:"为自己?怎么这么说呢?"

盲人答道:"刚才过来的时候,有没有人碰撞过你呀?"

僧人回答:"有呀,就在刚才,我被好几个人不小心撞到了。"

盲人宛然一笑,说:"我是盲人,什么也看不见,但是我从来没有被别人碰撞过。知道为什么吗?因为我提着灯笼,照亮别人也照亮了我自己,这样他们既能看见路,又不会因为看不到我而撞到我了。"

人与天、人与人之间是一种共生共存的关系。利人就是利己,助人就是助己,真诚对待别人就是真诚对待自己。反之,刻薄对待他人就是刻薄自己,毁谤他人就是毁谤自己,损害他人就是损害自己。

诚既是个人修养内在的必备品质和情操,又是个人外在行为的表现,是内在品质与外在行为的统一。"诚者自成也。"诚,不仅能提升自己的修养水平,也能获得丰厚的回报。

三国争霸之前，周瑜并不得意。他曾在军阀袁术部下当一个小小的居巢长，也就相当于一个小县的县令。这时候地方上闹饥荒，年景不好，粮食问题日渐严重起来。居巢的百姓没有粮食吃，不少人活活饿死了，军队也因饥饿失去了战斗力。周瑜作为父母官，看到这悲惨情形，心急如焚，却不知如何是好。有人献计，说附近有个乐善好施的财主鲁肃，于是周瑜就去拜访鲁肃，寒暄过后，周瑜就直接说："不瞒老兄，小弟此次造访，是想借点粮食。"鲁肃一看周瑜仪表不凡，定是大气之才，有心结交，就爽快地说："此乃区区小事，我答应就是。"鲁肃亲自带周瑜去查看粮仓，这时鲁肃存有两仓粮食，各3000斤，鲁肃痛快地说："也别提什么借不借的，我就把其中一仓送给你好了。"周瑜及手下一听他如此大方，都愣住了。要知道，在饥荒之年，粮食就是生命。周瑜被鲁肃的言行深深感动了，两人就此交上了朋友。后来周瑜当上了将军，他不忘鲁肃的帮助，将他推荐给孙权，鲁肃终于得到了干大事业的机会。

有付出才会有回报。真诚地关心和帮助他人，就等于在给自己铺路。人常说"机遇总是偏爱有准备的人"。这里的"准备"，除了实力上的积累外，一种真诚关心和帮助他人的心态和行为，恐怕也是很重要的因素，因为成功的机遇有时恰恰就掌握在你所要关心与帮助的人手里。

4. 从独善其身到兼济天下

《中庸》不仅注重诚者自成，而且进一步强调有所超越，要求诚者成天下的践行，从独善其身到兼济天下。

先圣恐后学者误解真正的诚，而变了味道，为获得利益而诚，一经付出，便存等待回报之心理，所以又戒以"诚者，非自成己而已也"。就是说，诚不是完成自我就停止的，还要用来完成事物，独善其身而不兼济天下是不行的。儒家思想的可贵之处在于，自我完善不是目的，真正的目的在于兼济天下。仁人志士前赴后继，可谓显示了儒家兼济天下思想的精神魅力。

李嘉诚是位成功的企业家，他取得这么大的成就，其中兼济天下的"诚"起着重要作用。他的良好信誉主要来源于他积极奉献和回报社会的一系列举动。

李嘉诚的名字中有一个"诚"字，他的诚不仅体现在商业诚信上，还体现在当他身在自家时，心中还想着大家。"自家"与"大家"的关系是：没有大家，就没有自家，反之亦然。因此，一个大的商人应当有这种兼济天下、造福于社会的善举，去赢得自己的人生价值和社会价值。

李嘉诚对家乡潮州市，先后投资建设了民房、医院，兴办70所山区基础小学、兴建韩江大桥、修复开元护国禅寺的山门、天王宝殿及观音阁、开元宾馆等。

科教兴国，创办汕大是李嘉诚有生以来梦寐以求的最为钟情最为惬意的事业。1979年，他首议带头捐资创办汕头大学。经国务院同意批准，汕头大学于1981年8月26日正式成立。1983年秋开始首届招生办学。在汕头大学的筹建过程中，李嘉诚多次追加捐款，从1980年9月的3000万港元增加到1989年10月的3.7亿港元，一个月后又增至5.7亿港元。前后相比，所赠款项竟比原计划多出近20倍。

在李嘉诚的亲力亲为下，汕头大学经国务院学位委员会审批（1998年6月24日公布）已被列为博士学位授予单位。其所属汕大医学院的病理学与病理生理学科获博士学位授予权。此时，汕大设有文、理、工、法、商、医、艺术、成人教育等8个学院，拥有14个系、20个本科专业，17个专科专业及预科文、理班等，在校学生五千多人。有中科院、工程院院士7名，博士生导师6名，正副教授300多名。另外，李嘉诚对北京大学、清华大学、协和医科大学等均有可观的资助。

李嘉诚对中国的残疾人事业，有关的文化教育事业和科技发展事业，对华东赈灾、云南丽江地区的赈灾、张家口地区的赈灾、深圳的赈灾、广东的赈灾都慷慨解囊。还有"光明行动"、各种教育、科技基金的资助，各种各样的公益事业、宗教事业、医疗事业，等等，李嘉诚都有巨额捐赠。他还在全国多个省、市的贫困地区捐建了一批中小学校而未作公开公布。前不久，他一次向慈善基金会捐款78亿港元；四川汶川大地震后，他又向灾区捐款1.3亿元。迄今为止，他累计捐款已近150亿港元。

自我人格完成是诚的实现方式，然而完成自我，让自我人格光辉而充满德行是很难的，这无疑是一种更大的德行。本性的道德体现，结合了主客体而成就内外大道，实践的重要性在这里体现了出来。李嘉诚从独善其身到兼济天下，为他赢得了良好的声誉，就是对此很好的注解。

第二十六章　无息：至诚是没有止息的

【原典】

故至诚无息，不息则久，久则征，征则悠远，悠远则博厚，博厚则高明。博厚，所以载物也；高明，所以覆物也；悠久，所以成物也。博厚配地，高明配天，悠久无疆。如此者，不见而章，不动而变，无为而成。

天地之道，可一言而尽也：其为物不贰，则其生物不测。天地之道，博也，厚也，高也，明也，悠也，久也。今夫天，斯昭昭之多，及其无穷也，日月星辰系焉，万物覆焉；今夫地，一撮土之多，及其广厚，载华岳而不重，振河海而不泄，万物载焉；今夫山，一卷石之多，及其广大，草木生之，禽兽居之，宝藏兴焉；今夫水，一勺之多，及其不测，鼋（yuán）、鼍（tuó）、蛟、龙、鱼、鳖生焉，货财殖焉。

《诗》云："维天之命，於（wū）穆不已！"盖曰天之所以为天也。"於（wū）乎不显，文王之德之纯！"盖曰文王之所以为文也，纯亦不已。

【译释】

所以，至诚是没有止息的，没有止息就会保持长久，保持长久就会显露出来，显露出来就会悠远，悠远就会广博深厚，广博深厚就会高大光明。广博深厚的作用是承载万物；高大光明的作用是覆盖万物；悠远长久的作用是生成万物。博大深厚能与大地匹配，高大明亮能与高天匹配，悠远无穷能够永无止境。

这样，不表现却能很彰显，不活动却有变化，不刻意去做却能自然成功。

天地的道，可以用一个字说尽，这就是"诚"：诚本身专一不二，所以生育万物多得不可估量。天地的道，博大，深厚，高大，明亮，悠远，长久。

现在且看看天，这里只是一片光明，而在那无穷无尽的天空，日月星辰在上面悬挂着，万事万物被它覆盖着。现在且看看地，原本不过是由一撮土一撮土聚积起来的，可等到它广博深厚时，承载像华山那样的崇山峻岭也不觉得重，容纳那众多的江河湖海也不会泄漏，万事万物被它载负着。现在且看看山，原本不过是由拳头大的石块聚积起来的，可等到它高大无比时，草木在上面生长，禽兽在上面居住，宝藏在上面储藏。现在且看看水，原本不过是一勺一勺聚积起来的，可等到它浩瀚无涯时，蛟龙鱼鳖等都在里面生长，珍珠珊瑚等珍贵的东西都从里面生产出来。

《诗经》说："天命多么深远，永远无穷无尽！"这大概就是说的天之所以为天的道理吧。"多么光明，文王的德行纯洁！"这大概就是说文王之所以被称为文王的原因吧，是他纯洁无瑕而又永无止境吧。

解读

1. 追求至诚永远不停止

《中庸》认为，至诚是没有止息的，天地万物的法则也可以用一个"诚"字来概括，这一章主要就是对此加以论证。

就天而言，每人头顶上都有一方天空，从家的小氛围望出去就那么一小片天。无数小的光明之总和构成一个大天。当头顶那一片天变成一个很大的天时,太阳、月亮、恒星都在这里面,这是多么大啊。万类万物都在天之下,天何其大哉。就地而言,在我们身边的大地,一撮土很少,但无数的一撮土构成了大地。等到它广大深厚时,承载西岳华山都不感到重,容纳江河大海都不显其小,万物万事承载其上,这个大地就是厚德载物的大地。就山而言,拳头大的石头很小,但一块一块地累积起来而高大时,花草树木生其上,珍禽野兽在上面安居,财富宝藏在里面深藏。就水而言,一勺的水很少,但是在其集多而深不可测时,龟类、鳄类、蛟龙、鱼鳖等都生息在其间,珍宝也都可从水中繁殖出来。换言之,人最终变成圣人君子贤人之才,甚至有的变成小人,都是因自己的积少成多而渐进生成的。在这个意义上说,人不可一天不修为而走向至善,人不可一次去违背至诚。纯正没有止境,庄严没有止境,关键一点是"诚",离开"诚"要达到至广至博,那无疑是南辕北辙的。从这一点可以说,《中庸》完成了对"诚"的范畴的阐释。

　　追求至诚永远不要停止,这里谈到毅力的问题。"不息则久",如果永不止息地追求,就会长久,就会走得很远。"久则征",长久就会验证,验证就会越来越悠远,越来越远大,悠远远大就会广博深厚,而广博深厚就会崇高光明、光耀宇宙。从小处做起,永不停止,就能走得远。

　　广博深厚是用来负载万物的,崇高光明是覆盖万物的,悠远长久是用来成就万物的。广博深厚配合大地,崇高光明配合高天,悠远长久无边无涯。

不用表现就能彰显美好的德行，不加运动便变化无穷且放之四海而皆准，无所为而无所不为就能成就一番事业。其实这说明了靠自我毅力笃行，在行动中排除万难而不断地坚持下去，参透天地万物规律而能得心应手掌握，同时，天地万物会通过自我的毅力而得以朝更好的方向发展。

　　万事万物都有生有灭，也就是任何事物都有止息的时候。有些东西，它的生命很短，小的如蚂蚁，大一点的如草木，我们都能够看得见它的生灭。可是从长远的眼光来看，我们觉得牢不可破的东西，哪怕金刚石，它也有毁坏的时候。我们的整个宇宙也有毁灭的一天。因此呢，有形有色的东西是不能持久的。我们的身体也是如此，有生老病死，你要保持永远年轻，就肉体而言是不可能的。

　　那么，我们生活在这种有限的时空里，生活在生灭的这个事态里面，能不能去追求一种永恒？如果这个世上有一个永恒的东西，我们能够认识它，我们通过修持去同化它，那么这个人生就会变得非常有意义。我们的无望、绝望都是因为看不到这种希望，所以面对生死，更多的是无奈。可是有一天我们如果能够彻悟到这种永恒，而且尽我们的努力去追求这种永恒，我们的生命一下子就变得非常有意义。《中庸》告诉我们，世上有永不止息的东西，那是什么呢？那是"至诚"。这个"至"是到极点了，就是我们内心的这种"诚"达到极点的时候，那就是永恒。

2. 博大高明，悠远长久

经过漫长的积累，小的会变成大的。积累会使事物慢慢地越积越大，大到一定程度的时候，量变会引起质变。这种质变，《中庸》称之为高明。"高"，很高大；"明"，有光明。

小的物体因为它质量小，所以它的引力就小；物体越大引力就越大，对别的物体的制约力也大。九大行星都不如太阳大，所以它们只好绕着太阳转。越庞大的东西越是能发光的，小行星它本身不会发光，真正特别巨大的东西就成了恒星，就可以发光了。就是这种博大厚重不断累积，到一定的程度，它就变"高"、"明"了。

我们人也是，人活着最重要的是修炼自己的人格，就是提高情操、德行。这个德行就是我们高明的那个地方。我们平常不断地认真工作，不断地行善。你在变得越来越博大厚重的时候，它也转变为越来越高明了。

博大厚重具有一种很大的承载能力，人如果不博大厚重，定力就不够，就很容易受别人的影响，而且忍受力不足，别人说一句好就沾沾自喜，别人要说你一些不好的方面，或者是诽谤你，就难受，这些都是承受力不够的表现。根本原因是什么？就是我们不够博大厚重。

最高的是天，天在上面，什么都在它下面。人呢？区别在于境界。境界不高，在同一个境界里的都是有私欲的这一批人，是免不了纠纷的。人怎么能没有烦恼呢？你的承受力有限，唯一的办法是自己升华，境界高了就能明事理。私欲就是黑暗的东西，我们的心越自私自利，心灵就越黑暗，我们也就越痛苦。所以境界提高了，私欲去了，心地光明了，才有真正的幸福可言。

我们为什么这么不容易宽容别人呢？是我们的高度不够。有的人也很想宽容别人，但是他们的心胸太狭窄了，不能像天那样包容万物。所以当我们生气的时候，想不开的时候，要想想天的那种无所不包的胸怀。

高明，是我们这个物质世界的极点。做人也是如此，一切的修为最后都决定于你的思想的这种境界，是不是真正能够超越。

所以圣人了不起，因为他们的境界同化了天地。所以说"天不生仲尼，万古如长夜"。就是圣人的那种智慧，实际上要超过太阳。太阳也有毁灭的一天，圣人的智慧永远没有过时的一日，万古长青。所以我们自己变得博大厚重了，就具有大地一样的品性，具有那种很高的智慧，很纯洁的品德，就像天一样的光明，还"悠久无疆"。你同化天地以后，它也是无穷无尽的，没有限度、没有边界。

肉体有生有灭，但是真性只生不灭。人跟天地同源，只要能够明白自己的本性，合上这个大道，那么我们就跟天地同在，就是获得了一种永恒。

当然，从一个满心私欲的人修到有仁义之心的君子，是需要时间的。正如佛教里讲成佛，需要四大阿僧祇劫，再加十万劫。所以，我们不能太着急，要立长远心，要从小事做起，养成一种"诚"的习惯，取代不好的习惯，天长日久，慢慢地这个变化就在其中了，最后能够像文王的道德一样纯，能够"配地"、"配天"、"悠久无疆"了。

3. 至诚的三种情形

《中庸》认为，人如果能够达到像天地一般的至诚，那么他就会表现以下的三种情形：

一是"不见而章"。"见"同"现"，"章"同"彰"。有道德的人，不用故意表现自己有道德，他的生存状态很自然，他的道德自然而然就洋溢出来了。我们只要跟他接近，都能够体会得到。比如，太阳不用表现，它的自然发光，就让我们能感受到光明的力量，就能给天地带来温暖与光明，就能养育万物。我们特别想表现的地方，恰恰是我们不足的地方。

二是"不动而变"。天地生万物，春天来了，草就绿了，没见天地忙来忙去，可是这个世界说变就变了。这就是"不动而变"。为什么这样的生生不息，能够衍化出如此无穷无尽的事物来？就是因为"诚"，这种不二的状态，它蕴藏着无限的可能性。

三是"无为而成"。一切万事万物的成就，都是一种无为状态造成的。所谓"无为"，就是合乎理的作为，不是懒汉什么都不做。整个天地的衍生万物，都是从这个理上给分出来的。所以，这只手是一双无形的大手，就是天理。我们虽然看不见它，但是它在生化着万物。

一个人，一个有道德的人，他活在这个世上，他的待人接物、他的教化众生都是自然的，是无心的。就像太阳照人，就像雨滋润万物，在它们是一种自然。在成为圣人以前，我们必须走有为之道。因为我们已经变得不自然了，在这个后天世界已经被污染了。怎么回去？通过学习经典，明白自己的不足，努力去克服它，使我们的这种不合理的行为越来越少。就是通过有为来达到无为，使我们越来越变成像天地一样的无为。

天地为什么无？因为它蕴藏在里面，我们看不见、摸不着，是无声无息、无形无象的。但是它不是没有，它有种潜在的力量在里面。它蕴藏着不断生息的力量。

这一章还引用了《诗经》的诗句，以文王做典范，说明人跟天地实际上可以一样伟大。

文王的道德很纯。他在不断的"诚"的实践中使自己的品德越来越纯，纯到完全跟天地相合了，这个状态就叫"至诚"。

子思之追述周文王，乃是因为他当时所处的春秋时代太过于混乱，各诸侯国的统治者太过于残暴和贪婪，比起商纣王来说，有过之而无不及。因此他将周文王相比于天和地也不为过。同时也说明，人们对善的追求、对美的追求、对诚信的追求从来没有停止过。

第二十七章　明哲：明达智慧，进退自如

【原典】

大哉，圣人之道！洋洋乎，发育万物，峻极于天。优优大哉！礼仪三百，威仪三千。待其人而后行。故曰：苟不至德，至道不凝焉。

故君子尊德性而道问学，致广大而尽精微，极高明而道中庸，温故而知新，敦厚以崇礼。是故居上不骄，居下不倍。国有道，其言足以兴，国无道，其默足以容。

《诗》曰："既明且哲，以保其身。"其此之谓与！

【译释】

伟大啊，圣人之道，浩瀚无边，生养万物，与天一样崇高；伟大啊，宽仁平和！礼仪有三百条，威仪有三千条，这要等到圣人出来才能实行。所以，如果没有极高的德行，就没有凝聚力。

因此，君子尊崇德行而且注意从学习、询问做起，达到广博境界而又钻研精微之处；达到高明的极点而又注意从中庸做起。温习了已经了解的道理而又懂得了新的道理，诚心诚意地崇奉礼节。所以身居高位不骄傲，身居低位不自弃，国家实行正道时，要努力争取自己的主张被朝廷采纳；国家没有实行正道时，自己要沉默自持保全自己。

《诗经》上说："既明白道理又洞察事理，可以保全自身。"大概就是说的这个意思吧。

解 读

1. 修养德行，适应圣人之道

圣人之道，上达于天道，下通于人世，因此，能够充足有余、包容无限。圣人之道如此高大，如宫墙百仞，然而，得其门而入，则能由卑而高、由近及远，终达于至高的境界。

圣人之道不是用来放在高高的象牙塔中供人瞻仰、赞叹、研究、空谈的，而是随时随地存在并运行于万事万物之中。万物有道，依道而行，则万物自然而然地生长化育、生生不息；人人都有至善的本性，如果人人依本性而行，则天下众生万物自然而然地生活生长、子孙不匮。因此，圣人之道不自我夸耀，不脱离万事万物而独存。因为不自我夸耀，所以能高大至极。自吹自擂者，不合圣人之道；不明心性者，未达圣人之道。

纲领性的礼有三百种之多，这是圣人之道的纲目，由此纲目而能统贯之，便可以渐达于圣人之道；由此纲目而应用之，便可以达到天下太平。细节性的礼有三千种之多，这是圣人之道的具体应用之细则，能应用其中之一，便能使天下离道更进一步，能融会贯通而应用于天下，便能使天下有道。

这也就是说周文王时期的社会行为规范比较严谨而全面，然而这只有等待圣人出现后才能实行。因为自西周以来，各诸侯国封建割据，为了满足自己个人的私欲，置周文王时期的社会行为规范不顾，所以有人说，如果没有周密而周到的规律，即使有周密而周到的道，也不会严整。我们知道，规律有一定的道，道也有一定的规律，这两者是相辅相成的，缺一不可。就像地球围绕着太阳自转和公转一样，不停地转动是规律，稍快或稍慢都会严重影响地球上的一切生命，更不要说停止转动了。依椭圆形的轨道公转是道，稍微再椭圆一点或稍微再圆一点，同样会严重影响地球上的生命。这就是"本来如此"，只有这个本来如此才能成就自己和成就万物，化育万物。

作为圣者，个人的事业，也同时是天下（世界、宇宙）的事业，而宇宙的事业不过是在自己的生命中所打开的个人的日常生活。举轻若重与举重若轻达到了如此高度的和谐。

适应圣人之道，必须修养德行。没有极高的德行，就不能践行圣人之道。圣人之道是从效法天地之道而来，是从对千古圣贤的集大成而来，是从明心见性而推及人之行、万物之性、天地之性而来，因此才能如此博大。个人经验再多，智慧再高，也不如集众人的经验和智慧于一体；集众人的经验和智慧于一体，不如集千古圣贤的经验智慧于一体；集千古圣贤的经验智慧于一体，不如天地人合一的大道。因此，君子应该"尊德性而道问学，致广大而尽精微，极高明而道中庸，温故而知新，敦厚以崇礼"。这样才能使整个社会都走上周文王所走过的道路，才能使人民都能安居乐业。

朱熹认为，圣人之道的这五句"大小相资，首尾相应"，最得圣贤精神，要求学者尽心尽意研习。其实，这五句所论不外乎尊崇道德修养和追求知识学问这两个方面，用我们今天的话来说，也就是"德育"和"智育"的问题。我们今天实施的教育方针，也不外乎是在这两方面之外加上"体育"一项。其性质内涵自然有本质的不同，但其入手的途径却是相通的。

第二十七章　明哲

2. 达到圣人之道的具体途径

"礼仪三百，威仪三千"的礼教是达到圣人之道的主要途径。施行礼教，推行圣人之道的具体途径有五条：第一是"尊德性而道问学"，第二是"致广大而尽精微"，第三是"极高明而道中庸"，第四是"温故而知新"，第五是"敦厚以崇礼"。

朱熹对此五个方面非常重视，他在《中庸章句》中说："尊德行，所以存心而极乎道体之大也。道问学，所以致知而尽乎道体之细也。二者修德凝道之大端也。不以一毫私意自蔽，不以一毫私欲自累，涵泳乎其所已知，敦笃乎其所已能，此皆存心之属也。析理则不使有毫厘之差，处事则不使有过不及之谬，理义则日知其所未知，节文则日谨其所未谨，此皆致知之属也。盖非存心无以致知，而存心者又不可以不致知。故此五句，大小相资，首尾相应，圣贤所示入德之方，莫详于此，学者宜尽心焉。"

第一，尊德行而道问学。由至诚的本性来明德，依至诚的本性而自然有所作为，实际上，这也就是"志于道"、"依于仁"。假如不能"志于道"、"依于仁"，则不可能明心见性。另一方面，如果你的学识修养，学问修养很差的话，要说道德很崇高，这是很难令人信服的，因此要"问学"。"问"包括自问与问人两个方面。在自问与问人之间，自问首先是为了慎思、笃行，问人首先是为了博学、明辨。不知自问，而轻易问人，是自己不思而依赖他人；不明、不懂、不通而不问，是自蔽而不博。"学"包括"文"、"献"两方面，所谓文，是指经典书籍所载的道德礼义、制度知识；所谓献，是指知书达理之人。经典书籍所载的一般是往圣、前贤、时哲之学，现实之人的言行则有善与不善之分别或者混杂在一起，重在"择其善者而从之，其不善者而改之"。善问善学，则能渐渐近道。

第二，致广大而尽精微。这是效法地道的原则。唯有能够广博深厚，才能承载万物、含容万物。从人的本心来说，任何人都不愿意被抛弃、被排斥，从人的本性来说，任何人的本性都不曾有意去抛弃、排斥哪个人。我们的修养，就是要修道到在现实之中不去有意抛弃、排斥任何人，如此才能算是道德修养广博深厚。圣人之道，不求有意地改变众人，而是使众人能够发现自己的本性而不去伤害其他任何人的本性。君子能够如此，"厚德载物"的地道、恕道就在其中了。

第三，极高明而道中庸。这是效法天道的原则。天之大，包括各种星系与星系间的空间，因为它无所不容，所以高；因为他高，所以无所不容。天之明，因为有日月星。日能放光，月既接受日光又反射日光，无数的星系就是这样，或者发光，或者反射，宇宙也就充满光明。我们即使不能登上天一样的高度，总可以登上高山陵岭的高度吧。我们即使不能像太阳一样发光，总可以像月亮一样反射太阳光吧。关键在于我们是否尽了自己的心力。这一切都需要通过"中庸"这个途径。

第四，温故而知新。这一方面，看似容易做到，实际上却很少有人能做到。已知的学问容易忘记，忘记则等于未知；已知的学问容易停留在言辞上，而难以落实到言行中，未落实则非真知；已知的学问很容易成为成见，从而妨碍我们对未知学问的学习；已知的学问如果层次较低，容易使我们对未知的学问感到难以理解而放弃学习；已知的学问如果层次较高，容易使我们对看似简单的学问轻视；已知的学问如果本来就是错误的、偏颇的，容易使我们把正好用来纠正错误、弥补不足的未知的学问否定；另外，我们又常常满足于已知，而不愿意再去学习未知的学问。所以，君子既要时常温习已知的学问，又要不断增加新学问，否则，不可能"致广大而尽精微，极高明而道中庸"。

第五，敦厚以崇礼。敦厚是至诚的体现，宽厚仁慈，不以敌对心态对待任何人、任何事。正如杜甫诗中所说："苟能制侵凌，岂在多杀伤？"因为君子之言行只有一个目的，就是使天下有道德仁义，使国泰民安。所谓崇礼，也就是一切依据礼义而尽心尽力做好自己应做的事情，不推诿退缩，不越位激进。所以下面就说，"待其人而后行"，知道这个礼，然后才行那些礼。为什么要崇礼呢？孔子无论讲政治还是讲教育，都主张用"礼乐"来推行。懂得"礼"，就表示这个人有办事的能力，是一个贤能的人。圣人要用"道"来发育万物的话，凭什么呢？用"礼乐"来发育万物，"礼乐"，一个是讲规矩，一个是讲和谐，和谐加上规矩，这就是跟天地那样，能够使万物在一团和气之中生存发展。

3. 明哲保身，方能进退自如

按照以上五条去做，是不是就可以通行无阻地实现圣人之道了呢？当然不是如此简单。

修养是主观方面的准备，而实现圣人之道还有赖于客观现实方面的条件。客观现实条件具备当然就可以大行其道，客观现实条件不具备又应该怎样做呢？这就需要有"居上不骄，居下不倍"；"国有道，其言足以兴，国无道，其默足以容"的态度，这是君子对现实政治的一种处置、一种适应。反过来说，也就是一种安身立命、进退仕途的艺术，所以，归根结底，还是："既明且哲，以保其身。"

君子可能生存在一个有道的时代或国家，也可能生存在一个无道的时代或国家，无论是有道还是无道，君子在言行之上的共同点是依据道义而行。国家有道的时候，当然是君子大有作为的时候，言行足以使国家兴盛；国家

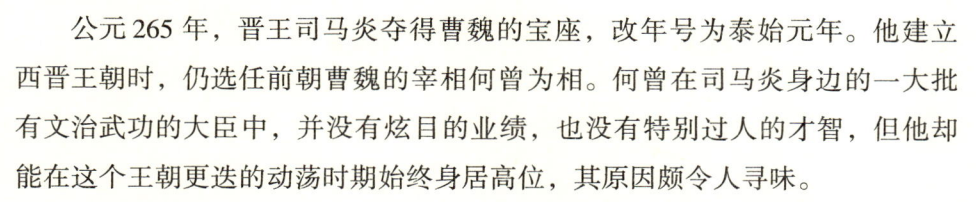

无道的时候，则要"默足以容"，明哲保身。

公元265年，晋王司马炎夺得曹魏的宝座，改年号为泰始元年。他建立西晋王朝时，仍选任前朝曹魏的宰相何曾为相。何曾在司马炎身边的一大批有文治武功的大臣中，并没有炫目的业绩，也没有特别过人的才智，但他却能在这个王朝更迭的动荡时期始终身居高位，其原因颇令人寻味。

何曾字颖考，生于公元198年，陈国阳夏人。其父何夔，曾任曹魏的太仆、阳武亭侯等官职。出生于这样的官宦世家，何曾拥有良好的教育环境，加上他生性好学，少年时与同郡的另一青年袁侃一并小有名气。魏晋时选官，门第之风盛行，因而年轻的何曾顺理成章地承袭了父亲的爵位，开始了显耀的仕途生涯。

魏明帝曹叡初为平原侯时，年轻的何曾作为幕僚，为他掌理文案。这对饱读诗书而又心怀天下的何曾而言，远不足以施展抱负。魏明帝即位后，何曾又历任散骑侍郎，汲郡典农中侍郎将、给事黄门侍郎。在此期间，他曾上书建议魏明帝注重对地方郡守的考核，称"为国者以清静为基，百姓以良吏为本"，认为一个郡守的权力虽然不大，但管辖千里之地，与古时相比亦相当于一个小国君，责任重大。应该"上当奉宣朝恩，下当兴利而除其害"。官员体恤民情是治理地方的一大关键。眼下国家大规模举兵，需要各地增援，更要求地方郡守深得民心，以防民怨沸腾。但目前各地方的郡守，有年高老迈的，有疾病缠身的，有偷懒疏怠的，他们或把政事交给下级官吏去处理，或根本不把政事放在心上。然而因为现行的地方官吏考核制度不够完善，这些郡守的过失还达不到被罢免的程度，所以他们能在任上碌碌无为地虚度时日。因此，他建议魏明帝秘密地诏令一批官员，让他们明察暗访，核查郡守的实际政绩，据此任免官员。

何曾的奏疏不仅观点鲜明，针砭时弊，而且有理有据，分析精辟。加上其文笔优美，还往往引用前朝明主之言打动当朝之君仿效之念，所以得到魏明帝重视。不久，何曾官升至散骑常侍。

待到魏宣帝将要举兵征伐辽东，何曾又上了一篇有名的奏疏："我听说前代君主制定法律必定是全面而严谨的，所以委任新的官职就要安排辅佐，举

兵点将时就要设置监督的副官。这都是为了集思广益，并可防备不测。"他以先王制法和历史上著名的典例来劝谏皇帝在征伐的军队中设置监督职能的副官，但这个深思熟虑的建议没有被魏宣帝采纳，何曾还因此丢掉了散骑常侍的官职，出补河内太守。在此期间，何曾因治理有方而享有威严之名，惊动朝廷。不久，朝廷重把他召回，官拜侍中。这是史书记载中何曾唯一的一次谪官。其母一直为此忧心忡忡、战战兢兢，她不知道她的儿子早已深谙明哲保身、进退自如的为官之道。

嘉平年间，何曾官居司隶校尉。当时有一个叫尹模的抚军校事仗着上司的宠护欺凌百姓，作威作福，贪污受贿，中饱私囊，朝廷上下都深怀不满，却无人敢言。何曾意识到尹模已是众怒难平，无人可保，于是上奏弹劾，赢得朝野百官的赞誉，谓其耿直刚正。但在后台强硬的大将军曹爽专权跋扈时，何曾选择了明哲保身。他告病在家，不闻国事，直到曹爽被诛，他才重新出来任职。

进退自如、善于明哲保身的何曾也曾为魏晋法制的改革做出过可圈可点的贡献。官吏毋丘俭因罪被诛时，依据当时的法律，他的儿子甸、妻子荀氏应被连坐同死，而荀氏的父亲和叔叔都与魏景帝有姻亲之谊，二人共同上表皇帝，为荀氏求命。皇帝于是下诏，命荀氏与毋丘俭离婚以脱干系。荀氏所生之女毋丘芝是颖川太守刘子元之妻，亦当坐死，时因其怀有身孕而暂系牢狱。荀氏的叔叔请求何曾向皇上为毋丘芝求情，何曾痛恨毫无人道的连坐之法，立刻上表请求皇上开恩，将其死刑改成没为官婢。朝廷认为建议中肯合理，于是特地修改了有关法律。从此，类似毋丘芝这种情况的，"坐死"均改为"没为官婢"。何曾的建议被载入《刑法志》，为世人称颂。

何曾为官期间，既能表现他的正直耿介，又善于明哲保身，并且也能做出一些于国于民有利的贡献，应该说还算得上一位不错的政治家。他所以能在复杂无比、祸福难料的官场之中游刃有余，靠的也正是这种明哲保身的本领。

在古代社会中，做忠臣容易，只要拿出忠心，苦争死谏即可，但结局也大多不妙，重要的是，国家利益反而会因为正义力量的减弱而受损。在这个问题上，君子大可灵活一点，开动脑筋，在明哲保身之中进退自如，让自己谋国与保身两不误，使自己立于不败之地。

当然，说着容易做着难，看似平淡却艰辛，要做到明哲保身，的确是非常不容易的。所以唐代大诗人白居易说："明哲保身，进退始终，不失其道，自非贤达，孰能兼之？"（《杜佑致仕制》）宋代陆游更是直截了当地感叹道："信乎明哲保身之难也！"（《跋范文正公书》）

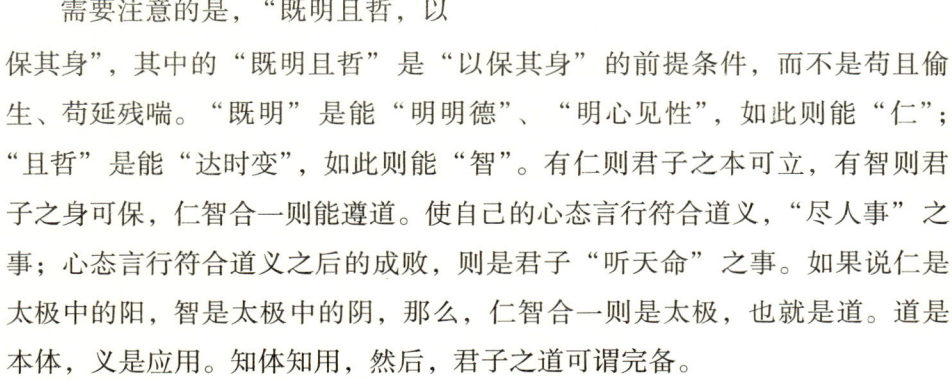

需要注意的是，"既明且哲，以保其身"，其中的"既明且哲"是"以保其身"的前提条件，而不是苟且偷生、苟延残喘。"既明"是能"明明德"、"明心见性"，如此则能"仁"；"且哲"是能"达时变"，如此则能"智"。有仁则君子之本可立，有智则君子之身可保，仁智合一则能遵道。使自己的心态言行符合道义，"尽人事"之事；心态言行符合道义之后的成败，则是君子"听天命"之事。如果说仁是太极中的阳，智是太极中的阴，那么，仁智合一则是太极，也就是道。道是本体，义是应用。知体知用，然后，君子之道可谓完备。

4. 等待适当的时机再行动

明哲保身与"事不关己，高高挂起"或"但求无过"是风马牛不相及的，我们切莫把它们混为一谈。明哲保身是一种积极而充满智慧的处世方式，后者则是一种被动的消极之举，二者有本质的区别。明哲保身并不是要人们贪生怕死，而是要求人们等待适当的时机再有所举措。

"国无道"的情况并不是只有臣子才会遇到，君主也会遇到，这时候同样需要明哲保身。一方面原则仍要坚持，目标仍不放弃，但另一方面也不可硬碰硬而徒惹祸患，而应暂退一步，在保身中积蓄力量，寻找合适的时机。做到这一点，方能在时机到来之时出奇制胜。

随着年幼的康熙逐渐长大，要求皇帝亲政的呼声越来越高。康熙以"辅政臣屡行陈奏"为由，经太皇太后同意，于康熙六年七月初七举行亲政大典，宣示天下开始亲理政务。

康熙尽管已明示天下开始亲理政务，但辅政领导内三院及议政王大臣会议的政治体制并未立即改变，辅臣朝班位次仍在亲王之上，并继续掌握批理章疏的大权。而且鳌拜的党羽已经形成，势力强大。甚至敬谨亲王兰布、安郡王岳乐、镇国公哈尔萨等人也先后依附于鳌拜。特别是在上三旗中，鳌拜已占绝对优势，镶黄旗全部控制，正黄旗随声附和，正白旗遭受了严重打击和削弱，而宫廷宿卫则完全由上三旗负责，康熙仍处在"国无道"的境况中。

正白旗辅政大臣苏克萨哈不甘心与鳌拜同流合污，但又无法与之抗争，便产生隐退念头，遂于康熙亲政后的第六天，以身患重疾为由上疏要求"往守先皇帝陵寝"，并含蓄地提到自己迫不得已的处境。此举自然也有迫使鳌拜、遏必隆辞职交权的意图，因而更引起鳌拜的不满。他矫旨指责苏克萨哈，并令议政王大臣会议讨论此事，然后操纵议政王大臣会议，颠倒黑白，给苏克萨哈编造了"不欲归政"等二十四款，拟将苏克萨哈及长子内大臣查克旦

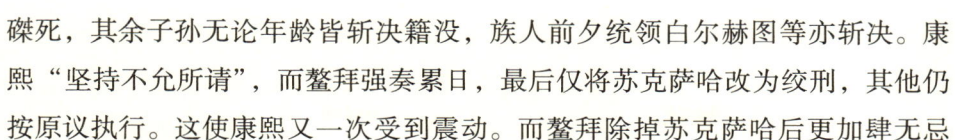

磔死，其余子孙无论年龄皆斩决籍没，族人前夕统领白尔赫图等亦斩决。康熙"坚持不允所请"，而鳌拜强奏累日，最后仅将苏克萨哈改为绞刑，其他仍按原议执行。这使康熙又一次受到震动。而鳌拜除掉苏克萨哈后更加肆无忌惮，不仅朝班自动列于遏必隆之前，而且将一切政事先于私家议定然后施行，甚至在康熙面前也敢呵斥部院大臣，拦截章奏。蒙古都统俄讷、喇哈达、宜理布等因不肯在议事处附和鳌拜即被逐出会议，而鳌拜的亲信即便是王府长史一类的小官，也可以参与议政。更有甚者，鳌拜可以公然抗旨，拒不执行。如其亲信马迩赛死后，康熙明令不准赐谥，鳌拜竟不执行，仍予谥号，在此情况下，康熙决计除去鳌拜，只是鳌拜势力强大，不能掉以轻心，必须以计擒之。

康熙七年（公元1668年）九月，内秘书院侍读熊赐履上疏建议革除朝政积弊，并把矛头指向鳌拜。此疏深为康熙赞同，但康熙以为时机尚未成熟，不能打草惊蛇，便斥之"妄行冒奏，以沽虚名"，声称要予以处罚，借以麻痹鳌拜。而暗地里，康熙却在悄悄部署捉拿鳌拜的各项准备工作：

鉴于鳌拜在侍卫中影响较大，原有侍卫不足依靠，他特地以演练"搏击之戏"为名，选择一些忠实可行的侍卫，另组一支更为亲信的卫队善扑营，并请在上三旗侍卫中很有威望的已故首席辅政大臣索尼次子、一等侍卫索额图为首领。

为了保证捉拿鳌拜行动的顺利进行，在行动之前，康熙还不露声色地将鳌拜党羽以各种名义先后派出京城，以削弱其势力。

康熙八年（公元1669年）五月中旬，一切安排就绪。康熙于十六日亲自向善扑营做动员部署，并当众宣布鳌拜的罪过。随即以议事为名将鳌拜宣召进宫擒拿。当时鳌拜全然没有觉察到异常情况，一如往常那样傲气十足地进得宫来，甚至于看到两旁站立的善扑营人员时也没有产生怀疑，因为在他看来，年轻的康熙不会也不敢把他怎么样，因而将善扑营人员聚集宫中看做是康熙迷恋摔跤游戏的一种表现，根本没有想到自己很快就要成为阶下囚。

康熙待拿下鳌拜等人后，亲自向议政诸王宣布了鳌拜的有关罪行：营私结党"以欺朕躬"；御前随意呵斥大臣，目无君上；打击科道官员，闭塞言路；公事私议，"弃毁国典"；排斥异己等。总之是"贪聚贿赂，奸党日甚，上违君父重托，下则残害生民，种种恶迹难以数举"，要求议政王大臣会议勘问。

以康亲王杰书为代表的议政诸王，原本不满鳌拜的专横跋扈，现在见皇上已擒拿鳌拜并令其勘问议罪，所以很快就列出鳌拜欺君擅权、结党乱政等三十款大罪，议将其革职立斩，其族人有官职及在护军者，均革退，各鞭一百后披甲当差。

处理意见上报康熙后，康熙又亲自鞫问鳌拜等人，并于五月二十五日历数其"结党专权，紊乱朝政"等罪行后，宣布：鳌拜从宽免死，仍行圈禁；遏必隆免重罪，削去一应爵位；畏鳌拜权势或希图幸进而依附鳌拜的满汉文武大臣均免察处。并于六月七日降谕申明："此等嘱托行贿者尚多……俱从宽免。"从而有效地防止了株连，稳定了人心。凡受鳌拜迫害致死、革职、降职者均平反昭雪，已故辅政大臣苏克萨哈等人的世职爵位予以世袭。因而此案的处理颇得人心。

议处鳌拜、废除辅政大臣体制后，重要的批红大权收归皇帝之手，康熙从此便坚持自己批阅奏折，"断不假手于人"，即使年老之后也是如此，从而防止大臣擅权。

可见，在"国无道"的情况下，坚持虽然重要，但鸡蛋碰石头的事还是尽量不做为好。无望的抗争，有时不如明哲保身，默默等待。俗话说，留得青山在，不怕没柴烧。在等待中积蓄力量、寻找时机，将来才能开创良好的局面。

第二十八章　自用：愚贱不可自以为是

【原典】

子曰："愚而好自用，贱而好自专，生乎今之世，反古之道。如此者，灾及其身者也。"

非天子，不议礼，不制度，不考文。今天下车同轨，书同文，行同伦。虽有其位，苟无其德，不敢作礼乐焉；虽有其德，苟无其位，亦不敢作礼乐焉。

子曰："吾说夏礼，杞不足征也；吾学殷礼，有宋存焉；吾学周礼，今用之，吾从周。"

【译释】

孔子说："愚昧却喜欢刚愎自用，卑贱却喜欢独断专行。生于现在的时代却一心想要恢复古代的法制。这样做，灾祸一定会降临到自己的身上。"

如果不是天子就不要议订礼仪，不要制定法度，不要考订文字规范。现在天下车辙统一，文字统一，伦理道德一样。虽有相应的地位，如果没有相应的德行，是不敢制定礼乐制度的；虽然有相应的德行，如果没有相应的地位，也是不敢制定礼乐制度的。

孔子说："我谈论夏朝的礼制，夏的后裔杞国已没有足够的文献能证明；我学习殷朝的礼制，殷的后裔宋国还残存着它；我学习周朝的礼制，现在还实行着它，所以我要遵从周代的礼制。"

解 读

1. 自以为是者总与失败同行

有一种人，孤陋寡闻，但是自己觉得自己很有学问，遇见事情的时候，偏偏意见很多，很自信、很固执，"愚而好自用"。如果我们知道自己愚痴，至少不会觉得自己很了不起，所以就肯学。可是有的人偏偏不觉得自己很愚痴，还觉得很有学问，所以意见很多，还妄加判断。

自以为是的人往往把自己看得很重，在他们的视野内，没有可以与自己相提并论的人。他们中的很多人确实有才华、有能力，但他们不求进步，最终导致失败的命运。恃才傲物是他们的显著特征，他们自视甚高，不愿与别人交流，故步自封，最后难免出现悲剧性的结局。

在现实生活中，这样的人为数不少，他们心比天高、目空一切，自以为很了不起，对别人吹毛求疵、嗤之以鼻，觉得别人什么都不如自己。这样的心态通常会出现在下列情景中：

当有人褒扬他人的知识才干时，就会嗤之以鼻，认为只有自己才有资格受此殊荣。于是，或者是大言不惭地吹嘘自己的知识才干，他人不过尔尔，与自己不可同日而语；或者是千方百计贬低他人，把他人说得一钱不值，一无是处，以显示自己才是鸟中凤凰。

当议论、研讨某个问题时，这种人往往习惯于将自己的意志强加到别人头上，以自己的态度作为别人态度的"向导"。觉得人家的建议都很幼稚，只有自己的才是最好的，甚至不察他人之言观他人之色而高谈阔论、大放厥词，丝毫不给人留一点情面而有所收敛，对于别人的不同看法和观点也是不屑一顾，一副容不得他人多嘴的架势。

在与人交往时，这种人习惯于表现出自己与众不同的优越感，以慑服众人，从而可以盛气凌人、逞性妄为，显得不可一世、唯我独尊。

陈冬是一个精明能干的人，他学识渊博，工作经验丰富，是个不可多得的人才。但与此同时，他却常常恃才自傲，动辄与人发生纠纷，而且极爱炫耀自己，同事们对他极为反感，认为他自以为是，过于固执。

有一次，公司调来了一位新主管。在新主管主持的首次会议上，他将一个项目的主要负责工作交给了另一位员工，而陈冬被分派到的只是一些无关紧要的次要工作。陈冬认为像自己这样才华横溢的人得不到重用简直莫名其妙，竟和主管吵了起来，言语咄咄逼人。

可想而知，自以为是的陈冬不久就被解雇了。

不管你的身份如何、地位怎样，如果你自以为是、傲慢无礼、目中无人，便会对别人造成伤害，最终也会为自己的行为受到相应的惩罚。

兰兰是一家化妆品公司的推销员，人长得漂亮，口才又好，在部门的业绩总是遥遥领先。同部门里有许多年纪相仿的女孩儿，兰兰觉得她们平时拉业务靠嗲声嗲气地卖弄风骚，业绩并不怎样，所以兰兰打心眼里瞧不起她们，从不与她们来往。

不久，部门经理跳槽去了另一家公司。公司要重新物色经理，兰兰自然是最热门的人选。但公司领导层考虑到部门经理不仅要自己的业绩好，更要善于组织大家共同创造业绩，因此必须得到大家的信任。于是公司组织了一次民意调查，结果兰兰由于未能得到大家的支持而与经理的位置失之交臂，而另一位原本被她看不起的女孩儿却成了她的上司。

自以为是的人因其言辞过于张扬犀利、态度过于张狂无礼，总是更容易受到群众的排挤，不为人喜欢，不受人欢迎。追究原因，最主要的是由于缺乏率直的心胸，所以很容易自以为是，看不到人外有人，天外有天，眼界也由此变得很窄。

自以为是者可能有一点小才，但他井蛙窥天般的狭窄视线会使他忽视不断进取的重要性，也使得他无法领会"不进则退"的内涵，逐渐变得无知，然后因无知而变得愚蠢，因愚蠢而变得更加自以为是，即"愚而好自用"，逐渐在一个恶性循环中来回往复，最终走向失败。

2. 刚愎自用会导致悲惨的结局

许多自以为是的人曾经是很有能力或有过很大贡献的人，在他们身上，或多或少都有一个共同的特点，那就是总觉得自己比其他人强得多，以至于在很多时候总是表现出高人一等的姿态。

事实上，刚愎自用的真正原因并非是因为天下无敌，而是因为他们对自己缺乏足够的了解。他们可能有一定的本事，总以为自己天下第一，这一难以克服的缺点，使得他们虽然在某些方面较之其他的人优秀，却难以获得长足的进步和发展，甚至还可能导致悲惨的结局。关羽正是这种性格的典型代表。他战吕布、斩严良诛文丑、过五关斩六将给人的快意，远远不能抵补大意失荆州的痛感。

《三国志》作者陈寿以史家的冷峻秉笔直书，在论及关羽与张飞时，他给关羽以严厉的解剖论评："关羽、张飞皆称万人之敌，为世虎臣。羽报效曹公，飞义释严颜，并有国士之风。然羽刚而自矜，飞暴而无恩，以短取败，理数之常也。"

刚愎自用，是关羽性格中的典型特征。尽管当时的人或者后世的人，都认为他的忠义勇武比张飞那种一般意义上的匹夫之勇高出一个档次，但谁都无法否认关羽的确存在着刚愎自用的性格弱点。

建安十七年，诸葛亮辅佐刘备，带张飞、赵云等一干猛将和谋士挺进西川之时，当时作为刘备争雄天下的发迹之地的荆州，却不知任命谁来镇守。诸葛亮当时似乎也找不到更适合的人选。因为当时的情况是在赤壁之战后，刘备所率荆州兵力中的劲旅，当数关羽麾下直接指挥的精甲水军，以及荆州所辖江夏刘崎的部卒。这支原本属于刘表手下精锐的荆州水军，当可称为关羽镇守荆州的主力军。在反复掂量之后，诸葛亮最后才很不放心地把荆州交给关羽，临行前，这位智慧而谨慎的诸葛先生还对关羽叮嘱再三，留下至关重要的治守荆州之策："东和孙权，北拒曹操。"因为在诸葛亮决心辅佐刘备统一天下、匡扶汉室的全盘战局中，关羽只要镇守荆州而不乱，保持蜀汉后方的稳定，就是对他与刘备商定的"隆中战略计划"最大的胜算筹码。所以诸葛亮要求关羽在荆州实施军事防守的同时，以防为主，内修政理，待天下有变，则可命关羽这位上将，将荆州之军以向宛、洛，直取曹魏的大本营许昌，最后赢得天下。

但是，由于关羽刚愎自用的性格弱点，他在镇守荆州的十年中，严重违背了诸葛亮规定的"八字方针"，屡屡兴兵出击，既破坏了"东和孙权"的稳定格局，也造成军事上的兵力分散、首尾难顾，未能有效地"北拒曹操"，最后落得个腹背受敌，北败于樊城，南丢失荆州，兵败逃亡，于麦城途中被擒。可怜这位盖世英雄，无人为他施舍忠义仁爱相救，不仅被军前处决斩首，死后还留下身首异处的千古悲剧。

关羽性格的刚愎自用，在《三国演义》第75回至第77回也显露明显：

关羽水淹七军，擒了于禁，斩了庞德后，威名大振，华夏皆惊，这时候正是关羽军事上的顶峰期，可其巅峰仅维持了不足一年，就败在了东吴吕蒙的手下。吕蒙深知关羽荆州兵马整肃，沿江有烽火台之备，极难成功，便对孙权提出纵骄关羽之策，以名不见经传的孺子陆逊代其职务，自己装病，陆逊差人拜见关羽，言辞卑谨，乞求两家和好，关羽召见使者后仰面大笑，指来使而言曰：仲谋见识短浅，用此孺子为将。遂撤荆州大半兵力攻樊城（曹操将徐晃守城），戒备之心失大半。

吕蒙白衣渡江袭取荆州时，关羽正率兵与徐晃交战，关平中了徐晃的埋伏，死伤无数，关平、廖化二人奋力死战，夺路而逃回，见了关羽说人言荆州被袭，关羽不信，喝曰：此敌人讹言，以乱我军心耳！东吴吕蒙病危，孺子陆逊代之，不足为虑。

关羽被徐晃打败后，进退无路，虽决计再取荆州，又被东吴蒋钦、丁奉、徐盛大败，部从只有三百余人，走投无路，只得进驻麦城等待援军。派廖化去上庸刘封处借救兵。刘封是刘备的干儿子，当初刘备立嗣时关羽说了不利于刘封的话，刘封一直怀恨，按兵不出。

关羽败走麦城时，只有约300人的队伍，内无粮草，外无救兵，只得听从赵累的建议逃亡西川，去西川有两条路可走，一是大路，一是小路，皆通西川。王甫建议走大路，怕小路有埋伏，此时的关羽仍趾高气扬地说：虽有埋伏，我何惧哉！约走二十余里，被东吴将朱然率军截住，关羽不敢战，望临沮小路而走，不上四五里，又被潘璋掩杀，赵累死于乱军之中，此时仅剩十余人跟随，行至决石，被潘璋部将马忠所获，父子随后伏死。

关羽一生战功赫赫，对刘备忠心耿耿，始终不渝；智勇盖世，屡战屡胜，所向无敌。但刚愎自用的性格特征却导致了他悲惨的结局。正是关羽自负自大的性格使他忘乎所以，才不可避免地导致了悲剧的命运，而且还断送了诸葛亮整个图谋中原、匡扶汉室的战略计划。

3. 独断专行，必铸苦果

独断专行，表面上看是领导者的强大，实际上是"贱"的体现。孔子这里所说的"贱而好自专"的"贱"，是为卑贱之意。

那些胸怀大志，善于干大事，广纳贤才的真正强者，都不愿意独断专行，总希望广纳良言，尽可能把事情做得完美，营造宽松、和谐、合作的氛围。这是古往今来卓越领袖人物一种普遍的特性。

自专者无非两种人，一种是自尊心太强，不容忍别人对自己的意见指手画脚，更不用说全盘否定；第二就是自身拥有极大的权力，不管是局部的还是全区域的。不管是哪一种情况，独断专行都是弱者（卑贱者）的一个显著特征，不听别人意见和建议，听不得不同声音，最终也必然自铸苦果。

蜀汉章武二年（公元222年），蜀主刘备为报东吴杀害关羽之仇，不顾诸葛亮、赵云等人劝阻，率领数十万大军顺江东下，夺峡口，攻秭归，屯兵夷陵，夹江东西两岸。第二年二月，刘备率诸将从巫峡起，连营扎寨七百里直抵猇亭。东吴孙权任命宜都太守，年仅39岁的陆逊为大都督，抵抗刘备。陆逊兵少势弱，采用避敌锋芒、静观其变的战略，半年时间不与蜀军正面交锋，寻找战机。蜀吴大军在猇亭相持达七八个月之久，蜀军兵疲、意志沮丧，为避暑热将营寨移至山林之中，又将水军撤至岸上，采取"舍船就步，处处结营"。陆逊抓住战

机，命将士持茅草点燃蜀军营寨，火烧蜀军连营七百余里。蜀军土崩瓦解，死伤数万。

刘备大败后，只好带领残兵败将，由猇亭退到马鞍山，又突出重围，仓皇逃归奉节白帝城，这就是有名的"夷陵之战"。经此一役，蜀汉元气大伤，从此无力问鼎中原。

实际上，"夷陵之战"失败最主要的原因就是刘备不听劝阻、独断专行导致了决策性的错误，对于蜀国的打击是致命的，等于亲手葬送了几十年无数人辛苦打下来的蜀国基业，以至于后来的诸葛亮六出祁山打着"克复中原，光复汉室"的旗号，也难以从愿。

无论一个团队、一个企业还是一个国家，作为领导人，当权力达到顶峰后，极易犯独断专行的错误。因为所处的位置和权力欲的膨胀，就喜欢搞一言堂，一个人说了算。这必然会给这个组织造成巨大的损失。

到1927年底为止，沃德公司已开设了37家零售商店，另外，它的7家邮购工厂都还有各自的门市部。在接下来的几年里，沃德公司开设商店的速度更是惊人。它选择人口在4000~75000人的城镇，到1929年底，共开设了500家商店，有时一个星期就开张25家之多。这使它很快成为零售业的"巨人"。

20世纪30年代初，由于美国经济的萧条，沃德公司进入整顿期，它关闭了一些几乎入不敷出的商店，而且新商店的开设都要事先经过更周密的计划和研究。第二次世界大战期间，沃德公司和其他同类公司的营业扩展自然都遭受了挫折。但当战争结束后，沃德公司的主要竞争对手西尔斯公司马上就掀起了自20世纪20年代以来最大的扩张浪潮，把大约3亿美元的资金押在大规模的发展上，这使战后头两年里西尔斯公司的销售额从10亿美元猛增到近20亿美元。而沃德公司则按兵不动。1945年~1952年，即战后实行经济控制的年份，沃德公司不仅连一家新的商店都没有开设，反而关闭了37家收入仅够支出的商店。

从历史上看，沃德公司的商店大多开设在乡间小镇上。这样做是为了拥有农村消费者，在第二次世界大战之前，农民被视为主要的市场。然而，战后人口的增长主要集中在大城市，尤其是其近郊。购物中心如雨后春笋般涌出，并不可避免地从市中心和小型商业区那里抢走不少生意。但在这一购买方式发生重大变化的时期，沃德公司却拒绝扩大经营，把市场拱手送给了西尔斯公司、彭尼公司和其他竞争者。

为什么会出现这种情况呢？是因为公司财力不足，无力支持一项蓬勃的发展计划吗？或者是因为公司缺乏管理人才？不，沃德公司两者都不缺。事实上，该公司正储备着几百万美元的资金以备后用。战争刚结束的那些年，公司内部拥有众多的优秀管理人才，只是许多人在遭受挫折后才最终决定离开。那么，究竟是何原因使公司做出了不求发展的决定呢？

答案就在自1932年以来一直担任沃德公司董事长的休厄尔·埃弗里身上。

多年来，埃弗里一直以一个老式暴君的身份统治着这家有10亿美元资产的公司，从不考虑雇员或经理人员的感情。当他终于在1957年从公司职位上退下来时，已是83岁的高龄。他独断而又错误的领导方式，使沃德公司大伤元气，特别是战后，他"不求增长"的决策将沃德公司引向歧途，使其在竞争地位上受到无法弥补的重大损失。

错误的判断，不允许下属发表不同意见，给沃德公司带来了可悲的后果。曾取得成功的领导者也可能把一个组织引向灾难，特别是那些严厉而又固执的领导者，在其后期往往会变得易犯错误，并且不能容忍任何异己之见。埃弗里也正是这样，他错误的判断、独断专行的作风将沃德公司引向了歧途。

4. 孔子为何要遵从周礼

孔子办私学，把"礼"作为教学的重点。孔子说："吾说夏礼，杞不足征也；吾学殷礼，有宋存焉。"为研究夏礼，孔子曾亲自去夏后代杞国考察。对"夏—商（殷）—周"礼法的演进都十分清楚。说"殷因于夏礼，所损益可知也，周因于殷礼，所损益可知也，其或继周者，虽百世可知也"。

孔子十分重视"礼"，在《论语》中有四十多章直接谈论"礼"。孔子对周礼充分肯定并实践，"吾学周礼，今用之，吾从周"。并赞赏周礼学"郁郁乎文哉，吾从周"（《八佾》）。孔子坚信"道之以德，齐之以礼，有耻且格"（《为政》）。"上好礼，则民莫敢不敬"（《子路》），一个人"不学礼，无以立"（《季氏》）。

但是，礼制、法度、考订道德文章，不是地方性的条例、规则，所涉及的是天下、国家的秩序问题。任何一个朝代，任何一个国家，在制定礼制、法度的时候，在关系到国家所要倡导的道德章制的时候，不管是否经过众人的讨论，都需要经过最高执政者签字下发才能生效。当一个朝代、一个国家之中不同的时间、不同的地方各自制定自己的礼制、法度，各自解释自己对道德的理解的时候，这个朝代、这个国家就离分崩离析不远了。

能制定礼乐的，必须是既有德又有位的人，必须是能够贯通天道、地道、人道于一体的人，必须是使天下自愿信服、敬仰并归往的人。这样的人，从修身方面来说，就是圣人；从社会地位来说，就是天子。来可泓先生《中庸直解》中说："无德而妄作礼乐，制法度，考文字，便是愚而好自用。无位而妄作礼乐，制法度，考文字，便是贱而好自专。"

春秋战国时期，是礼崩乐坏的时期，是天下无道的时期，但是，还没有人敢于自立为天子。当时的车道还统一吗？当时的文字还统一吗？当时的道德伦理还统一吗？在当时的现实中确实已经都不统一了。但是，并非周文王、周武王、周公所确立的车道、文字、道德伦理标准不存在了。我们知道，孔子"祖述尧舜，宪章文武"，因此，孔子的理想是期望着复归文武所传的正道，使天下再安定下来，进而达到尧舜之治，向"天下有道"的方向迈进。说当时的天下还是"车同轨，书同文，行同伦"，是从周的统一典制还存在来说的，同时也在告诉时人及后人，一个有道的、安定的国家，需要致力于"车同轨，书同文，行同伦"。其中，"车同轨，书同文"是仁民、便民之事，也是天下统一的体现；"行同伦"则是"天下大同"之事。

既有德又有位的圣王是可遇而不可求的，数百年不一定会遇到一个，难道天下人就没有希望了吗？当然不是。"作礼乐"是"从无到有"的过程，不需要每个时代都独创一套。孔子之前的中国，已经有数千年的文明，从这数千年的文明中精选出历代不可变的而成为"传统"，知道其中哪些是可以变通损益的，这样，天下便不会因为没有圣王出现而陷入黑暗之中了。所以，孔子有其德而无其位，就采用"述而不作"的方式，集其前数千年圣贤学说之大成，编订了"六经"，形成了"传统"的礼乐载体；同时给后人指出了礼乐的变通损益方式，这就是《春秋》中所体现的"通三统"——根据道义原则，对前三个时代的礼乐制度加以继承变通。孔子考察夏商周三代之礼乐，因而形成了"春秋制"；在道义方面，孔子集成了三皇、五帝、三王、五伯各代，而以尧舜、文武之道为主；孔子毕竟还生活在那个时代，所以，在礼乐方面所遵守的还是周代之礼乐，并且致力于挽救当时礼崩乐坏的现实，而要恢复礼乐正道，重建西周以"礼"为代表的人文秩序。

值得注意的是，这里孔子并非主张"克己复礼"，本章引用孔子的话里就

否定了"生乎今之世反古之道"的人。其实,孔子所要复的礼,恰好是那种"今用之"的"周礼",而不是"古之道"的"夏礼"和"殷礼"。因为夏礼已不可考,而殷礼虽然还在它的后裔宋国那里残存着,但毕竟也已是过去的了。

而且,孔子在晚年也走出了一生所追求恢复周礼的主张,因为孔子心中的仁道不依附于周礼而存在。孔子解释自己推行周礼是因为人们现在还在使用这样的礼仪,仅仅是这样。而不是把周礼搁置在所有行为规范之上。孔子自己的解释是:"吾学周礼,今用之,吾从周。"说明自己不学夏礼,也不学殷商之礼,而单单学周礼,是因为现在人还在使用。

第二十九章　取信：无征不信，不信民弗从

【原典】

王天下有三重焉，其寡过矣乎！上焉者虽善，无征。无征，不信。不信，民弗从。下焉者虽善，不尊。不尊，不信。不信，民弗从。

故君子之道，本诸身，征诸庶民。考诸三王而不缪，建诸天地而不悖。质诸鬼神而无疑，百世以俟圣人而不惑。质诸鬼神而无疑，知天也。百世以俟圣人而不惑，知人也。是故君子动而世为天下道，行而世为天下法，言而世为天下则。远之，则有望；近之，则不厌。

《诗》曰："在彼无恶，在此无射（yì）；庶几夙夜，以永终誉。"君子未有不如此，而蚤有誉于天下者也。

【译释】

统治天下的人如果能做好议订礼仪，制定法度，考订文字规范这三件重要的事，大概就很少有过失了吧！居上位的人，虽然德行美好，但如果没有验证的话，就不能使人信服，不能使人信服，老百姓就不会服从。居下位的人，虽然德行美好，但由于没有尊贵的地位，也不能使人信服，不能使人信服，老百姓就不会服从。

所以君子治理天下应该以自身的德行为根本，并从老百姓那里得到验证。考查夏、商、周三代先王的做法而没有悖谬，立于天地之间而没有悖乱，向鬼

神卜问而鬼神不疑，百世以后等到圣人出现也不疑惑。向鬼神卜问而鬼神不疑，这是知道天理；百世以后等到圣人出现也不疑惑，这是了解人意啊。所以君子的举止能世世代代成为天下的先导，行为能世世代代成为天下的规范，语言能世世代代成为天下的准则。在远处能让人敬仰，在近处也不使人厌恶。

《诗经》说："在那里无人厌恶，在这里无人厌烦，几乎日夜劳作，永远保持名誉。"君子没有不这样做而能够早早在天下获得名望的。

解读

1. 把王道推行到天下

本章开头说："王天下有三重焉，其寡过矣乎。"这个"王"读去声，动词，王者要把王道实行到天下叫"王天下"。把王道推行到天下的时候，有三种重要的事情，这三种重要的事情是什么呢？

前一章讲，有德无位不能制礼乐，有位无德不能制礼乐。"非天子，不议礼，不制度，不考文。"这里讲：王天下有三件事情，指的就是"议礼"、"制度"、"考文"这三种重大的事情。

那么把握了这三种重大的事情，"其寡过矣乎"。把握了这三种事情，那么天下人来往，办事情，就节省了很多时间，有一个准则存在，人人可以遵守，就提高了办事的效率。所以这里说，这三种重要的事情，都能做得很好了，那么就是可以"寡过"，就很少有过失了。

王者能够把"王道"推行天下，必须把这三种重要的事情做好。"王道"指的是什么呢？就是仁义之道。

帝王虽居上位、尊位，虽自己有善德，但不能施行仁义之道，不能施善德于百姓，就不能感化百姓成为有善有德之人。不能以善德感化百姓，百姓对朝廷就不能信服，信服不够而身体服从，不过是迫于权势，表面上不得不服从，而心里不会服从。所以，作为帝王、大臣，仅自己有德善还不够，只是具有能够治国平天下的基础，还须大善及天下百姓、大德及国家人民，才能树大信于百姓，才能大化天下人民，才能算是"治国平天下"。

据史书载，古时有一宰相经过乡间一座破烂不堪的小桥，随用自己的俸禄修好了这座破桥。这个宰相虽然得到了当地百姓的赞誉，却也引来了天下有识之士的非议：这件事若是一般平民所为应大加赞赏，而作为宰相就应另当别论——宰相自己经过、看到的破桥才修，天下的破桥他都能经过、都能看到吗？用自己的俸禄修破桥，他的俸禄能修天下多少座桥？桥坏到不堪入目、难以安全通过的地步而当地官吏不去修，说明他没有能力管理好官吏；桥坏到这样，过路的百姓没有人自己掏钱来做此善事，说明天下百姓当时未被朝廷善化、德化、仁化。

这与《论语·颜渊》中所载的孔子的话是同一道理。孔子说："足食，足兵，民信之矣。"意思是说，一个国家的强大，就在于"足食、足兵、民信之矣"这三项，经济、社会的安定，人民丰衣足食，安居乐业，以及国防力量的充足和老百姓的信任。细究所有这些问题，当然也就是老百姓对统治者的信任问题。因为也只有老百姓对统治者有了充分的信任，才有可能建立充足的军事装备，国防力量才能强大；只有老百姓对统治者有了充分的信任，经济建设才能建立起来，人民才能丰衣足食、安居乐业。倘若失去了人民的信任，统治者指挥不动人民，企业家指挥不动员工，整个国家、整个社会、整个企业就是一盘散沙，那也就谈不上什么军事装备和经济基础了。而这个信任问题也就是统治者与人民之间的相互关系问题，只有统治者推行"王道"，也就是仁义之道，才能建立互相信任的关系。互相信任的关系建立起来，才会有力量，生产力也才能得到发展，国家也才能强大。

透过这些，我们可以看到，人民的信任对国家的建立和巩固是多么重要。

2. 民信是最强的凝聚力

"民信"，是令行禁止，上下同心同德，克服一切困难，是建设国家的可靠保证，是战胜一切灾祸，抵御外来侵略，保卫国家独立和人民安全取之不尽的力量源泉。得民信，就是得民心，无往而不胜利；失民信，亦即失民心，就处处碰壁、受挫折、遭灾难。

《论语·颜渊》中，子贡问政孔子怎样治理政事。孔子说："足食，足兵，民信之矣。"子贡说："如果万不得已，一定要去掉一项，那么，在这三项中，哪项为先？"孔子说："去掉军备。"子贡说："如果又万不得已，一定要再去掉一项，那么，在这两项中，又哪项为先？"孔子说："去掉粮食。自古以来，人哪有不死？但，如果无信，人民不信任政府，那么，国家也站立不住，其群体也不存在了。"

"民无信不立。"一个得不到人民信任的统治者，是不可能长治久安而不被人民所推翻的。历史上，纵然像秦始皇在"六王毕，四海一"那样一统天下时的显赫声势和鼎盛不可一世，最终还是难逃覆灭的命运，由于暴虐无道，得不到人民的信任，亦即失民心，因而仅仅十余年，就被人民的起义埋葬了！

春秋时期，齐国将要攻打鲁国，在举国上下没有良好对策时，鲁庄公手下大臣施伯举荐了一文武全才之人——曹刿。

鲁庄公见面就问曹刿怎样才能打退齐国人，曹刿说打仗没有一定之规，要看具体的情况行事。曹刿反倒问鲁庄公准备依靠什么打退敌人，鲁庄公说："我经常把自己吃不完的食物、用不完的东西分一部分给百姓，我相信百姓会感恩戴德，能够跟着我去同齐人作战。"

曹刿说："那只是些小恩小惠，不是大的政策法令，也不是国家的施政纲领和施政措施，因此，不能从根本上取得百姓的信任，再说，得到小恩小惠的毕竟是极少数人，百姓怎么愿意替您卖命呢？"庄公又说："我祭祀神灵祖先的牛羊宝石，从来都是按规定奉献，从不敢有所欺诈，我的诚实一定能取得百姓的信任。"曹刿又说："这只是对待神灵祖先，是个人品行的一个很小的方面，怎能获得百姓的信任拥护呢？"庄公最后说："国内大小诉讼案件，我虽不能每件都亲自办理，但我总是根据实际情况来做决断，我想这会有点用处。"曹刿这回点头道："这才是根本的方面，说明您关心人民的疾苦，愿意明察是非，施政明正廉洁，肯定会得到广大百姓的信赖和支持。我看凭这条可以跟齐国打上一仗。"

齐、鲁两军在长勺会战，以鲁国大获全胜而告终。长勺之战的胜利，主要靠两条，一是曹刿能够正确地掌握和利用战士的心理和情绪，把握住了作战的规律，再加上他的谨慎和果断，处处不失时机，就在具体的战略战术上掌握了主动权。其二是鲁国有民信，人心可用，长勺之战一方面是鲁国的保卫战，带有一定的正义色彩，更重要的是鲁国统治者较为廉明，有一定的威望，人们愿意替国君打仗。这两方面的因素共同作用，鲁人才获得了长勺之战的胜利。其实前一方面是具体的战术运用，后一方面才是根本，如果民心不可用，无论怎样巧妙的战术也是无济于事的。

同样的反面事例发生在鲁国和邹国的一次大规模冲突中。在两国的交战中，邹国的官吏死了三十三个人，而士兵百姓却没死一个，邹穆公十分不理解，向孟子问道："这些人不为上司去拼死，如果杀他们，实在是人太多，法不责众，杀不胜杀；如果不杀他们，他们仇恨地看着上司被杀而不去拼死解救，实是罪不容诛。这该怎么办才好呢？"孟子回答说："每逢凶年饥岁，您的百姓是什么样子呢？年纪大的饿死后被埋在沟里坑里，年轻的逃散到别的国家去，这样的有几千人。而您的仓库十分充实，府库里也堆满了钱财，您的官吏都不禀告您，这是欺骗国君，残害百姓。这样的官吏还不该死吗？"这就是孟子说过的"出乎尔者，反乎尔者也"，意思是说，你怎样对待别人，你就会得到怎样的回报。在这里，邹国与鲁国，可谓形成了鲜明的对照。

当然，不战而胜无非指的是富国强兵，做好各方面的准备，尤其是取得民众的信赖和支持，掌握战争的主动权。

从长远观点看，"信"比"食"更为重要，更具战略意义，应该十分重视取信于民——不仅施政纲领、大政方针要符合人民利益，而且说一不二，一切政策、措施都应是能够兑现的，对人民有惠，让人民看得见的。只有这样，才能真正取得人民的信任；也只有真正取得人民的信任，才能赢得民心，立于不败之地。

3. 要成为良好的榜样

《中庸》认为，治理天下，为上者应该从自身的德行着手，"考诸三王而不缪，建诸天地而不悖。质诸鬼神而无疑，百世以俟圣人而不惑"。这样，他的行为作风就是天下人的法则或榜样；说的话就是天下的道理或规则。

注重自身修养，在言行中以身作则，以自身的"正"影响部属，以此让人信服，是推行"王道"的必然选择。

施行"文景之治"的西汉文、景两帝，在他们统治期间励精图治，并以身垂范，为百姓做出了榜样。他们反复强调以农为本，号召臣民重农，同时文、景两帝自己亲自动手，身体力行，为天下先。文帝诏开籍田，亲自耕作，景帝"朕亲耕，后亲桑"。文帝在全国提倡节俭，反对浪费，注意先从自己做起。一次，文帝想盖一座露台，和工匠一计算，需花费黄金百斤，相当于中等人家十家的财产，就取消了这个计划。

史载，文帝在位二十三年，"宫室、苑囿、车骑、服饰，无所增益"。他身穿用"弋绨"做的袍子，"弋绨"为当时普通的衣料。他所宠爱的慎夫人，"衣不曳地"，即穿着短裙。他们的帷帐，连花纹也没有，十分简朴。就连死后造陵，他也反复叮咛，建陵要因地制宜，从简办事，不许劳民伤财。下诏说："治霸陵皆瓦器，不得以金银铜锡为饰，因其山，不起坟。"临终前，文帝还下遗诏，说："厚葬以破业，重服以伤生，我甚不取。"主张薄葬，反对浪费。

君主为百姓作了表率，上下同心，终达到物阜民丰，国泰民安的治世。司马光曾生动描绘如下："国家太平无事，非遇到水旱灾害，老百姓家家富裕，人人有充足粮食，库府中货物堆积如山，用之不竭，京师府库中的钱多达数百亿，穿钱的绳子都腐烂了，散钱多得无法计算，国家仓库里的新粮压着陈粮，流出仓库堆积于外，以至于烂掉不可食用。广阔田野马骡成群，人们以乘母马为耻。人人自爱以犯法为耻，以行义为先，以愧辱为绌。"

唐王李世民不仅说"若要安定天下，必须使自身合于正道"，而且自身也努力做到清正廉明。他教育群臣不能损害百姓来满足自己的奢欲，如这样做，恰如割下大腿肉以饱口腹，肚子饱了，身也死了。贞观初年，关中大旱，他命令抚恤灾民，不使饥寒而亡，又用大量赎金赎回流离外邦或被外族掠去的百万难民，使其安家生产。他把高祖选进皇宫的美女，释放三千余人出宫，任其择偶出嫁。他对王公贵族的衣、食、住、行、婚、葬等都有明确规定，

263

不允许铺张浪费。太子举行"加冠礼",原选在二月,太宗知道后说:"二月是春耕时节,应改在十月为好。"时刻不忘"存百姓"。贞观十二年,李世民出巡山西,蒲州太史赵元楷为阿谀奉承,不惜人力财力,大修楼宇殿堂,并备下上等羊百只,鱼千条,借此讨好皇上。不想太宗大为不满,训斥道:"我出巡由官府供应,你此举纯是'亡隋弊俗'。"吓得赵元楷"数日不食而卒"。据说贞观二年,长安蝗虫为害。一天太宗在上林苑见到许多蝗虫蚕食植物,他顺手拣起几只视之曰:"民以谷为命,你们却断送了百姓的活路,宁可让你们吃我的五脏六腑吧。"说毕就把几只蝗虫生吞下去。随员劝他不要吃,以免生病。他说:"朕为民受灾,何疾之避!"

孔子曾经说:"政者,正也,君为正,则百姓从政矣。君子所为,百姓之所从也,君所不为,百姓何从?"意思是说:为政就是正。君主端正自己,那么百姓就会服从于政令了。君主怎么做,百姓就跟着怎么做,君主不做的,叫百姓怎么跟着做?唐太宗也知道:"若安天下,必须先正其身,未有身正而影曲,上治而下乱者。"

领导者只有先正己,才能取信于民,才能正人,而后治天下!

开创清代盛世的康熙帝,八岁即位,十四岁亲政,在位六十一年,创造皇帝掌权时间最长的纪录,在位期间数十次挂帅亲征。一次率军远征漠北,在荒漠上驰骋数千里,正遇上大风雪。他想到的不是个人的休息,而是伫立在大风雪之中，看到部队结营完毕，自己才进入行幄；部队食毕，他才进膳。

康熙在饮食方面也很节省。据说有一天，康熙与当朝陈老丞相谈论一阵天下事后，忽然问道："不知爱卿每日午宴用什么？"当听说只有价值两个小钱的炸豆腐一碗，窝窝头两个为午膳时，康熙很高兴，立即传旨："自即日起，朕每日午膳只用炸豆腐一碗，窝窝头两个，不许再备别的食物。"吃了三天后，御膳房总管怕皇上常年吃窝窝头，御膳房没事可干了，骗皇上说三天伙食费高于往日，要求恢复往日标准，康熙又不能下去亲自核实，只得同意改回原来的吃法。不过皇上也吃过三天窝窝头，却传遍了民间。

这个故事虽带有传奇色彩，但却反映出广大民众对康熙帝自身履行节俭，不铺张浪费行为的敬佩之情。据统计，康熙在位的六十余年间，他北巡五十一次，六下江南，一生中不断东巡西察，大部分时间在马上、民间度过。他的这种深入下层，廉洁政事，体察民情的作风，对民众有很大的鼓舞作用，短时间内就使全国人心归顺，经几十年就建起一个庞大王朝，不能不说康熙是个高明的统御者。

4. 身体力行，为不言之教

生于隋唐之际的杨上善，集医家和哲人于一身。其所撰的《黄帝内经太素》是流传至今的最早的《内经》注本。他曾说："古圣人使人行者，身先行之，为不言之教。不言之教，胜有言之教，故下百姓仿行者众，故曰下皆为之。"事实的确如此，精辟的言论固然难得，身体力行更可贵。欲人行之，身先行之。

要做好一件事情，就一定要亲身体验和努力实行。仅仅用语言表达自己做某件事的决心是不够的，决心还需要靠具体的行动体现出来。良好的品格表现在言行的一致上，没有行动的表白是空话，是谎言，是"无征，不信"。

古时候，楚国曾有一个渔夫向楚王献鱼，并想利用这种方式说服其仁政爱民，楚王原来就明白这个道理，只是在渔夫的提醒下才身体力行地去做了。

打鱼人说："今日捕得的鱼，吃不了，卖不掉，扔了又可惜，所以拿来献给大王。"

楚王的侍臣说："你这样说对大王太不尊敬了。"

楚王不同意侍臣的意见，他说："你不知道，这打鱼人是个仁德的人。听说王家仓库粮食丰余，国有饥民；后宫多怨女，民间多鳏夫；王府库聚财多，国内多贫民，这都是因国君无道的缘故。所以厨房有肥肉，马棚有肥马，百姓有饥色，这是因亡国之君搜括财物藏于府库。这个道理，我早就懂得，却不能实行。渔人知我的缺点，便以献鱼来开导我。我要为民做好事。"

于是楚王派人抚恤鳏寡孤独的人，从粮仓拿出粮食，从府库取出钱财布帛，用以救济生活困难的人，释放后宫多余的宫女，让她们嫁给无妻的男人。楚国人民为之欢欣鼓舞，邻国居民也争相归附楚国。

取之于民用之于民，这是仁君应该做的事，这样人民得以安居乐业，社会也繁荣稳定，国家日益富强发达；刮民脂民膏以自肥，这是昏君做的事，致使民不聊生，活不下去只有铤而走险，社会也就动乱，国家因之衰亡。两种做法，两种结果，这是国家兴亡的规律。

楚王虽然早就懂得这些道理，但他却效昏君之所为，搜刮人民财物堆满府库，使民有饥色，后宫幽禁许多怨女，使民间多鳏夫。可见知和行是两码事，知了未必能行，楚王正在步着昏君亡国的后尘。楚人以献鱼的方式劝谏楚王，而楚王也能非常难得地身体力行去施行，不仅使楚国鳏寡孤独得到抚恤，也挽救了楚国。

以身作则、为人师表是施教者必备的德行。通常我们把以身作则解释为以自己的行为给别人做出榜样，这实际上就是指身体力行、以身教人。它的关键不在于是否以身做出榜样，而在于做出什么样的榜样。施教者的"身"

和"则"就是他的人格,人格客观地呈现在受教者面前,这就是榜样,是存在的事实,而不因施教者主观愿望的"做"与"不做"为转移。

家喻户晓的智者诸葛亮就非常注重身体力行,为儿孙做榜样。他对自己严格要求,虽贵为丞相,也绝不搞特殊化,坚持"行不言之教"。他一生廉洁奉公,生活俭朴。他在给蜀后主(刘禅)的上表中写道:"成都有桑八百株,薄田十五顷,子弟衣食自有余饶。至于臣在外任,无别高度,随身衣食悉仰于官,不别治生,以长尺寸。"桃李不言,下自成蹊。诸葛亮这种廉洁的作风,对子孙是无形的教育,为后人树立了很好的榜样。

孔子说:"其身正,不令而行,其身不正,虽令不从。"深刻地说明了施教者以身作则是教育有效性的重要保证。

顾觊之,字伟仁,南朝宋吴郡人。他一生为官,清廉爱民。

他的儿子顾绰家道极为殷实。顾绰的一项事业就是放高利贷,乡里不论士子平民,好多都欠着他的债。顾觊之对儿子的这种行为十分不满,曾多次劝阻,而顾绰总是不听。

后来,朝廷任命他为吴郡太守,他便回到家乡来做官了。顾觊之对儿子放高利贷之事一直耿耿于怀,便想出了一个办法,来帮助被顾绰剥削的乡邻。

一天,他对顾绰说:"以前我常常禁止你在乡里放高利贷,现在仔细想一想,如果不是有这项收入,咱们家的生活肯定不会这么富足。你平时放的债,一定有些人没有及时偿还,趁我现在回到家乡来做官,我设法代你催讨。不然的话,等到我以后不在家乡当官了,你讨那些债就不容易了!"

顾绰正为有些欠款难以讨回而大伤脑筋,听父亲说要为他撑腰,帮他讨债,真是大喜过望。他想凭着父亲在地方上的权力,讨债自然易如反掌。于

第二十九章 取信

是，他急忙将别人欠债所写的文书全都拿了出来，竟然有满满一大柜子。

顾觊之见了，不管三七二十一，点起一把火，将顾绰的所有放高利贷文书烧了个精光。烧完文书，他郑重其事地向远近乡人宣布道："你们欠顾绰的所有债务，今后都不必再还了。所有的借债文书，都已经被我一把火烧掉了。"

面对父亲的突然举动，顾绰没有丝毫心理准备，眼睁睁看着自己多年的心血，全都化为灰烬，一下子受到沉重打击，以至于整天都十分懊丧，不停地唉声叹气。心里难过，却也不得不接受既成事实。

顾觊之的做法，对儿子来说不免有些残酷，但他一片爱民悯农的心意，却是真情可鉴，赢得了百姓们的拥戴和信任。与此同时，他也用实际行动教育了儿子：做人要仁爱为本，盘剥乡邻是可耻的行为。

5. 以品格魅力感召天下

本章的最后，子思又举出《诗经·周颂·振鹭》的例子来说明为上者自身的德行对治理国家的重要作用。君子没有不这样做却老早就有美名传遍天下的。这就是说，只有这样，没有人憎恶，没有人猜度，才会有美名传遍天下，如果不如此，有人憎恶，有人猜度，哪里会有美名传天下呢？恐怕只有恶名传天下而已，如何能治理好国家呢？所以，要以品格魅力来感召天下。

四千多年前，在中国大地上，出现了一位"舍己忘家治洪水，劳心焦思画九州"的英雄人物。这位英雄人物就是大禹。大禹之所以能取得治水的巨大成功，除了他的聪明才智、充沛精力、勤谨办事等因素外，最为重要的，是他具有身先士卒、吃大苦、耐大劳的艰苦奋斗精神，尤其是有为天下公益而不惜牺牲私利的奉献精神。大禹自身的品格魅力，老早就有美名传遍天下，最终使他能率领和组织民众整治水患，造福社会。

相传，在尧、舜为部落联盟首领的时代，滔天的洪水淹没了平原，为了解除水患，尧帝任用鲧（禹的父亲）去负责治水。鲧采用修堤筑防的办法，非但未能奏效，反而越堵水位涨得越高，结果水势迅猛，为害更甚。舜继承尧的职位后，便免去了鲧治水的职务，并把他放逐到羽山（今山东郯城），派鲧的儿子禹继续治水。

大禹对于舜贬斥他父亲不但毫不记恨，而且愉快地接受了委派，开始了艰辛的治水工程。

大禹和涂山氏女结婚后的第四天就毅然离家去治水。他的儿子启出生后，也顾不上回去看一看。他一心扑在治水事业上，在外面整整苦干了八年。他亲自参加劳动，手不离耒锸，总是打赤脚，栉风沐雨，脸孔变黑了，小腿上的汗毛被耒锸磨光了。因为治水土，涉山川，走路太多，脚都变形了，以至于走起路来一跛一跛的。尤其是禹在外治水八年，曾经三次路过自己的家门，竟一次也没有顺便进去看一看。

对很多领导者来说，良好的品格魅力所带来的最大好处是它能让你与别人拥有更亲近、更真诚的关系，从而获得影响力。用现代的理念来说，品格魅力实际上是非权力领导力的升华，品格魅力作用在各方面都增强了非权力领导力。

非权力领导力或者感召力的发挥，需要通过以身作则、分享和帮助等方式进行。所以领导者要讲人品和风范，用自己高尚的人格来影响身边的人，从而树立权威，顺利地实施领导工作。

一个领导者必须学会利用身边的资源，这样他就能拥有迷人的魅力，而

迷人的魅力则通过他的一言一行表现出来，并能够传达到身边的每一个人的意识里，在他们的心目中树立起威信。房玄龄就是通过自己的言行影响着他身边的人，并让这些人乐意与他合作。

贞观元年（公元627年），唐太宗任命房玄龄为中书令。这一年的九月，唐太宗对朝中官员论功行赏，并让陈叔达在殿下唱名示之。结果，房玄龄、杜如晦、长孙无忌、尉迟敬德、侯君集功列第一，房玄龄封爵邗国公，食邑一千三百户。

不久，房玄龄进位尚书左仆射，监修国史，更爵魏国公。一天，唐太宗与房玄龄议论为政之道，房玄龄说："为政之道，应当用法宽平，早晚尽心，恐一物失其所。闻人有善行，如己有之。不以求全而责于人，不以己之所长衡量他人之短。"

唐太宗说："公言甚是，朕以为政莫若至公。昔诸葛亮流放廖立、李严于南夷之地，诸葛亮卒后，廖立、李严悲哭不已，非至公能如此乎？朕非常仰慕前世之明君，公不可不效法前世之贤相也。"

贞观三年（公元629年），房玄龄、王珪以宰相身份主持评议百官政绩，治书侍御史权万纪觉得不公，便上奏唐太宗，要求治房玄龄、王珪之罪，唐太宗派侯君集推问此事。魏征上奏为房玄龄、王珪辩护说："玄龄、王珪皆朝廷旧臣，素以忠直为陛下看重，多所委任。其所考评之人，数以百计，岂能没有一二人不当者？察其情形，非为阿私所致。若推问出确有其事，陛下还能委之以重任吗？且权万纪自身也在考堂之上，其身不得考，便有如此陈论。此正欲激陛下之怒，非竭诚为江山社稷计耳。"唐太宗乃释而不问。

相传，当时京畿一带大旱数十天，唐太宗载房玄龄回宫之后，便下了一场大雨，解了旱情。老百姓欢呼雀跃，说："此乃陛下优待房玄龄之故也。"由此可见房玄龄在当时百姓的心目中，堪称贤相，深受人们的爱戴。

房玄龄虽身居相位，名贯天下，却从不居功自傲，更不贪权图利。唐太宗曾经召集大臣，议论世袭之事，并封房玄龄为宋州刺史，更爵梁国公。唐太宗之所以要封房玄龄为宋州刺史，目的是为了让房玄龄的子弟世袭。但房玄龄觉得自己身为宰相，应为众大臣做出榜样，不可贪图功名，便上奏唐太宗说："陛下，臣已身居相位，又封宋州刺史，这样恐使大臣们追逐名利，惑乱朝政，臣以为不妥，请陛下先罢臣的刺史职位，以正大臣视听。"

唐太宗深以为然，便依了房玄龄的奏折，只封其爵梁国公。房玄龄辞谢了宋州刺史之后，朝中大臣纷纷仿效，辞去能世袭的官职。唐太宗非常感慨地说："上行下效，朝中大臣今日能如此行动，皆玄龄之功也！"

贞观十六年（公元642年），房玄龄进位司空，仍旧总理朝政。房玄龄觉得自己居相位日久，极宠隆极，累次上表辞位。唐太宗派人对房玄龄说："辞让，固然是一种美德。然而国家赖公已久，一日而去良佐之臣，朕犹如亡去左右手一般。公筋力犹健，精力未衰，再勿辞让。"

后来，房玄龄加太子少师，当他初至东宫见皇太子时，皇太子欲拜之。房玄龄慌忙躲避一旁，坚辞不受。东宫的诸色人等，见当朝宰相如此谦虚恭谨，不由得暗中称赞，都说他是亘古未有的贤相。

第三十章　敦化：至圣之德广大如天

【原典】

　　仲尼祖述尧舜，宪章文武，上律天时，下袭水土。辟如天地之无不持载，无不覆帱（dào），辟如四时之错行，如日月之代明。万物并育而不相害，道并行而不相悖。小德川流，大德敦化。此天地之所以为大也！

【译释】

　　孔子承袭尧舜，效法文王、武王，上遵循天时变化，下与水土相协调。就像天地那样没有什么不承载，没有什么不覆盖。又好像四季的交错运行，日月的交替光明。万物一起生存而互不妨害，道路同时并行而互不冲突。小德使百川流动浸润，大德使万物敦厚纯朴。这就是天地的伟大之处啊！

解 读

1. 孔子祖述尧舜的脉络

　　孔子的思想是在继承总结前人的有关观念尤其是尧舜文化的基础上发展而来的。本章一开始就说，孔子是尊尧舜之法，守文（王）武（王）之章的，是尧舜之道的继承者和发挥者。

帝尧，也称唐尧，姓伊祁，一称伊耆，号陶唐氏，是中华民族发展史上继"人文初祖"——黄帝之后的一位杰出的政治领袖。帝尧生活在距今四千三百多年前的平阳，他以此为基地，统一华夏诸族，推进社会文明，建立了华夏文明古国，被公认为一代圣帝明君。

据《史记》记载，帝尧是帝喾的儿子，帝喾是黄帝的曾孙，帝尧应为黄帝的玄孙，属于黄帝的嫡系子孙，即五世孙。尧的父帝喾在位七十年，"日月所照，风雨所至，莫不从服"，帝喾去世后，因尧的同父异母兄长挚的年龄最长，便由他接替父位，由尧辅佐政务。帝挚先选任尧为陶正，在尧十三岁时续封于陶，即今襄汾县陶寺，十五岁时又被封于唐，即崇山之东南麓今翼城县唐城村。由于尧是生于唐地而受封于陶，因而史称为"复封于唐"。传说帝挚担任部落联盟领袖时，政绩平平，因而尧在十八岁时被各部族首领推举为联盟首领，"代兄挚为天子，以火德王，都平阳"，国号陶唐。帝尧定都的"平阳"即今襄汾陶寺。

帝尧处于原始社会崩溃、阶级社会私有制形成的初期，在历史大转折的时期，尧顺应了潮流，集帝王之权，推动了生产发展，加速了社会的进步，建立了中国历史上最早的国家。郑樵《通志》中说："伏羲但称氏，神农始称帝，尧舜始称国。"

尧的功绩浩大，他修订历法、治理水患、开启民主，还普及水井、推行农耕，首创教育、教化百姓，谱写了我国教育史的首要篇章。特别是对内以法治国，取得"克明俊德、九族既睦、平章百姓"的好政绩；对外则注意协调各个邦族之间的关系，"协和万邦"，成为"和"、"合"文化首创者。

在个人品德方面，尧更是公仆的典范。帝尧崇尚节俭，以朴实为美，虽位居帝王，却能节俭克制，茅屋苫盖不加修剪，大车素木不施画彩，炕席边

273

缘不加花边,做羹汤不加面粉,粗舂粟米不细加工。衣食住行十分简朴,与一般平民无异。帝尧作有座右铭《尧戒》:"战战栗栗,日谨一日,人莫踬于山,而踬于垤。"他认为人不一定会在高山上跌倒,而可能会跌倒在小土堆前。从这里可以看出帝尧从政的严谨态度。正是由于这样,帝尧治理天下,井井有条,从而深受百姓拥戴。正如当时《康衢谣》唱的那样:"立我烝民,莫匪尔极,不识不知,顺帝之则。"意思是说,帝尧让百姓过上丰衣足食的好日子,即使我们什么也不知道、不明白,只要遵循帝尧的教诲和规则行事就够了。

尧的传说最为人们称道的,是他不传子而传贤,禅位于舜,不以天子之位为私有。

尧帝年老的时候,想找一个继承人,于是召集各地部落首领来商议。在尧帝之前,帝位一直是父子兄弟相传的,他本人便是继承了异母兄长挚的帝位。这天,尧帝召集群臣议事后,叹道:"我在位已经七十年了,眼看老了,但却后继无人,真的不知该如何是好啊!"

尧的弟弟放齐连忙说:"您这样说就不对了,现在不是有贤侄丹朱,开明礼让,怎能说后继乏人呢?"尧帝苦笑道:"'知子莫若父',丹朱是什么人,我还不清楚吗?顽劣、凶蛮、不学无术。他要是即位,百姓可就遭殃了。"

沉寂片刻之后,尧帝笑着说:"天下是所有人的天下,谁最有德才就应该由谁来治理天下。为天下推贤举能,也是大家分内之事嘛。"奸臣獾兜见有机可乘,就说:"我以为共工是合适的人选。"尧帝凛然道:"共工能言善辩,表面看起来恭敬谨慎，其实不把任何人放在眼里，这样的小人没资格接替我的职位。你们举贤任能，并非仅限于我们身边的人！"

"我听说民间有一位贤士，名叫虞舜。"四岳说道。尧帝经过调查后，便请来虞舜，委以重任，又将两个女儿都嫁给了他。当然，尧帝也想借助女儿暗中考察他的品行。虞舜始终平静地面对种种变化，行事深谋远虑，仁义礼让；讲话诚实守信，和蔼可亲。尧帝对他很满意，三年后便结束了对他的考察，正式让位给虞舜，不料虞舜却总以德薄为由谦让推辞。不过最后，虞舜还是做了帝位的继承人，完成了名垂后世的"禅让"。

对于帝尧的功德，孔子在《论语》中说："大哉！尧之为君也；巍巍乎！惟天为大，惟尧则之；荡荡之，民无能名焉；巍巍乎其有成功也；焕乎！其有文章。"意思是说，尧之功大于天而无所不至。司马迁则在《史记·五帝本纪》中称赞："尧之为君也，其仁如天，其知如神，就之如日，望之如云。"已故著名尧文化专家石青柏认为，帝尧是华夏文明的奠基者，万世明君的楷模，公而忘私的典范。著名作家乔忠延先生对帝尧的评价则是"民师帝范"——民众的导师，帝王的典范。总之，帝尧是中华民族历史上一位杰出的领袖，是中国古代一个圣明的帝王，他为后世树立了一个伟大而光辉的圣君形象。

在《论语》第二十章，专门是一章《尧曰》，来点出尧之德政，"尧曰，咨。尔舜，天之历数在尔躬，允执其中，四海困穷，天禄永终"。在《孟子序说》里，朱熹更说得明白："尧以是传之舜，舜以是传之禹，禹以是传之汤，汤以是传之文武周公，文武周公传之孔子，孔子传之孟轲。"清楚地指明了其祖述脉络。

2. 孔子祖述尧舜的内容

那么，孔子祖述尧舜什么呢？让我们在尧典里寻找一下就明白了。

"克明俊德，以亲九族"，是说以德治天下，使九族和睦。

"协和万邦，黎民于变时雍"，是说使九族团结和睦，互相为善，建成和睦友好的大团结的国家。

"乃命羲和，钦若昊天，历象日月星辰，敬授民时"，是说给人们以安定生产和生活的规律和规矩，让人们科学有序地生产生活，求得社会的和谐安定。

"敷奏以言，命试以功"，是说善于倾听群众的意见，以考察实践为实。

"鞭作官刑，扑作教刑，金作赎刑，眚（过失）灾肆赦，怙终贼刑"，是说建立严格的以仁政和教育为主的、以人为本的法律制度，使人们自觉遵守，使社会得到安定，生产得以发展。

……

孔子将这些精髓消化吸收，融入自己的"大道"，用以教化，可谓用心良苦，孔子是尧舜大道的真正继承者和发扬者，即宗于尧舜者。

孔子远则推崇尧舜时期的政治，近则遵守西周初期文王、武王时的法度，包括礼法、政治制度、社会礼仪、文化精神等——这些都在文王、武王时代确立了牢固的基础。也正是在这一基础上，孔子提出了自己的中庸思想和全部学说。如孔子自己认为，根据他对夏商周三代的礼的考察，周礼是最好的，作为孔子思想核心的仁与礼是标志伦理与政治内在关涉的范畴，作为伦理与政治理论运思的背景，夏商周三朝的政治运作，构成了最佳的思想资源与历史前提。而仁礼及其统一恰恰是表现和表征中庸的。

孔子十分重视尧舜禹三圣相传的"允执其中"的思想。在《尚书·大禹谟》中"人心惟危，道心惟微。惟精唯一，允执厥中"四句话，称为"十六字心传",朱熹认为:"其见于经,则'允执厥中'者,尧之所以授舜也;'人心惟危,道心惟微。惟精唯一,允执厥中'者,舜之所以授禹也。"正如柳诒征先生所言:"尧舜以来,以中为立国之道,孔子祖述其说。"

与佛道有自己的"法统"、"祖统"一样,儒学也有自己的"道统",儒家一以贯之的道统,正是中庸,"尧以是传之舜,舜以是传之禹,禹以是传之汤,汤以是传之文武周公,文武周公传之孔子,孔子传之孟轲,轲之死,不得其传也"。至宋,有周程张出焉,以接其传。可以说,尧、舜、禹三王的"允执其中"之道是中庸思想最早、也最直接的思想渊源。

孔子之大道,是把三王之道加以改造,同时融入当时的时代精神,打造出他推行的儒家思想的精髓,即三纲五常,君为臣纲,父为子纲,夫为妇纲和仁义礼智信,简单说就八个字:忠孝仁爱礼义廉耻。这就是儒家以仁为核心的尊卑等级分明的哲学思想体系。

尧舜、文武周公历来就是孔门最崇敬的伟大楷模,其贤德仁义历来为人们所称道,也是奠基中华文明的不朽代表,他们也因此而成为一代圣王。虽然我们不敢奢望像他们那样伟大,但作为他们的子孙后代,其贤德仁义的精神我们永远也不能忘。我们要以他们为榜样,修正品德。孔子那样伟大,尚且一生见善即学,更何况是我们呢。

3. 小德川流，大德敦化

"万物并育而不相害，道并行而不相悖。小德川流，大德敦化。"这是中国古代中庸思想的绝佳境界，探讨了人类如何使相互之间——包括我们与自然之间，在平行的辩证关系中实现和谐。

和谐的前提应该是"各正性命"，"和而不同"，即每个人都是独立之主体，而独立精神才是生命的真正灵魂。这符合自然界生命的多样性特点。《易传》："乾道变化，各正性命，保和太和，乃利贞。"这是人伦秩序的基本原则。

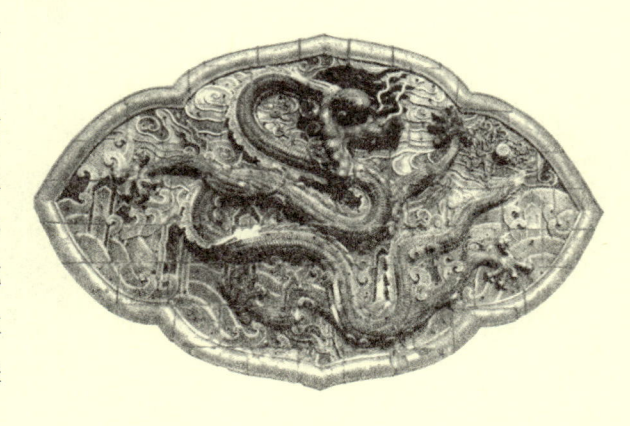

汉代的董仲舒，提出了"平行而不止"的论断。董仲舒从阴阳历时替代关系，阴阳共时两侧关系，阴阳同体异象关系，阴阳盛衰转换关系等不同角度，探讨了阴阳平行的多种形式和辩证内涵。"阴阳之气在上天亦在人，在人者为好恶喜怒，在天者为暖清寒暑，出入上下左右前后，平行而不止……"（《春秋繁露》）董仲舒将人与天都纳入阴阳之间永恒的平行互动过程中，认为"平行而不止"是天人合一和万物生息的伟大原因。

人的世界与天地的世界不是两个不同的世界，在最初和最终的意义上，它们是同一个世界，但只有通过这样一种伟大的德行，这两个世界的内在一体性才能在人的生命中呈现出来。

从中庸的视角看，只要我们还将自己的生命放置在互为区域、不相往来、相互拒绝的那些人为的封畛中，那么，生命所能打开的世界就还未曾超出生

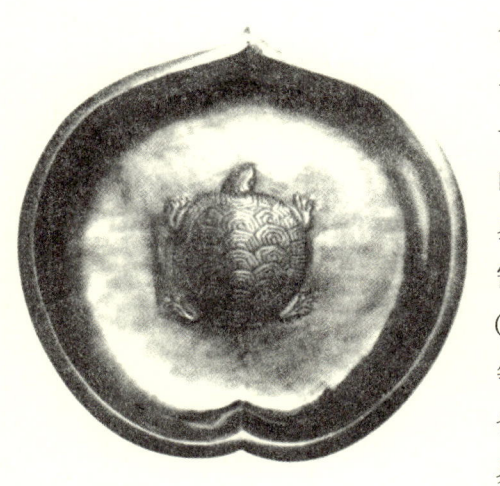

命自身所封闭的世界，而科学、哲学与神学等，在某些时候，恰恰是这样一些封畛，它们阻止了世界向着我们的原初呈现。在这个意义上，对于世界的更大广度、更高深度上的接纳，需要有一种超越由于人类的文化形式（科学、哲学、神学、法学、伦理学等）所设立的一切人为封畛的襟怀。也只有在向着这种襟怀的开放中，世界的每一个部分才作为它自身，也同时作为世界的整体而存在。每一个存在个体，也才将自身放置在世界的一个有限的位置与区域上，不以世界的某一部分替代其他，狭隘才会瓦解；同时，这个个体也才得以以它自身的特殊方式表达他对世界的关切。由此，世界显示了它的不同区域、不同个体，见山是山，见水是水，但山水又同时作为这个世界的山水而存在。区域与位置使得事物有了间距，而间距本身又向被间距分隔的存在物之彼此通达开放自身。

尊重、顺从自然，肯定与包容并存，是很高明的生存智慧。这需要宽裕温柔的度量，坚强刚毅的精神，斋庄中正的虔敬心态。中国传统哲学的最高理想就是"和"，即本章所说的"万物并育而不相害，道并行而不相悖，小德川流，大德敦化，此天地之所以为大也"。多元文明共存共荣、互补互动，人类社会才能丰富多彩，也才能具有持续发展的源泉与动力。

正是在这里，我们看到了圣人的伟大德行，这一伟大德行的根源不仅仅在人性自身，在人类文化最为深刻的基础之中；而且，还植根在以大自然的方式出现的天地之中，在原发的意义上，"万物并育而不相害，道并行而不相悖"，也正是伟大的天地德行。或者说，正是这一德行本身，展示了天人之间内在的一体性。

第三十一章　至圣：能"配天"的领导艺术

【原典】

唯天下至圣，为能聪明睿知，足以有临也；宽裕温柔，足以有容也；发强刚毅，足以有执也；齐庄中正，足以有敬也；文理密察，足以有别也。溥博渊泉，而时出之。溥博如天，渊泉如渊。见而民莫不敬，言而民莫不信，行而民莫不说。是以声名洋溢乎中国，施及蛮貊（mò）。舟车所至，人力所通，天之所覆，地之所载，日月所照，霜露所队（zhuì），凡有血气者莫不尊亲，故曰"配天"。

【译释】

只有天下最圣明的人，才能做到聪明睿智，足以居上位而临下民；宽厚温柔，足以包容天地；奋发刚强坚毅，足以决断事物；庄严中正，足以使人尊敬；条理清晰，足以辨别是非邪正。圣人的美德广博深厚而又适时表现出来。德行广博如天，德行深厚如渊。表现在仪表上则人们没有不敬佩的，表现在言论上则人们没有不信服的，表现在行为上则人们没有不欢欣的。所以圣人的美好名声广泛流传在中国，并且传播到边远的少数民族地区；凡是车船所到的地方，步行所到的地方，天所覆盖的地方，地所负载的地方，日月照耀的地方，霜露降落的地方，只要有血脉气息的人，没有不尊重和不亲近圣人的，所以说圣人的德行可以与天相匹配。

解读

1. 居上者要"临之以庄"

居上者有居上者的言行规范、仪表要求,其中主要的、基本的是"临"字。

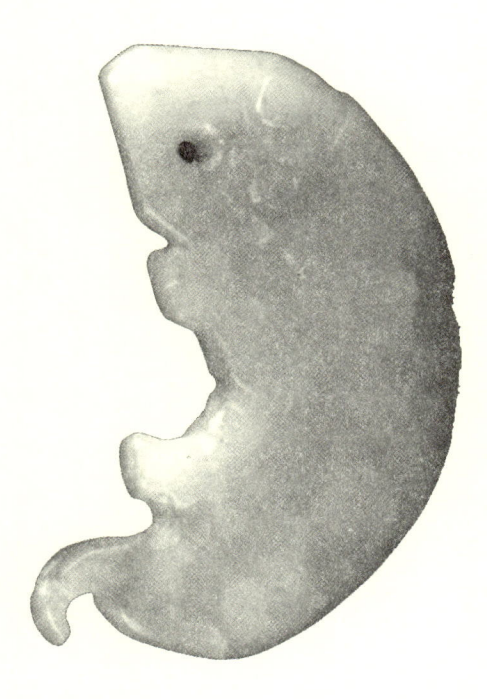

什么是"临"？我们不妨先看看《周易》中临卦的结构。从卦象上看,临卦下兑上坤。下卦兑是泽,泽为水,水往低处流,因为泽水汇集低处；而地则高出于大泽。泽卑地高,岸临于水,取其高下相临之势,所以说是"泽上有地"谓之"临"。

孔子曾说："临之以庄,则敬。"意思是说居上者要给下属一个庄重的面孔,这样才可以获得他们的尊敬。此非聪明睿智所不能也。

自古以来,居上者正是通过有意识地"临之以庄"保持与居下者的距离,使居下者认识到权力等级的存在,感受到居上者的支配力和权威。而这种权威对于居上者巩固自己的地位、推行自己的政策和主张是绝对必需的。

如果居上者过分随和,不注意树立对居下者的权威,居下者很可能就会因为轻慢居上者的权威而怠惰、拖延甚至是故意进行破坏。所以,居上者通过"临"来显示自己的权力,进而有效地行使权力是无可非议的,对于居上者很好地履行自己的职责也是必要的。

"临之以庄"会给居上者带来威严感，使居上者成为一座云雾缭绕、幻象纷呈的大山，令居下者看上去高深莫测，不可捉摸。其实，这种效果正是树立权威的需要。

　　"临之以庄"还是一种避免打扰的防范性措施。你太随和，人人都以为你好说话，所以，鸡毛蒜皮的事都来找你定夺，"临之以庄"，就可以有效避免这些小事的烦扰，从而集中精力去谋大事。所以，"临之以庄"是领导艺术的一部分，有利于居上者对政务的决策。

　　"临之以庄"还有利于丰满领导的高大形象，它有时是一种自信和自尊的体现，使居上者有一种鹤立鸡群的威信，从而唤起居下者的敬重和服从。

　　居上者为顺利开展工作而注重同居下者保持亲密关系固然重要，但一定要避免与居下者私交过密。因为居上者一旦与居下者失去距离感，必然会难以支配居下者。人与人之间的感情往往束缚人的心灵，从而使你对居下者难以采取公事公办的态度。比如前一天晚上刚刚在一起推杯换盏的下属第二天却迟到了，对此上司会在批评与默许之间左右为难。如果默许，自然会引起别的下属不满，如果批评，这位下属难免会不服管教，或者暗地里说："哼，昨天还和我称兄道弟的，今天就翻脸不认人了。"

　　作为一个居上者，请你回想一下，你是否经常与你的下属共同出入各种社交场合？你是否对你的某一位知心的下属无话不谈？你的下属是否当着其他人的面与你称兄道弟？如果已经出现了上述几种情况，那么危险的信号灯已经亮了，你需要立即采取行动，与你的下属保持一定的距离，不可太过于亲密。

　　俗话说得好：有距离才有美。适度的距离对你是有好处的。即使你再

"民主"，再"平易近人"，也需要有一定的威严。与下属之间的关系过于亲密，交情深厚，下属就可能恃宠而骄，难免散漫，执行力不强，工作易受阻碍；也因为没有了距离，下属会对领导者的生活习性、个性爱好等了如指掌、全面掌控，难免被一些下属投其所好甚至会瞄准领导者的弱点，巧言令色、步步为营，让领导者的权力被架空；也不排除某些下属会仗着与领导者的"交情"，狐假虎威、发号施令，不分里外、上下、轻重场合，对领导者失去应有的尊重与敬畏之心，严重损害领导者的形象与威望。同时，领导者若经常与一部分人打成一片，难免会忽视其他人，厚此薄彼，显然不利于工作的开展，也可能会偏听偏信，被误导视听，阻塞了进谏之路。正直忠诚者被拒之门外，别有用心者却近在身旁，久而久之，难免不出现问题。

所以，"临之以庄"包含了相当的领导艺术的奥妙，更有着心理学上的微妙含意。群众都有服从权威的倾向。而"临之以庄"表现出来的居上者的自信心、意志力、傲视群雄的态度以及卓尔不凡的气势则有助于增加自己的权威，更能从形象上唤起别人的敬佩和好感。最重要的是，没有神秘就不可能有威信，因为对于一个人太熟悉了就会产生轻蔑之感。可见，与居下者关系过于亲近，并不利于你的工作，反而会带来许多不易解决的难题。作为一名居上者，必须善于把握与居下者之间的远近亲疏，使自己的领导职能得以充分发挥，这一点必须重视起来。

2. 宽裕温柔，容纳万物

宽裕温柔是一种良好的德行，也是成就大事的前提。一个人如果拥有宽容之心，就会让他周围的人产生安全感与感激之情，进而靠近他、拥护他。所以，做人处世要有容人之量，尤其是当领导的，更应有大肚量，这样才会有人与你共同进退，使你成为"配天"一样的人物。

战国时期的楚庄王，在爱妾被人调戏的情况下，不追究犯上者的罪，遮掩了这位风流将军的罪过，从领导的胸怀和领导艺术上说，实在难能可贵。

周定王二年（公元前605年），楚庄王经过艰苦作战，平定了令尹斗越椒发动的叛乱之后，大摆酒宴，招待群臣，欢庆胜利，名曰"太平宴"。

酒宴开始，楚庄王兴致很高，说："我已六年没有击鼓欢乐了，今日平定奸臣作乱，破例大家欢乐一天，朝中文武官员，均来就宴共同畅饮。"于是，满朝文武，与楚庄王欢歌达旦。

夜深之后，楚庄王仍然兴致不减，令人点起蜡烛，继续欢乐，并要宠姬许姬前来祝酒助兴。忽然一阵大风吹过，将灯烛吹灭。

这时，有一人见许姬长得美貌，加之饮酒过度，难于自控，便乘黑灯瞎火之际，仗着酒意暗中拉住了许姬的衣袖，大概想一亲芳泽吧。

许姬大惊，左手奋力挣脱后，右手顺势扯下了那人帽子上的系缨。许姬取缨在手，连忙告诉庄王说，刚才敬酒时，有人乘烛灭欲有不轨，现在我把他帽子的系缨抓了下来，大王快命人点蜡烛，看看是哪个胆大包天的家伙干的。

谁知楚庄王听后，却小声对许姬说："赏赐大家喝酒，让他们喝酒而失礼，这是我的过错，怎么能为要显示女人的贞节而辱没人呢？"不但不追究，反而大声命令左右正准备掌灯的人说："切莫点烛，寡人今日要与众卿尽情欢乐，开怀畅饮。如果不扯断系缨，说明他没有尽兴，那我就要处罚他！"

众人一听，齐声称好，等大家全都扯掉系缨之后，楚庄王才命令点燃蜡烛，不声不响地把那个胆大妄为的人放了过去。

散席之后，许姬仍然愤愤不平地问楚庄王："男女之间有严格的界限，况且我是大王您的人。您让我给诸臣敬酒，是对他们的恩典，有人竟敢当着您的面调戏我，就是对大王您的侮辱，您不但不察不问，反而替那小子打掩护，这怎么能肃上下之礼，正男女之别呢？"楚庄王笑着说："这你妇道人家就不懂了。你想想看，今天是我请百官来饮酒，大家从白天喝到晚上，大多带有几分醉意。酒醉出现狂态，不足为怪。我如果按照你说的把那个人查出来，一会损害你的名节，二会破坏酒宴的欢乐气氛，三也会损我一员大将。现在我对他宽大为怀，他必知恩图报，于国于家于我于你于他都是有利的事情啊。"许姬听了楚庄王的一番话，十分佩服。从此，后人就把这个宴会叫做"绝缨会"。

一个部下对自己爱妾的调戏，对于至尊无上的君主来说，无疑是极大的羞辱。这在当时的社会里，绝对属于大逆不道的犯上之举。谁要是犯了这方面的罪过，不丢掉小命那才叫怪事！可是楚庄王却能宽容地原谅属下的过错，并且还设法替他掩饰，的确需要不同寻常的胸怀。

这段"绝缨会"的千古佳话，如果没有后来的善报结尾，恐怕还是要逊色许多。

七年之后，楚庄王兴兵伐郑，前部主帅襄老的副将唐狡，自告奋勇带百余名士卒做开路先锋。唐狡与众士卒奋力作战，以死相拼，终于杀出一条血路，使后续部队兵不血刃杀到郑都，这使得楚庄王非常高兴，称赞说："老将军老当益壮，进军如此迅猛，真是大长我军威风，为楚国立下大功啊！"

襄老答道："这哪里是老臣的功劳，都是老臣副将唐狡的战功啊。"

于是，楚庄王下令召来唐狡，准备给他重赏，谁知唐狡却答道："为臣受大王恩赏已很多，战死亦不足回报，哪里还敢受赏呢？"

楚庄王很奇怪，以前并没赏赐他，何以如此说呢？唐狡接着说道："我就是'绝缨会'上拉了许姬袖子的人，大王不处置小臣，小臣不敢不以死相报。"楚庄王感叹地说："如果当初明烛治他的罪，怎么会有今天效力杀敌的猛士啊！"

楚庄王宽厚温柔，不追查酒后失态的勇士，使这个勇士在后来的卫国战争中立了大功。

从楚庄王的解释中我们可以看出，这并非仅仅是楚庄王本心善良、胸怀博大，而且还是一种领导艺术。他是用一种特殊的方式赢得下属的心，在部下心中播下感激的种子，从而得到了良好的效果。

3. 培养宽宏大量的胸怀

"宽裕温柔"要求我们心胸非常宽大，对待一切人都温和，这对我们普通人来说，可能一下子办不到。但是我们可以慢慢培养自己的胸怀，一天一天地，心量就会逐渐放宽。一开始的时候，可能会觉得有些勉强，到后来是由

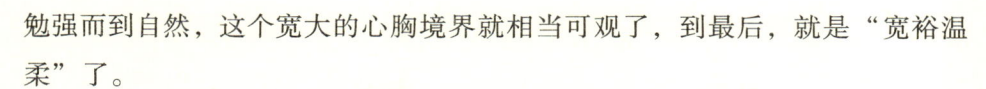

勉强而到自然,这个宽大的心胸境界就相当可观了,到最后,就是"宽裕温柔"了。

那么,我们具体怎样培养宽宏大量的胸怀呢?

第一,与人交往要有较强的相容度。较强的相容度,要求一个人能够宽厚、心胸宽广、容忍别人、忍耐力强。相容度强的人能够接纳和团结更多的人,在顺境中并肩作战、共同奋斗,在困境中共患难、积蓄成功的力量、创造更多的成功机会;相容度低的人,别人往往不愿与其合作,常常被人疏远。

第二,不要自寻烦恼。相比心胸宽广的人,心胸狭隘的人往往活得比较累。对于那些在别人眼中鸡毛蒜皮的小事,心胸狭隘的人往往不能释怀;他们不但算计别人,更害怕被别人算计,始终提心吊胆、患得患失;也很在意别人的眼神、话语、动作;同时往往很偏执,容不下与自己相左的意见。所以,心胸狭隘的人往往很难与别人沟通与合作,更得不到别人的拥护,常常郁郁寡欢。其实,这些人的烦恼大多是自找的。因为他们太在意别人的批评,又害怕因为得罪他人而为别人所不容,所以,他们整天盯着别人的态度和反应,生活压抑、缺乏生气。

第三,与人交往时,能够主动让人。世上没有两个完全相同的人,因而在与他人交往的过程中,人们常常会因为对某些事情见解的不同,由于个性、爱好、要求的不同,或是由于价值观的差异而产生矛盾和冲突。此时,我们应该尊重他人的意见,并寻找共同的立场。

在工作中也是如此,由于每个人的工作习惯和工作方式不同,所以你不能苛求别人和你采取相同的方式来完成工作。只要能够完成工作，任何工作方式都是可取的。要记住，争执不但无益于问题的解决，而且对人对己都没有好处。

第四，要做到"己所不欲，勿施于人"。"己所不欲，勿施于人"是《中庸》为我们留下的处世原则。鉴于这一原则，我们不应提出别人难以接受的要求，由此可以避免尴尬的局面，从而建立良好的关系。

要做到"己所不欲，勿施于人"，就要求我们将心比心，推己及人。

将心比心，要求我们站在对方的立场上，衡量自己的言行举止能否为对方认可和接受。你可以通过角色互换的方法，假想自己站在对方的立场上，那时，看看你对自己的行为和言论会有什么样的反应。通过这样的方法，你就可以更好地理解别人、体谅别人，从而更好地与别人相处。

4. 仪表言行要显得精明强干

在领导艺术上，《中庸》强调，居上者要"发强刚毅、文理密察"，并且要在仪表言行中表现出来，以此赢得民众的尊重和敬意。

一个人的外在形象是社会关系活动中不可缺少的内容，是调整人际关系的一个非常重要的手段，也是个人道德及文化素养的外在表现形式。讲究外在形象的人多能受到人们的尊重和喜爱，因为他本身就表现出一种个人魅力。不管是在公共场所，还是在私人聚会中，只要你与人进行交往，你的仪表、着装等外在形象就会出现在他人的眼里，并留下深刻的印象。

虽然说，在领导过程中，内在素质至关重要，但外在形象也绝对不可以忽视。大多数人都有以貌取人的心理，外在形象已成为迈向成功的重要筹码。如果在这一点上不讲究，无形中就会让自己打了折扣，在通往成功的道路上给自己设置了障碍。

俗语说："佛靠金装，人靠衣裳。"作为一名领导者，必须在日常着装上讲究一点形象艺术。一般来讲，领导者的穿着和装扮能给人一种暗示，穿上得体讲究的衣服，除了让领导者自己感到自信外，也会给下属留下一种精明强干的感觉；反之，着装上过于随便，总会让人感到慵懒和没有进取心。俗话说："人敬衣服，马敬鞍。"穿着讲究的人总能显示出更强的办事能力。

仪态举止是一个人自身素养和行为的反映，是体现一个人涵养的一面镜子，需要充分重视。优雅得体的仪态不仅能给人以好感，更能显示出自身的修养，展现出自身魅力。

我国古代对人体的姿态和举止有"站如松、坐如钟、行如风"的审美要求。作为领导者，我们应当从举手、投足等日常行为方面有意识地锻炼自己，养成良好的站、坐、行姿态，做到举止端庄、优雅得体、风度翩翩。否则，哪怕是一个小小的不雅的动作，都可能会大大降低自身在他人心中的形象。

言行方面，更要给下属以精明强干的感觉。

精明强干是领导者最为重要的内在气质之一。无论是说话、办事还是决策，领导者都要做到干脆、利落，不犹豫不决，不拖泥带水，不朝令夕改。这是"发强刚毅、文理密察"最直接的体现，对提升领导者的自我形象具有尤为重要的作用。

在对下属演讲、做报告时，领导者要果断威严，有震慑力。不管在哪种情况下，讲话要一是一，二是二，切忌含糊不清。跟下属交谈时，即便下属一方处于主动，领导者

听取对方谈话，也切忌唯唯诺诺，被对方左右。如果对方意见与自己意见相左，可以明确给予否定，如果意识到下属意见确是对单位对自己有利的，也不要急于表态。可多思考少说话，也可以用"让我仔细考虑一下"或"容我们研究、商量一下"等语句来结束谈话。这样，一方面可以有时间从容仔细地考虑是取是舍，比草率决定要好；另一方面，这在无形中也维护了自己的权威。

不能做到坚决果断的领导者，往往给人以懦弱无能的感觉，这样的领导在下属心里的印象可要大打折扣了。领导者要时常做出各种决定，而做出这些决定都是需要勇气的。当信息完全准确时，易于做出正确的决定，但当信息难以确定时，就无法做出取舍。这是考验你的时候，一双双眼睛正盯着你，在等你做出一个决定，你成了大家关注的焦点。犹豫不决、优柔寡断，这些都表明领导者心中无底和内心的恐惧。此时你只有一个选择：坚决果断地做出决定，用智慧给大家指明一条出路。如果一再犹豫，坐失良机，今后大家对你的印象会如何？没有人会尊敬或跟随一位胆小的领导者。关键时刻挺身而出，做一个英明的决断，对你日后的感召力、影响力都大有裨益，效果会强于你平日长时期的外在表现；倘若你平时派头十足，一到关键时刻却拿不出决断的气势，那么这个反差只会给你周围的人留下笑柄。

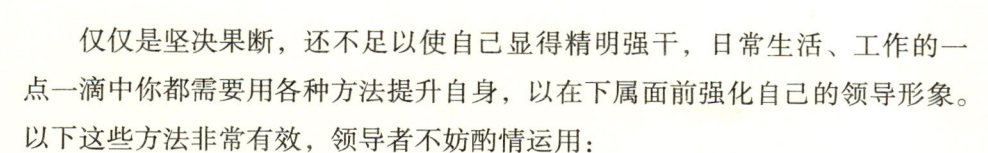

仅仅是坚决果断，还不足以使自己显得精明强干，日常生活、工作的一点一滴中你都需要用各种方法提升自身，以在下属面前强化自己的领导形象。以下这些方法非常有效，领导者不妨酌情运用：

开始讲话之前，将要讲的内容拟好几个要点，可以使下属产生你头脑清晰灵敏的印象。凡事归纳成几个要点，可以显示你具有很强的归纳能力。

把一件事情在三分钟内叙述完毕，这是精明干练的领导者说话的秘诀。

在会议的最后做好总结性的发言，可以给下属留下领导者具有深厚业务功底的印象。

为了使自己的话更具说服力，借用古诗词或名言来表达是个好方法，下属会觉得你知识渊博，很有文采。

使用极其明确的数字，可以让下属觉得你思维周密，有理有据。

适当引用一些当下的政治、经济领域的案例，可以给下属留下你紧跟时代潮流的印象。

与下属共餐点菜时，如果犹豫、迟疑不决的话，很容易被认为是没有决断力。

为了让人看出自己是个从容不迫的人物，尽量放慢动作可以达到效果。

背着光线面向下属时，可以使自己看着比实际上更高大。

业余特长远离自己的工作范围，会给下属留下深刻的印象。

坐着的时候，保持挺直端正的姿势，可以显示你是个意志坚定者。

一面注视着下属的眼睛一面交谈，能使下属觉得你诚恳正直。

与人约定时间时，不约定"几点整"，而约定"几点几分"，更容易被认为是一位严谨的人。

当然，领导者在运用以上方法时，一定要显得自然，万不可流露出做作之态，否则会适得其反。若想在下属面前长久地树立起自己的形象，就必须把上述这些办法反复运用，并且形成一种习惯。俗话说，习惯成自然，既然已经习惯了、自然了，那就不会显得做作，时间一久，这种精明强干的气质也就刻在了自己的骨子里。如此一来，赢得下属的尊重与诚意就容易多了。

第三十二章　天德：天下唯有德者居之

【原典】

唯天下至诚，为能经纶天下之大经，立天下之大本，知天地之化育。夫焉有所倚？肫肫（zhūn zhūn）其仁！渊渊其渊！浩浩其天！苟不固聪明圣知，达天德者，其孰能知之？

【译释】

只有"天下至诚"的圣人，才能成为治理天下的崇高典范，才能树立天下的根本法则，掌握天地的生长变化规律。这难道需要什么依傍吗？只需要诚挚仁德啊！像深渊一样深沉无尽，像高天一样浩茫广大，如果不是聪明智慧、通达天德的人，有谁能够知道这"天下至诚"呢？

解读

1. 至诚之道的功用

本章进一步阐述了至诚之道的功用，认为它在社会和国家治理中具有根本性的意义，要求人们努力发掘自己本有的德行，以追求高尚的至诚境界，为社会发展和天人和谐做出自己的贡献。

在这里，中庸对于至诚之人作了一个生动美妙的描绘。"肫肫"是诚恳笃实之貌。至诚的人有"肫肫"的样子，便可有如渊的深度，有深度才可有广度，有如天一样浩大的广度。如此诚笃深广，自可与天打成一片，浑然无间了。如果不能保持聪明圣智而上达天德的境界，又岂能与天打成一片，从而了解天道化育的道理呢？能够至诚，以上达天德，便是圣人了。

这实际上是子思在描述孔子，也是他对孔子"天命观"的具体阐释。

孔子的天命观主要体现为两个方面，即"天道"和"人道"，且都是围绕人和事而展开的。

天，在孔子那里既是客观存在的自然世界，又是其主观世界的有机组成部分，奉君王为上天之子，作为天在人世间的代表，以"仁德"天子为最高代言人来传达"天命"。孔子采用"道法自然"的方式求得天道，希望达到人与自然的和谐。同时，用其"天命观"为自己入世铺设了一个"天人合一"的文化背景，用"达天知命"、"天道即人道"的天人合一的思想理念，将天命与人运紧密地联结在一起，给人以"达天知命"的生命关怀，试图构建一个人与自然和谐和人与社会和谐的大同世界。

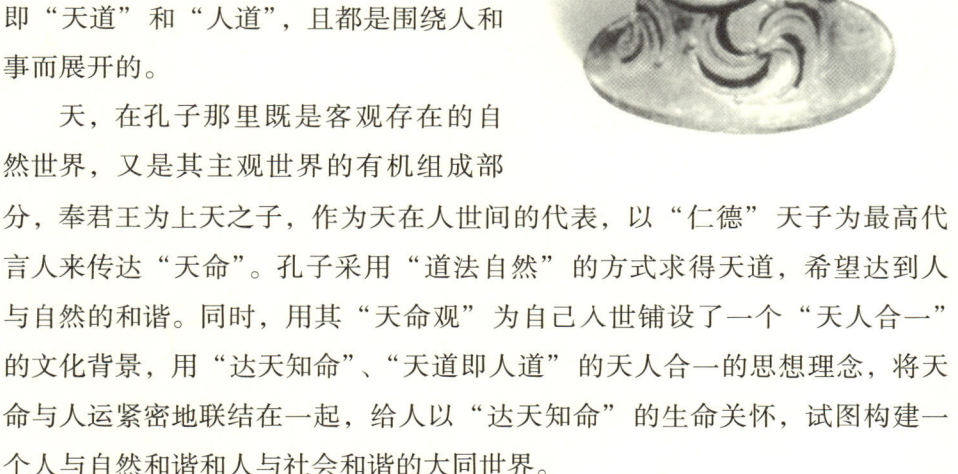

孔子的"大道"，在心性层面，着重强调个人修身养性，要求人们"格物、致知、诚意、正心、修身"，在处理人与人的关系上"推己及人"、"己欲立而立人，己欲达而达人"、"己所不欲，勿施于人"，从而形成人与人之间的和谐相处。就社会层面而言，孔子的"大道"集中反映到了"礼"上。孔子认为，礼源于天，"夫礼必本于天，动而之地，列而之事，变而从时，协于

分艺",以礼代社会制度。子曰:"不知命,无以为君子也;不知礼,无以立也。"以礼"合于天时,设于地财,顺于鬼神,合于人心,理万物者也",做到"大人世及以为礼,城郭沟池以为固,礼义以为纪,为正君臣,以笃父子,以睦兄弟,以和夫妇,以设制度",进而建设和谐的社会。

如果说孔子提出的"和谐社会"是建立在他天命观之上的,那么孔子提出的"大同世界"则是对其天命思想的超越。

孔子试图建立的是"人不独亲其亲,不独子其子;使老有所终,壮有所用,幼有所长,矜寡、孤独、废疾者皆有所养;男有分,女有归……是故谋闭而不兴,盗窃乱贼而不作。故外户而不闭"的"泛爱众"的"大同世界"。

孔子提出"大同世界",并非只留于空想,而是积极的行动主义者。事实上,他在某种程度上已经开始实践了,其实践模式是实行以"诚"为核心的"仁政":在社会制度方面,努力推行大道通行于天下,希望天下为天下人共有的全民公有的社会制度;在管理体制方面,一方面推崇"仁德"天子掌管天下,另一方面坚持天意即民意的理念,从中央到地方推行"选贤与能"的选举制度,任用贤能之士管理国家事务;在社会分配形式方面,努力做到"使老有所终,壮有所用,幼有所长,矜寡、孤独、废疾者皆有所养";在社会道德方面,倡导以"仁"为核心,以"礼"为日常基本规范的社会道德体系,希望人们能有高度的责任感和自觉性。可以说,孔子所提出的"大同世界"是一个人人敬老爱幼,无处不均匀,无处不饱暖的,充满"诚"的理想社会。

可见,尽管孔子对"天"、"命"有一份特别的敬重,但并未屈服于天,

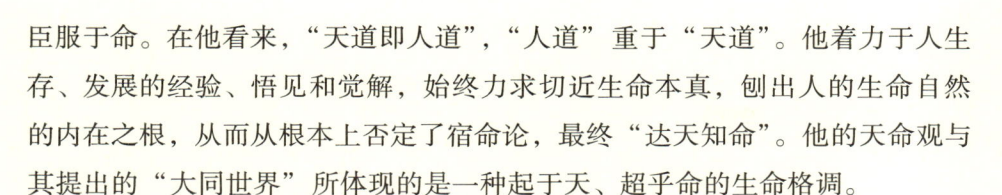

臣服于命。在他看来，"天道即人道"，"人道"重于"天道"。他着力于人生存、发展的经验、悟见和觉解，始终力求切近生命本真，刨出人的生命自然的内在之根，从而从根本上否定了宿命论，最终"达天知命"。他的天命观与其提出的"大同世界"所体现的是一种起于天、超乎命的生命格调。

孔子对天的超越遥契，是比较富有宗教意味的；而发展至中庸，讲内在的遥契，更多的是透显了浓烈的哲学意味。超越的遥契是严肃的、混沌的、神圣的宗教意味，而内在的遥契则是亲切的、明朗的哲学意味。

2. "诚"是天人合一的联结点

《中庸》认为，天地具有好生之大德，乃是天道至德。只有具备经天纬地之才能的人，才具备好生的天道至德；反之，只有具备好生的天道至德的人，才具备经天纬地之才能，这是相辅相成的关系。所以，先要具备天道至德，方是具备经天纬地之才能的先决条件。而具备好生的天道至德，乃是内外双修、明心见性，体道得道、至德全神方能获得的。在内外双修中，以"中"为本体，以"诚"为核心，以"内圣外王"为目标，最终，以"天人合一"为旨归。

"天人合一"是中国传统文化的基本精神，其特点是把既定的社会秩序赋予"道"的神圣性，并把它投射到天道自然中，形成道德化的自然理性，再把自然理性当做天道秩序或上天意志，使之成为人道秩序的摹本和道德修养的目标，由自然理性推导出社会理性来。所谓"天人合一"即是天道与人道在精神上的合一。如果说"天人合一"乃思孟学派开其先河的话，那么从《中庸》的理论构架中即可清楚地看到，天人合一的联结点就是"诚"。

《说文》释"诚"为"信"，从天道方面看，"诚"的含义就是信实不欺，可期而至。《吕氏春秋·贵信》曰："天行不信，不能成岁；地行不信，草木

不大。"它使天道自然生生不息，周而复始。如果说天地位，万物育，各有其序是"和"之体现的话；那么日月运行、春去秋来，各有其时便是"诚"（信）的表征，如《荀子·不苟》曰："变化代兴，谓之天德。天不言而人推高焉，地不言而人推厚焉，四时不言而百姓期焉，夫此有常，以至其诚者也。"

所以第二十五章说："诚者，物之终始，不诚无物。"第二十六章甚至说："天地之道，可一言而尽也。其为物不贰，则其生物不测。"朱熹称："可一言而尽，不过曰诚而已。"他说："天地之道，诚一不贰，故能各极其盛，而有下文生物之功。"它就是"生物"的形上基础，因为在子思看来，博厚、高明、悠远，既是天地之道，也是"诚"的精神。在它的作用下，天地万物经历一个由微而渐、由小到大的化生化育过程。

圣人演绎"天道"的目的在于为"人道"做论证，所以第二十章说："诚者，天之道也；诚之者，人之道也。"从人道这方面说，诚的含义是真诚无妄、信实不二，这种精神是来自天道的。

天道落实在人身上就是人性，把上天赋予的善性发挥出来就是人道，修行人道即是教化。这是一个由"天"达"性"，由"性"达"道"，由"道"达"教"诸环节组成的链条，而"道"则是把"性"与"教"贯通起来的中间环节，这种链接是由"诚"来实现的。因为修身之道乃是

"诚"：所谓"诚身有道，不明乎善，不诚乎身矣"。

那么如何修身呢？第二十章引孔子的话说："好学近乎知，力行近乎仁，知耻近乎勇。知斯三者，则知所以修身；知所以修身，则知所以治人；知所以治人，则知所以治天下国家矣。"这种推演方式与《大学》非常相似，它揭示了一条通过"诚身"由"内圣"导向"外王"的必由之路，而后者是以前者为基础的。

在子思看来，"诚"作为"天道"能化育万物；作为"人道"又能化成天下；作为修身之道，它能"自诚明性"，隐微皆慎其独；作为治国之道，它能由身及人，由人及国家天下。

一般而言，"内圣"乃修身之道，"外王"为治国之道，二者皆体现在君子与圣人身上。按照子思的说法，"诚"体现在天下人身上，又可分为三种境界：即圣人、君子、常人。常人属"困而知之"者，故不足道；子思所要强调的是圣人与君子。

圣人是"生而知之者"，所以他不用努力就符合诚；不用思虑就得到诚，自然而然地契合于道，于是"达天德"的圣人成了贯通天、人的中介。孔子便是圣人的代表，他集中了"至德"、"至道"、"至诚"、"至圣"四种相互交融的特质，乃天下"至诚"之典范。

然而，子思并未把圣人当做不食人间烟火的神灵，也未把圣人身份限定在尧舜文武周孔这几个人的范围内，而是把圣人的完美形象投射到统治者身上，由此提出了"圣者为王"的政治理想："唯天下之至圣，为能聪明睿智，足以有临也；宽裕温柔，足以有容也；发强刚毅，足以有执也；齐庄中正，足以有敬也；文理密察，足以有别也……故曰配天。"天人合一由此得到完美的体现。

就君子之道而言，由于他是"学而知之"的，所以他只能是"诚之者"。

但经过"致曲",也可以进入圣人的道德境界。可见,君子之道与圣人之道虽有高低之别,却无天渊之隔。君子只要"存诚尽性",就可以做到内成己而外成物,立于仁而达于知,由此臻于"内圣"之境,升华为圣人之道。这就融入了"天地位、万物育"的"中和"之境,它又是"极高明而道中庸"的境界,显然,它还是"天人合一"的境界,而"诚"则是天人所合的那个"一"。于是,《中庸》从"中和"出发,借助"诚"对天道与人道的统合,最终又回归到"中和"。

第三十三章 德化：弘扬德行的最高境界

【原典】

《诗》曰："衣锦尚䌹（jiǒng）。"恶其文之著也。故君子之道，暗然而日章；小人之道，的（dí）然而日亡。君子之道，淡而不厌，简而文，温而理，知远之近，知风之自，知微之显，可与入德矣。

《诗》云："潜虽伏矣，亦孔之昭！"故君子内省不疚，无恶于志。君子之所不可及者，其唯人之所不见乎！

《诗》云："相在尔室，尚不愧于屋漏。"故君子不动而敬，不言而信。

《诗》曰："奏假无言，时靡有争。"是故君子不赏而民劝，不怒而民威于铁钺。

《诗》曰："不显惟德，百辟其刑之。"是故君子笃恭而天下平。

《诗》云："予怀明德，不大声以色。"子曰："声色之于以化民，末也。"

《诗》曰："德𬨎（yóu）如毛。"毛犹有伦，"上天之载，无声无臭"，至矣！

【译释】

《诗经》上说:"穿着锦绣的衣服,外面罩上麻布套衫。"这是为了避免锦衣花纹太显露,所以,君子的道,隐含不露却日益昭显;小人的道,显露无遗却日益消亡。君子的道,平淡而有意味,简略而有文采,温和而有条理,由近知远,由风知源,由微知显,这样,就可以与达到圣德的人相匹配了。

《诗经》上说:"潜藏虽然很深,但也会很明显的。"所以君子自我反省没有不安,心志也没有惭愧。君子的德行之所以高于一般人,大概只是在这些别人看不见的地方也能严格要求自己吧。

《诗经》上说:"看你独自在室内的时候,是否能无愧于神明。"因此,君子就是在没做什么事的时候也是恭敬的,就是在没有对人说什么的时候也是信实的。

《诗经》上说:"奉献祭品,诚心诚意,感通神灵,肃敬不语,没有争执。"所以,君子不用赏赐,老百姓也会勉力从善;不用发怒,老百姓也会很畏服。

《诗经》上说:"弘扬那德行啊,诸侯们都来效法。"所以,君子诚实谦恭,天下也会太平。

《诗经》上说:"我怀有光明的品德,不用厉声厉色。"孔子说:"用厉声厉色去教育老百姓,是最拙劣的行为。"

《诗经》上说:"品德像羽毛一样轻。"轻如毫毛还是有物可比拟。又说:"上天覆载万物,既没有声音也没有气味。"这才是最高的境界啊!

解 读

1. 君子之道不可急功近利

这是《中庸》全文的最后一章。作者在把儒学的基本原理和它的目的、意义尽兴阐发之后,在这里苦口婆心反复叮咛,谆谆告诫我们,君子之道不

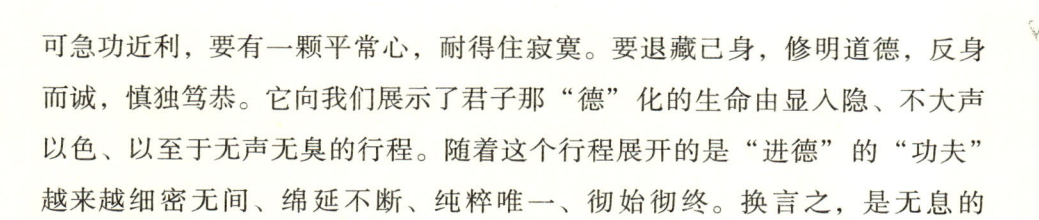

可急功近利，要有一颗平常心，耐得住寂寞。要退藏已身，修明道德，反身而诚，慎独笃恭。它向我们展示了君子那"德"化的生命由显入隐、不大声以色、以至于无声无臭的行程。随着这个行程展开的是"进德"的"功夫"越来越细密无间、绵延不断、纯粹唯一、彻始彻终。换言之，是无息的至诚。

真正有道之人，他的一言一行，皆是真性自然流露。其兴邦济世，普利群生，也是进退适时，无丝毫牵强，完全遵循本心和道义。其德行之高妙，乃至无声无息之中，感动天地，变化人心，匡扶大道。学者必须专诚务本，力戒浮嚣，这样才能日臻至善，克除种种迷误，最后达到本性的彻底复归，体悟天地，顺应时代，完成自己的人生使命。

事实上，在《中庸》文本中，我们已经看到对"德"的意义的强调："苟不固聪明圣知达天德者，其孰能知之？故曰：苟不至德，至道不凝焉。故君子尊德性而道问学，致广大而尽精微，极高明而道中庸，温故而知新，敦厚以崇礼。"

中庸之道必须由中庸之"德"来开启，而中庸之"德"展开为一个由浅而深、由疏而密的动态过程：由修道者"智仁勇"之"三达德"、到君子在"诚之"过程中打开的"诚"、再到圣人无息的"至诚"之德。通过上述循序渐进的行程，《中庸》在最后一章回答了这样一个根本性的问题：德行如何来到自身？它与生命究竟处在怎样的关系之中？

没有实质内容、没有真实性情做基础的"文"其实只是浮华与装饰，由此，衣锦尚䌹，锦而衣之，表达了由"饰"返"文"的内在要求。在浮华尽去之时，也正是真淳呈现之际，君子由此而生活在"文明"之地，而伴随着"文明"到来的，总是那"黯然"的、"不大声以色"的质朴。唯其质朴无华，不急功近利，因而内容充实；由于内容充实，所以，那黯然的不在声色之中表现自己的东西又必然不可遏制地"日彰"不已，将自身开放在烂漫的光辉中。正如生命往往在其晚年才重返回天真，文化在它的盛极之时，抵达的却是平淡、简单与纯粹。在那时，生命与文化皆为诚所化，那不是在虚伪的克制中、在虚假的抑制中就能达到的境地，而是天真地自然而然地绽露、涌现与发生，是天文之自明、自行给出自身的过程。

但只有对那"知远之近，知风之自，知微之显"的生命来说，"淡而不厌，简而文，温而理"的君子之道才能打开，也只有对这样的生命，才得以在无声无臭的天命的滋润中，发现君子的真正居所：文明伴随质朴，生活归于简单，心灵到达纯粹。只要文明还由浮化来规定，还仅由主体的意志与欲望所推动，那么，人文就处在与天文相互脱离的过程中，"朴散为器"——从质朴、纯真走向功利主义（器具化、实用化）就是一个难以阻止的过程。

只有质素平淡，才能革去偏杂，而进入中庸境界。在修身活动中，君子始终倾听着来自生命深处的质朴与真诚的要求，安居在"不大声以色"的平淡之地，正如天道在不言之中给出了百物与四时，一切声色唯有在平淡之地被收纳，这种接收也是淡化；在平淡之中，世界（包括声色等）被具体地给予。

如果说从"己所不睹不闻之地"到"人所不睹不闻而己独知之地"，表明了君子动察之密、静存之固，那么，从"内省不疚，无恶于志"到"不动而敬，不言而信"则表述的是其德日彰之实。如果说在这里德之日彰还表现在君子个人的身体中，那么，从"奏假无言，时靡有争。是故君子不赏而民劝，不怒而民威于铁钺"到"不显惟德，百辟其刑之。是故君子笃恭而天下平"，君子之道以德行的力量、文化的力量，于无声处影响着、滋润着、化育着世界。从"予怀明德，不大声以色"到"德辅如毛"再到"上天之载，无声无臭"，《中庸》一步一步地将德行的力量引向精密神妙的地带，此时，至德不德，大象无形，大音希声。然而，也正是在寂静神妙之中，那不显之德，反而具有一种更为巨大的生育抚养的力量，其日彰之实，也达到了盛极不可加的极境。

2. 把民众培养成有德的君子

本章是《中庸》全篇的结尾，重在强调德行的实施。从天理到人道，从知到行，从理论到实践，从"君子笃恭"到"天下平"，既回到与《大学》相呼应的人生进修阶梯之上，又撷取《中庸》全篇的宗旨而加以概括。各段文字，既有诗为证又引申发挥。难怪朱熹要在《中庸章句》的末尾大发感叹："这样反复叮咛以教人的用意是多么深切啊，后世学者难道可以不用心去钻研体会吗？"

我们每个人都应该注意提升自身的德行，但仅仅做到这一点还不够，有德的君子，特别是对于居上者来说，还需要把民众培养成有德的君子，否则，用"警察抓小偷"的管理模式，居上者会疲于应对，也难以取得良好的管理效果。如果民众都成了有德的君子，管理起来自然轻松很多。

子思在《中庸》的开篇就说："天命之谓性。"所以，居上者要对人性有深刻的了解，通达人性，人的一些毛病，如怠惰懒散、自私自利、浮躁，都是外表的，都是因为现实的污染。人还有他超越的、深刻的、内在的、本质性的能力。

人人都有光明的天命之性，人形而上的原初的天性，具有永恒的力量，但它常常被埋藏了。为什么它被埋藏？因为有现实的种种障碍，有的人是埋藏得已经比较深、比较隐秘，这种人生命就比较混浊；有的人埋藏得比较浅比较薄，这种人就比较清明。所谓"尧舜，性者也；汤武，反之也"。（《孟子》）尧舜的德是从他们的天性而发，所以几乎没有障碍。自从汤武以下就要反省一下，回归一下，就要冲破一下。他们要冲破生命现实的限制，才能发显天性。

连汤武周公这样的圣人也要反省一下，何况一般人呢？人有现实的驳杂混浊，但人类能够冲破现实的污染，并消化现实的污染。

一个有智慧的领导者，就是要引导民众回归光明的本性，真诚地对待民众，信任民众，渐渐引导他们，把他们变成君子。让民众能够自己喜欢做一个有德的人，让他们自己回归到光明，这是最大的"仁"，也是最有效的管理方式。人们回归光明的思想一旦确立，其实就是他光明的自己和现实的自己合二为一。用光明的自己引导现实的受限制的自己，当人有这种感觉的时候，他内心的喜悦是不可限量的！这种人是有智慧的人，并且能保持一辈子这样的智慧，因为当自己跟自己有摩擦的时候，他会很快警觉，这是不对的。所以我们要让居下者永远自觉，即使没有人看着他，依旧独善其身。

不过这种德行，很难由民众自己来养成。因为我们刚才说尧舜性者也，汤武还要反之也。汤武这个反之也，是障碍很少的反之也，孔子的障碍也不大，孔子的学生颜回更厉害一点，所以颜回的天性比孔子还要更加清明一些。孔子大概和汤武一样，所以孔子不敢说自己和尧舜一样。尧舜是理想中的人格，因此不要寄希望大众成为尧舜，都是要"反之也"，要冲破一些难关。因此，居上者要对人们光明的本性有无穷的信赖，要协助他们冲破难关。

3. 含而不露比暴跳如雷更有效

君子"不动而敬，不言而信"，"不赏而民劝，不怒而民威于铁钺"。有明德的人是不会经常大呼小叫变脸色的。

《中庸》意在表明，那根源于天命之中、人性深处的德行所具有的不可遏止、不可名状的伟大力量，"于无声处听惊雷"，正是那在无声无臭、渊深静默中的德行，积攒着惊天动地、变易世界的巨大能量。

很多杰出的领导者都是和蔼可亲的，他们不用发怒，居下者也会很尊敬、很畏服。

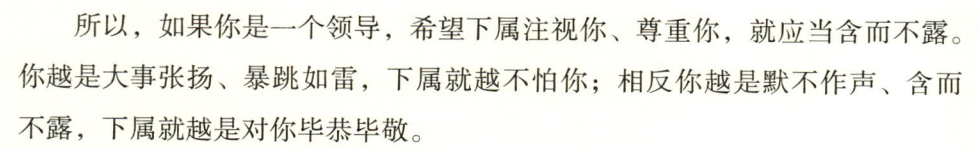

所以，如果你是一个领导，希望下属注视你、尊重你，就应当含而不露。你越是大事张扬、暴跳如雷，下属就越不怕你；相反你越是默不作声、含而不露，下属就越是对你毕恭毕敬。

寓言故事《黔之驴》中，老虎被驴一开始的声势所震慑，但渐渐地就发现这只不过是驴的"日常工作习惯"而已，老虎心中暗喜，内心盘算着驴"技止此尔"（就这点儿本事了），于是便饿虎扑食，驴便一命呜呼了。

谨慎的沉默乃是精明人的庇护之所。心中一有事情就暴跳如雷，绝不会得到尊重，还会招来评头论足。倘若还有什么美中不足之处，则他的不幸还会加倍。

李强是一家大公司的经理，脾气相当暴躁，经常在办公室大发雷霆，动辄扬言要把某某开掉，一开始大家都挺害怕，于是做事都很小心谨慎。但后来大家渐渐发现发脾气只不过是他的"日常工作习惯"而已，并不能产生什么实质性的变革，于是大家便继续我行我素。李强看到这种没把他放在眼里的情形，于是便恼羞成怒发更大的脾气。就这样，大家渐渐地都习以为常了，感觉这位经理发一发脾气只不过是为了彰显他的地位，并没有实际性的意义。真正的哪一天他不发脾气了，大家反倒感觉很奇异。

在实际工作中，很多领导者都喜欢自觉不自觉地在下属面前耍一耍威风，大事张扬，以此来显示他是个领导。许多领导者认为，做领导的就要对下属吆五喝六，指挥周围的人，否则就失去了乐趣。

这种管理方式是《中庸》所不赞成的。对下属大发雷霆并不是什么好办法，有时适当的沉默、宁静可以起到"此时无声胜有声"的作用。至于那种声色俱厉、急风暴雨式的做法，正如孔子所说："末也！"已谈不上什么境界，不过是一种不得已而为之的手段罢了。

通常来讲，当你训诫下属时，他的情绪波动是很大的。每个人都有自尊心，成年后更是觉得面子是很重要的。也许你的大发雷霆只是想劝导他一番，并无他意，但是无形中却伤了下属们的自尊心，让他们觉得颜面挂不住，索性产生了"破罐子破摔"的心理，那你的大发雷霆岂不是得不偿失？不要让到处都充满你的斥责声，在你的适度批评之后保持一个沉默的空间，让下属有时间冷静地想想自己的所作所为，相信这更是一种对当事人的威慑。一方面，下属会因为你的"点到为止"感谢你为他们保留了颜面；另一方面也显示出了你宽广的胸怀。你的默不作声并非是对错误的迁就，而是留给对方一个自省的余地，这样做要比大发雷霆好得多。

所以，最好不要第一次就用尽自己的全力。真正高明的领导者从来不轻易大呼小叫，让别人猜测他会不会发火，要比一开始就发威而且一成不变更有效，自己也更能获得尊重。

参考文献

［1］李泽厚．中国古代思想史论［M］．天津：天津社会科学院出版社，2003．

［2］许凌云．儒家伦理与中国史学［M］．济南：齐鲁书社，2004．

［3］朱耀廷．中国传统文化通论［M］．北京：北京大学出版社，2005．

［4］水成冰．中庸处世之道［M］．北京：中央编译出版社，2006．

［5］张君劢．儒家哲学复兴［M］．北京：中国人民大学出版社，2006．

［6］李民．中庸精义［M］．长春：吉林大学出版社，2007．

［7］何诚斌．中庸领导艺术［M］．北京：中共中央党校出版社，2007．

［8］陈赟．中庸的思想［M］．北京：生活·读书·新知三联书店，2007．

［9］陈德述．儒家管理思想［M］．北京：中国国际广播出版社，2008．

［10］彦博．中庸做人的哲学［M］．北京：中国致公出版社，2008．

［11］张德胜．儒家伦理与社会秩序［M］．上海：上海人民出版社，2008．

［12］杜维明，段德智．中庸洞见［M］．北京：人民出版社，2008．

［13］许建良．先秦儒家的道德［M］．北京：中国社会科学出版社，2008．

［14］杨润根．发现中庸［M］．北京：华夏出版社，2008．

［15］吕晓兰．中庸的64个人生感悟［M］．北京：中国商业出版社，2008．

［16］陈才俊．中庸全集［M］．北京：海潮出版社，2009．

［17］师为公．中庸深解［M］．北京：作家出版社，2009．

［18］金永．儒家五圣书［M］．重庆：重庆出版社，2009．

［19］方德岩．儒之说：人生哲理与中庸之道［M］．北京：当代世界出版社，2009．

［20］陈桐生．曾子·子思子［M］．北京：中华书局，2009．